U0154387

國會政治解析

楊泰順 | 著

五南圖書出版公司 印行

序言

　　1987年完成學位回台任教後，匆匆已過了三十寒暑，在這30年間作者曾開過政治理論、政治思想、憲政思潮、民主理論、極權政府、國會政治等課程，其中覺得較得心應手的，便屬國會政治這門課。若說國會是16世紀英國都鐸王朝後才略具現代的雛型，算起來已有超過400年的運作經驗，透過400年的洗禮，許多國會的議事程序幾乎臻於定型，介紹起來宛如宣讀「操作手冊」，沒趣但也不太費勁。

　　1987年也是台灣開始邁步進行各項政治變革的一年，國會當然難逃各方的關注，從資深民代退職、問政秩序、選制改革、宣誓抗爭、抵制報告、議長警察權、調查權虛實、任期延長、席次減半等等，幾乎每屆立院總會出現一些新的改革主張。對在學術高牆內教授國會政治的作者而言，這些議題確實提供了不少思辨上的刺激，讓課堂上的靜態介紹注入了不少鮮活的實務觀察。

　　實務觀察固然提供了不少課堂上的話題，卻也同時讓授課者陷入新的困境。如前所述，國會經過400年的各種衝撞，內部程序與外部結構早已產生成熟的運作配套，讓政治人物爭鋒相對之餘，還能維持身段的優雅。這是為何，許多旁聽英美國會的觀光客經常抱怨，會議的進行沉悶而枯燥。但台灣立院這些年來的改革，多數無視於國會運作的邏輯與相關配套，頭痛醫頭腳痛醫腳的結果，讓立院運作逸脫了責任政治與多數決策的原則。實務觀察固然豐富了課堂的講授，但說了太多立院的現況，卻也可能破壞學生的邏輯思考能力，有違社會科學訓練的目的。

　　既然教了國會政治三十餘年，行將退休之際，難免希望能出版一本專書總結這些年來的學理探討與實務觀察。但運作400年的國會，許多內容早已成為定制定規，如果從制度面介紹國會，坊間早有許多相關著作，新書也只能狗尾續貂。尤其，別人談過的話題再重炒，恐怕讀者的興趣也不會太大。故而，我決定收集國內常被關注的一些國會議題，透過文獻的爬梳說明這些議題的本質，希望藉此導正國人對國會的一些錯誤認知。

　　台灣所關注過的國會議題多不勝舉，本書所討論的也僅是其中的部分。如立院聲望持續低迷、國會遷址重建、民代的本質、競選經費膨脹、宣誓變成抗爭、席次減半、排斥兩院制、議長角色、國會調查權、國會介入商貿談判、議員特權等。許多議題在台灣曾引發動盪，如國會爭取參與商貿談判造成太陽花運動、反對黨利用宣誓典禮大鬧國會殿堂等，但在社會恢復平靜後，那些付出龐大社會代價的抗爭是否正確，卻已乏人問津。沒有自省能力的社會是不可能進步成長的，本書因此整理這些爭議，希望後人瞭解事件發生時也曾有諤諤之士表示過不同的看法。

　　身為政治學者，作者並未自外於實際政治的參與，1994年曾辭政大教職，一頭栽進末任省議員的選舉並高票當選。4年的政治歷練，讓作者的學術專業獲得難得的驗證機會。這本書有若干的觀點，便是在省議員期間所獲得的啟發。廢省後文化大學張鏡湖董事長親自約見作者，邀請作者到文大任教。由於張董事長的熱忱邀約，作者因此得以延續學術生涯，使得本書能有問世的機會。藉此一隅，表達對張董事長知遇之情的由衷感謝。

　　最後，我也要特別感謝文大政治系同仁們的鼓勵，有些甚至還參與部分章節的研究，若非這些同仁的敦促，這本書的完成可能還遙遙無期。

楊泰順 謹致

目錄

第 1 章 ▶▶▶
被誤解的國會

白癡與國會議員，其實是同義字。[1]

—— 馬克・吐溫（Mark Twain，美國作家）

 壹、大家都不喜歡國會

提起立法院，台灣民眾似乎都沒有太多的好感。政大選研中心在2008年的研究報告中指出，台灣民眾「信任」立法院的僅占28.3%，低於民眾對總統、法院與政黨的信任度。「台灣指標民調公司」在2013年6月發布的調查結果也相當讓人失望，有多達61.5%的受訪者表示不滿意立委的整體問政表現，僅有區區16.7%表示滿意。《今周刊》雜誌在2015年8月所做的民調更顯示：67.4%的受訪者不滿意立法院的表現，僅有14.9%表示滿意。2016年政黨全面輪替並沒有改善民眾對立法院的嫌惡，根據「台灣民意基金會」在2017年9月的民調，民眾對立法院表現的不滿意度還是高達61.1%。

立法院是我國最高的立法機關，在國家政策的形成上，扮演著舉足輕重的角色，國民生活的各個層面，舉凡退休金多寡或食用肉品價格，均可以說與立法院的一舉一動息息相關。立院每年審核的政府總預算將近兩兆元，約占國民總所得的14%。若以個人理財比擬，如果我們對一個機關只有不及一半的信任度，請問我們會願意將收入的七分之一，交付它全權

---

[1] Paul F. Boller, Jr., *Congressional Anecdotes,* New York: Oxford University Press, 1991, p. 12. Suppose you were an idiot, and suppose you were a member of Congress. But I repeat myself.

支配嗎？

　　某些歷史因素，與立院層出不窮的肢體衝突，或許導致民眾對立法院的高度反感。然而，太平洋彼岸的美國並沒有困擾台灣的認同危機或社會割裂，國會的運作有序也常獲得不差的評價，但民眾對國會的印象卻依然與我國不相上下。根據哈里斯民調公司在2012年前對美國民眾所進行的持續性調查，民眾對國會的信心度（confidence）在10個組織機構中敬陪末座。[2]

◆表1-1　民眾對機構信心的百分比
（Percentage of Public with a Great Deal of Confidence in Institutions）

	2018	2007	1997	1987	1977	1966
軍　　隊	74	46	37	35	27	61
醫　　院	36	37	29	36	43	73
教育機構	29	37	27	36	37	61
最高法院	37	27	28	30	29	50
教　　會	38	27	20	16	29	41
行政單位	37	22	12	19	23	41
工　　會	26	15	9	11	14	22
大 企 業	25	16	18	21	20	55
媒　　體	21	12	11	19	18	29
國　　會	11	10	11	20	17	42

資料來源：Harris Poll（2018年為Gallup的數據）。

　　史料顯示，遠在行憲之初，美國人便對國會抱持負面的態度。二次戰

---

[2] 此一年度調查開始於1966年，持續到2012年為止，2018的數據乃引用Gallup的類似調查，讀者可以從中一窺美國民眾對不同機構信心度的起伏。

後美國國力達到巔峰，但在1947年也僅有區區21％的民眾，表示滿意國
會的表現。蓋洛普自1974年春到2017年間所進行的百餘次國會滿意度調
查，其中只有11次，國會曾獲得半數以上民眾的認同，而且這11次全都集
中於經濟最好的1998-2001年間，最高為1998年1、2月的56％及57％，最
差的則為2013年的13％。從1974到2017的43年間，美國民眾對國會的滿
意度平均僅有31％，與前述台灣民眾對立院的觀感並沒有太大的差距。
學者表示，過半數民眾滿意國會的表現僅為歷史上的異數，不滿意者居多
才是正常現象。[3]

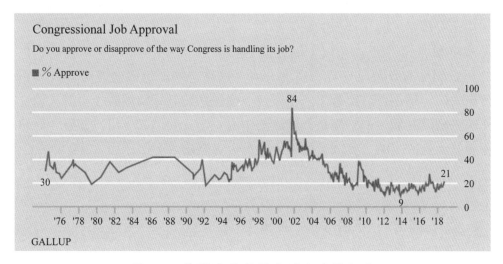

圖1-1　美國民眾對國會滿意度的起伏

資料來源：美國蓋洛普民調網站。

　　如果再跨到大西洋對岸，我們發現歐洲人對國會也沒有太多的好感。
美國皮尤研究中心在1998年的一份研究報告指出，與實施內閣制的多數
西歐國家比較，美歐兩地民眾對國會的不滿幾無二致。[4]就算不和先進民

[3]　John R. Hibbing, "Appreciating Congress," in *Congress and the Decline of Public Trust*, Joseph Cooper, ed., Boulder, Colorado: Westview Press, 1999, pp. 50-51.

[4]　Pew Research Center for the People and the Press, "Overview, Survey, and Selected Tables," in *Deconstructing Distrust: How American View Government*, Washington D.C.: Pew Research Center, 1998.

主國家相比，民主學步較我國更晚的東歐國家，國會也感受不到民眾的溫暖和鼓勵。學者研究顯示，在東歐的民主浪潮中，多數民眾對成立不久的國會仍然充滿了不信任。在1994年調查的東歐九國中，只有羅馬尼亞與立陶宛國會曾享有高於50％的民意支持。東歐快速奔向民主令人印象深刻，但同一時間似乎也感染了民主國家人民對國會的懷疑態度。

　　值得關注的是，民眾對國會的不滿並不完全是近代政治所衍生的現象。早在南北戰爭時期，《北美評論》雜誌（North American Review）便有文章指出：美國國會是文明世界絕無僅有，最沒有作爲、最無秩序、與最無效率的立法機構。而且以過去半個世紀觀察，這類不滿的情緒也表現得十分穩定，除了偶發的驚天事件，如九一一恐攻，民眾對國會的不滿並沒有劇烈的起伏。在水門事件占據媒體版面的1970年代，只有約14％的民眾認爲國會議員具有「高度」或「很高」的誠信與倫理；1996年再度調查時，這個百分比幾乎完全沒變。從這些跨國經驗觀察，台灣人對立法院的低度評價，似乎僅是全球趨勢中的一環；我們甚至可以懷疑，討厭國會是人性的反射，與國會的表現沒有太大關聯。

 ## 貳、國會：市井民眾的出氣筒

　　百餘年前英國的知名憲政學者白遼士（Lord James Bryce）便曾經觀察到：美國人似乎特別喜歡貶低自己的國會。某位國會議員在幾年前也自嘲的說，國會其實是「全民的出氣筒」（a massive civic temper tantrum）。收集街頭民眾對國會的評價，很難不讓人感覺訝異，何以對民主穩固如此重要的國會，卻被民眾看得如此不堪？

　　大文豪馬克・吐溫在百年前便曾戲謔的說：「白癡與國會議員，其實是同義字。」他接著還更不留情的嘲諷：「事實及數據告訴我們，『國會』是美國獨創的本土型犯罪。」

　　美國首府華盛頓有這麼一則流傳廣泛的笑話：某人搭乘計程車，到達

目的地後發現身上的金錢並不足以支付車資，覥腆的向司機抱歉後，司機卻竟然回應說：「沒關係，你下次有機會再付給我，我相信你，因爲你看起來並不像是個國會議員。」

由於美國國會常議而不決，有人便打趣與國會的風水有關：「就是因爲國會大廈的中央有個大圓頂，所以它使得議員不斷的繞圈子，難以切入正題。」此一捉狹與台灣人批評政治人物「黑龍繞桌」的俗諺，倒有幾分吻合。

另位作家對美國國會的批評更是不留情面：「在國會兩院的五百餘名議員中，只有約40位稱得上清廉自持，……但在這40位當中，眞正具有智慧的也只有約12位。至於其他的人，不僅乏善可陳，開起會來甚至連修車廠工人都不如。」

至於國會的功能，一位民眾逗趣的說：如果說國會在立法，那必然是個笑話；但如果說國會常鬧笑話，那必然是個定律（When Congress makes a law, it's a joke; and when Congress makes a joke, it's a law.）。

某位記者分析：一般民眾對國會議員的發言很少關注，因爲百分之九十九都是無意義、無知、吹噓、及不可靠的。

被稱爲「巴爾的摩賢人」（Sage of Baltimore）的名記者與評論家H. L. 孟肯，也曾在上個世紀利嘴嘲諷：「政客是僅次於綁架犯，在這個偉大共和國中最不受歡迎的一群人。沒人眞的信賴他們，他們的一切作爲均出於貪婪的動機，看到他們被行政體系羞辱，民眾常會覺得高興。」[5]如果這些印象都是眞實的反映，我們很難不疑惑，國會究竟還有什麼存在的價值？

---

[5] H. L. Mencken, "Why Nobody Loves a Politician," *New York Times*, September 13, 1980。轉引自：David M. Shribman, "Insiders with a Crisis from Outside: Congress and the Public Trust," in *Congress and the Decline of Public Trust*, p. 27.

參、為什麼不喜歡國會

　　何以民眾如此不喜歡國會？如果先進民主國家的經驗研究可信，我們不能不懷疑，對國會不滿很可能根源於人性傾向或民主體制內在缺憾。不少學者也確實從這兩個面向，解析了民眾不喜歡國會的原因：

一、民眾心態上厭惡看到衝突發生

　　民主政治允許不同的利益與觀點相互競爭，但人的本性其實對「衝突」相當嫌惡，這是為何「容忍」常是民主成功的必要條件。國會是由法理上彼此平等，來自不同選區的民意代表，所共同組成的合議制機構。由於肩負選民期待及選區利益，議員間難免有所堅持，甚至必須攘臂相爭，故而社會所存在的裂痕或對立，在國會往往表現得更為尖銳和劇烈。尤其作為民意代表機構，國會必須將其運作程序公開化，各種衝突也因而被端上檯面，加上傳播媒體的渲染，國會幾乎成了社會裂痕與衝突的實境秀，趨吉避凶的人類本性當然不可能對國會存有好感。

　　檢視前述美國民眾對十大機構的信心狀況，長期穩居前四名的軍隊、醫院、教育、法院，雖然都具有「反民主」的性格，但卻無損於民眾對它們的信心。甚至作為國會監督對象的行政體系，民眾的信心評價也一向高於國會。學者分析，軍隊或行政體系可以將衝突內化，民眾聽聞到的往往是政策的宣示或行為的結果；但國會則不然，從政策醞釀到委員會審查或院會辯論，爭執與衝突便赤裸裸地展現民眾眼前。[6]近年來訴諸公民投票解決政策爭端有增加的趨勢，但公投之所以受歡迎，固然可能因為公民意識的提升，更深沉的或許在於它跳過歹戲拖棚的國會程序，滿足國民逃避衝突的企求。

　　前美國眾院議長佛利（Thomas Foley）在1993年時，便曾提醒他的國會同僚：「民主運作的真實情況通常都不討喜。」但國會偏偏就是要將這不討喜的場景，讓民眾看個夠。這個現象相當反諷，因為國會所以不受民

---

[6] Hibbing, pp. 53, 58.

眾認可，正因爲議員努力執行選民的付託。

二、國會運作的透明化

　　國會運作既然避免不了衝突，妥協及交易便成爲國會成敗的關鍵。但妥協要成功，難免有些不足爲道的威脅及利誘等手段，加上議員令人不敢恭維的需索，國會若要維持良好的形象，似乎只能關起門來運作。故而，美國國會擔負協調重任的委員會議，過去便堅持開會必須隱密，長期拒絕旁聽。1970年代初期，這項傳統因改革派的堅持而被迫開放，但影像轉播迄今仍被禁止。

　　美國眾議院自1979年後，開放院會的全程轉播，相當程度上滿足了民眾「知」的權利，但對國會的順利運作則是毀譽參半。一位議員便表示：「電視轉播是眾院的一大禍源，……它使得議員間的人身攻擊越來越辛辣，因爲唯有如此才上得了夜間新聞。」[7]當外界對議員的發言與投票可以一覽無遺時，議員爲了討好選民，往往刻意表現得更爲堅持，使得議員間的對立甚於以往。過去強調的行爲規範與君子風度，在電視機鏡頭下常被棄之不顧，因爲「軟弱」絕非支持者所期待看到的畫面。而這些過度的「秀場文化」，卻加深了民眾對國會的惡感，同時也使得眞正的人才，不願踏入這塊是非之地，造成國會形象的每下愈況。正如一位學者所說的：「國會高牆的倒塌之時，正是大眾敬意瓦解的起始。」[8]

　　更糟糕的是，爲了競爭收視率，媒體也盡其所能的尋找具爭議性的題材。在有數百議員爭取曝光機會的國會，八卦題材可謂俯拾皆是。研究美國國會的學者指出：「媒體對國會的報導在過去幾年間有總量減少的趨勢，但負面報導卻是明顯的增加。現在媒體對國會的立法成就早就興趣缺缺，卻對國會及議員個人的醜聞或謠言，樂於大篇幅報導。」尤其主流媒體與新興電視或網路媒體競爭閱聽大眾，對國會的報導轉向描寫國會內部的互動與衝突點滴，更被認爲是1980年代後國會形象迅速崩壞的原因。[9]

---

[7] Ibid., p. 60.
[8] 原文爲：「With the tumbling of the walls came the tumbling of the public's esteem.」（Shribman, p. 36)
[9] Ibid., pp. 38-39.

一般人對國會的功能與運作，原本就所知有限，如果媒體上充斥的又多是負面新聞，民眾又如何可能對國會產生信心？

三、利益團體包圍的國會

國會體制的設計，目的便在反映民意、爲民喉舌。故而，不同於行政講求專業與司法重視獨立，國會則必須積極探求民瘼反映民意。國會因此是三權中，唯一必須開放與民眾接觸的機構，當然也容易成爲特殊利益團體企圖影響政策的窗口。

由於議員必須面對定期改選，每次選舉又需要龐大經費，議員對能提供金援的利益團體當然也就另眼相看。故而，議員與利益團體間的千絲萬縷關係，常成爲民主運作揮之不去的夢魘。這是爲何，學者研究發現美國民眾對非民選的政府官員，信任度一般都高於由選舉產生的公職。[10]

在美國，登記有案的遊說團體多達13,000個，平均每位議員受到近24個團體代表的包圍與關注。根據申報資料，利益團體在非選舉年的開銷，僅只半年便高達4億美金，這些花費當然期待報償。[11]國會議員受到如此層層的利益團體包圍，民眾很難不質疑議員只會爲特定的少數人服務，對國會也不可能有正面的認同。尤其當國會議員被認定與利益團體往來密切後，其他政府的醜聞也都會讓國會遭受池魚之殃，例如當媒體報導行政官員受賄時，民眾往往會聯想，與利益團體公開往來的國會議員必定拿得更多卻僥倖未被揭發。

此外，任何開放的社會必然利益多元而分歧，各個團體爲了保護自身利益無不使出渾身解數，而這些動作又往往加深民眾厭惡的衝突印象。在這多元分歧的衝突生態下，民眾的偏好當然不可能完全如願，因此產生的挫折感不少便發洩在對國會的不滿。

四、民眾對國會功能的錯誤認知

一般人總認爲國會最主要的功能便在立法或制定政策，例如我國憲法

---

[10] Joseph Cooper, "The Puzzle of Distrust," in *Congress and the Decline of Public Trust*, p. 6.

[11] Ronald Kessler, *Inside Congress: The Shocking Scandals, Corruption, and Abuse of Power Behind the Scenes on Capital Hill*, New York: Pocket Books, 1997, p. 111.

第62條，開宗明義便界定立法院爲「國家最高立法機關」。在此一認知下，民眾很自然的會以法案的通過來評量國會的表現。2000年年底，台灣便有一些教授與民間團體，認爲立法院通過的法案太少效率不彰，因而主張將立委人數減半。

但事實上，立法只是國會諸多功能之一，其他的國會功能，如合法化政府的決策、提供意見表達的管道、監督政府的作爲、培育政治領袖等，都比立法還來得重要。國會研究的權威學者波士比（Nelson Polsby）多年前便指出：「從功能面說，立法機關並非立法者。」[12]因爲在政策日趨專業化的今天，通才性的國會議員已難承擔立法重責，使得立法工作必須仰賴行政體系的起意或指導。但民眾的認知卻是根深蒂固，總以國會未善盡立法的責任而產生許多抱怨。

由於民眾將行政、立法、司法視爲政府的三大部門，難免便以三者的效率比較來決定好惡，如此一來強調協調不重效率的國會便吃了悶虧，造成民眾對國會的不滿與日俱增。[13]

五、習慣思維與行政體系推波助瀾

以單一領導維持社群意志的完整性，是人群社會根深柢固的思維習慣。但集萬千寵愛於一身的領袖，當然也可能濫權舞弊，於是乃有國會的發明，藉以制衡領袖。但位居權力高位者又豈會甘心國會的制衡？故而近千年的民主憲政發展，幾乎可以看成是國會與國王抗爭的全紀錄。然而，如前所述，合議制的國會在與統一意志的行政體系對抗，常常較爲吃虧。兩者相持不下時，民眾在習慣思維的影響下，也傾向選擇支持民選的首長。這是爲何，美國獨立時以國會爲第一權，希望構建國會的優越地位，但原本只有執行權的總統，在行憲兩百年後卻能膨漲爲「帝王總統」。

尤其在形勢有利時，行政首長更是不會放過機會，利用民眾的習慣性思維，以貶損國會來達到擴權的目的。2001年6月，立委謝啓大便曾指控

---

[12] Nelson W. Polsby, "Legislatures," in *Governmental Institution and Process, Hand Book of Political Science*, Vol. 5, Philippines: Addison-Wesley Publishing Co., 1975, p. 258.
[13] 盛杏湲與黃士豪，〈台灣民眾爲什麼討厭立法院？〉，《台灣民主季刊》，第3卷第3期，2006年9月，頁87。

總統與行政院長聯手，故意讓立院一事無成，以造成外界同情行政而對立法反感。[14]儘管相關人士都予以否認，但以貶抑國會拉抬行政威望，這是國內外民主國家常見的手腕，當然相對也降低了民眾對國會的尊敬。

六、競選高手不等於問政優異

國會乃由民選代表所組成，為了使最好的人才能夠參與政策的制定，立憲者均無不殫精竭慮，設計極具挑戰性的競選程序，以淘汰不適任的競爭者。但兩百餘年來的民主實驗，卻在在證明一個事實，亦即選舉中的獲勝高手，往往不是治國的能臣。根據美國的統計，在媒體的政策討論中，3%的國會議員是90%以上訪談節目的常客。這並非媒體刻意的偏頗，而是因為能清楚談問題的議員的確就是這麼少數。美國有位歌手出身的議員，曾被《華盛頓郵報》公開譏諷為「白癡」，但他卻依然以57%的選票獲得連任，有識之士再跳腳也沒用，因為「在國會，知名度便是一切」。一位美國國會議員曾逗趣的說，如果各個選區要列舉五十位才幹卓越的人，他大多數的同僚應該都上不了榜。此一現象當然不獨存在於美國，議員素質如此，國會又如何奢談振衰起敝？[15]

 肆、國會：民主的磐石

喜不喜歡國會是民眾主觀的感受，但國會對民主實踐的重要性，卻是不待多言的客觀事實。19世紀的英國思想家約翰·彌爾（John Stuart Mill, 1806-1873）便曾指出：「最好的政府，便是全體民眾或絕大多數民眾可以透過他們定期選舉產生的代表，實現對權力的最終控制。」稍早的政治思想家洛克（John Locke, 1632-1704）也表示：「一個合理強大的國會，長久以來便被認為是對抗行政體系漫無章法行動的最佳利器。」故而，儘

---

14 李志德，〈立院空轉謝啟大明指「陰謀」〉，《聯合報》，2001年6月9日，第4版。
15 Kessler, p. 172.

管立法、行政、司法三權在民主體制內，均各有角色與功能，但民意代表機構是否健全運作，無疑才是區別民主與其他體制的關鍵。

　　理論上民眾對國會的印象與其是否支持國家或政府似乎並不相關，但研究早已證實兩者其實密不可分。民眾若對國會失去信心，他們對政府的支持必然也會受到影響；反之亦然，我們很少發現民眾不喜歡政府，但卻熱誠支持國會的現象。檢視世界各國的民主發展，在1990年代以前曾經有約44個政權，實施過某種形式的人民直選總統。但迄今仍然奉行民主並穩定存活的，則僅有美、法、奧、芬、愛、冰等六國。而這6個國家幾乎毫無例外的，都擁有健全並具有實權的國會。再進一步觀察，二次戰後未曾發生過政變的民主國家約有21個，而這些國家國會也都扮演著重要的決策角色，甚至有多達18個國家實行以國會為最高權力中心的國會體制。有趣的是，這些國家中迄今還有約略半數，竟然還是尊奉世襲的君主為國家元首。這些數據讓我們得到一個結論：總統民選並不保證民主的實現與穩定，但只要有強大與健全的國會，就算元首是世襲的君主也並不妨礙民主的落實。因此，在漫長而坎坷的民主發展歷程中，我們發現當民主價值受到摧殘時，國會總是第一個被清算及壓制；而當政治領袖意圖重振民主時，國會也往往是首先被恢復的機構。1980年代中期以來的東歐及獨立國協的民主改革，便鮮活的見證了國會的重要性。

　　國會究竟扮演了何種不可或缺的角色，使其足以構成民主穩定的磐石？一般人往往以為國會功能只在立法或制定政策，這其實過度簡化了國會的角色，而忽略了國會其他的積極功能。對長期研究國會的學者來說，無論是過去或現在，立法都不曾是國會存在的主要功能。彌爾在150年前便觀察到：「代議機構的適當功能應是監督及控制政府，它須將政府的行動曝光，並迫使政府對各項疑點提出說明及解釋，如果政府有錯也必須加以責難。換言之，國會如同國家的『吐苦水委員會』（Committee of Grievances）及社會意見的『萬言堂』（Congress of Opinions）。」近世一位學者也深以為然的表示：「國會的大部分時間並不是在立法，它最重要的功能其實是批判行政部門，有些國家甚至還允許國會可以改組政府。透過對公共議題的辯論，國會無異是『國家的大審訊團』（a grand inquest of the nation）。」[16]如果國會只是單純的為立法而存在，國會人數當然可以如總統府資政許文龍所說的30位立委就夠了，因為太多人的參與勢必「人多口雜」降低立法效率。但如果我們同時希望國會也發揮立法以外的功能，人數恐怕就不宜太過精簡。所謂立法以外的功能，可以綜觀如下：

一、發抒意見的管道

　　當許多人指責立法院效率不彰時，我們有責任提醒朋友，「講話」、「放炮」其實也是國會的重要功能之一。尤其在言論環境還不是全然成熟的台灣，立法院的言論表達功能，甚至可能比立法還要重要。「國會」在英國稱為「巴力門」（parliament），這個字的拉丁文原意便是「說話」或「會議」。直到今天，英國的憲政學者仍然堅持，英國的立法權形式上還是屬於英王，國會所擁有的不過是表達意見的權利而已，因為所有國會所通過的法律，開宗明義就聲明：「在國會兩院的同意與建言下，英王陛下制定本法……。」英國學者如彌爾等，如此的強調國會發抒意見的功能，應該便是受到是項傳統的啟發。以此觀之，國人似乎也不必因立法院「講太多話、立太少法」而過於苛責。

二、賦予決策的正當性

　　20世紀的許多國家，無論如何專制獨裁，總也會虛設個議會，行禮如儀的討論及表決國家政策，過去台灣的「萬年國會」便也是其中的一個例子。但如果人人都知道政權的本質是專制獨裁，又何必維持這個自欺欺人的門面？有學者分析，這其實是個省不得的花費，因為儘管「自欺欺人」還是會有相當比例的民眾信服這個程序，使國會的討論多少賦予了決策的正當性，進而降低了統治的成本。相對來看，政府既然需要這個門面，當然也不能完全排斥議會對政策的觀點。故而，就算是絕對獨裁的政府，議會多少還是享有影響政策的空間。專制獨裁政權尚且如此，民主國家國會的重要性自然更不在話下。所謂「正當法律程序」（due process of

---

[16] K. C. Wheare, *Legislatures*, New York: Oxford University Press, 1963, p. 1.

law），便認爲只有經過民意代表共同討論及制定的法律，民衆才有服從的義務。

三、民粹的壓制

　　若干年來，國內許多政治人物爲了標榜民主風範，常將「民之所欲，常在我心」做擴充的解釋，處處宣示一切以民意爲依歸。殊不知，民主經驗早已再再顯示，民意往往是草率、情緒、與零散而短視。故而，在民主的實踐過程中，如何過濾，甚至壓制民意，便成了制度設計上的一大課題。國內習慣將各級議員稱爲「民意代表」，主張議員必須忠實反映民意，並以民意而非個人意見爲問政的憑依。但擁抱此一信念的朋友，在查考議會與民主政治的發展後，也許將大失所望。因爲，民主運作的成功，很重要的原因是在於議會壓制或取代了直接民意，成爲政策的制定者。議會之父的英國向來認爲選舉議員是「選賢與能」，如果選出的議員還得處處以民意爲依歸，豈非等同於以「平庸」領導「賢能」？而美國立憲時主張以間接選舉產生參議院，更是明白的希望在民意與國會之間築起一道防火牆，避免因衆議院太過牽就民意而造成政策的破碎化。在民意高張的今天，以公民投票取代議會決策的國家畢竟還是少數，主要便是因爲國會在理性討論上具有無可替代性。

四、培養領袖的溫床

　　長期觀察民主的學者經常感慨，儘管有民選的程序，政治權力還是被少數特殊階層所壟斷，似乎民主的優越，就只是以「定期改選的貴族」，取代「世襲的貴族」。但思想家如馬克・韋伯（Max Weber）則認爲，由於有國會的合議制、政策辯論、與議事公開的原則，迫使任何影響政策的企圖，都必須在陽光下相互競爭。故而，政治菁英必須具備卓越的說服力與合縱連橫的長才，才有可能脫穎而出；選民雖然情緒、無知與政治冷感，也因爲有這個競爭機制而避免了專制的復辟。換言之，國會營造的競爭環境，使得政治菁英彼此淘汰及成長，使得後工業社會的忙碌選民，不必過於投入便能保全民主的價值。這項無可取代的內部競爭機制，甚至也得到威權體制國家的重視，他們的國會雖然只是橡皮圖章，但也常是政權

主要甄引人才的管道。常有人說，英國的政治領袖由於一律經歷國會的磨練，表現便較多元背景的美國更為內斂與沉穩。

五、監督政府的功能

國會體制定型於兩百餘年前，當時在相當程度上，的確可以滿足產業革命後的社會需求。然而，隨著後工業社會的發展，因此所衍生的諸多問題，如環境破壞、通貨膨漲、所得差距、犯罪升高等，已使得國會越來越有心無力。由於國會原本就建立在「常人」參與的構想上，在本質單純的農業社會中尚還遊刃有餘，但對後工業社會的各項專業問題，便難免力有未殆。眼見行政體系透過技術官僚的協助，逐漸在專業議題上取得主導性的地位，國會為了調適，也逐漸由立法者的角色轉換為監督者。英國國會自1974年以來，針對行政部門設立各種專業委員會，美國國會更於1976年立法，於主要行政機構中設置「調查專使」（Inspector General），定期向國會報告施政成效，均可視為國會強化監督功能的努力。換言之，在專業立法的後工業社會，國會的監督功能已凌駕於立法功能之上。

六、教育民眾的功能

儘管國會的立法功能明顯萎縮，但體制上各項政策及主張仍須經過國會的辯論與表決，始能成為具有約束力的法律。由於國會是政府三權中，民眾唯一可以公開接觸並參與意見的部門，故而國會的立法程序便成了主政者教育民眾或宣揚政策的最佳管道。根據研究，議員們在法案表決之前，往往早有定見，絕少議員曾因聆聽對方的陳述而產生立場的改變；同樣的，在國會舉辦的各項聽證會前，議員們不是早已掌握事實，便是已有既定立場。尤其，若再將政黨因素列入考量，冀望透過辯論與聽證改變議員立場，便無異鏡花水月。故而，國會的辯論與聽證，很少是為了改變議員的立場而舉行，其真正的目的，反倒是在影響國會外成千上萬關心民眾的態度。正如美國總統威爾森（Woodraw Wilson）所言：「國會將事實公諸於世的功能，遠比它在立法上的成就來得更重要。」在媒體高度發達的今天，透過國會論政的轉播與報導，國會的教育功能應該更為突出。

伍、低滿意度的國會與民主前景

國會對民主政治的重要性，是無法否定的事實。國會固然有許多令人失望之處，但在新的替代機制出現前，民眾似乎只能學習如何與國會共處。有些人猜測，不喜歡國會的受訪者，可能主要屬於知識程度差、較少參與政治、或對民主運作缺乏理解的族群，這些人因為隔閡而對國會心生反感。但調查顯示，無論在台灣或美國，不滿意國會的常屬於較關心政治、資訊靈通、教育程度較高的群體。美國蓋洛普民調公司曾以五個公共議題檢測受訪者的政治知識，答對越多代表較為關心政治，結果發現答對越多者，對國會不滿的程度也越高：

◆表1-2　美國公民的政治知識與國會評價的關聯性

對國會印象	20歲以上的受訪者	答對0題	答對1題	答對2-3題	答對4-5題
絕佳／好	15	27	19	6	7
普通	34	38	32	37	27
不好	49	29	46	56	66
好壞差距%	-34	-2	-27	-50	-59

說明：本調查進行時間為2015年6月15與16日（數字為各欄的百分比）。

上述的調查結果顯示，越是具有正確政治知識的受訪者，對國會不滿的比例也越高。我們有理由相信，掌握較高政治知識的國民，較常扮演意見領袖的角色，他們對國會的不滿常常也能轉化為改革國會的動力。如1990年代的紐西蘭、義大利、委內瑞拉、日本與台灣等，便曾成功導引這類不滿情緒，達到改革國會議員選舉制度的目的。[17]

關心政治的資訊靈通民眾，為何在國會的滿意度上呈現負相關？一個

---

[17] 盛杏湲，〈民主國家國會議員選制改革的經驗〉，陳建民與周育仁編，《國會改革與憲政發展》，2002年，台北：財團法人國家政策研究基金會。

合理的解釋是，關心政治的人常有較明確的政策或政黨偏好，並容易因國會無法滿足期待而對國會產生負面印象。此外，由於資訊靈通，對國會議員的言行與花邊，也較會用放大鏡來檢視，經年累月對國會自然不會存有好感。

　　但令人憂心的，這股民氣也可能被導向錯誤的改革主張。如2000年底民進黨人士便利用民眾對立法院的普遍不滿，組成「立委減半聯盟」推動減少立委席次。根據該聯盟的民調，有68.5％的受訪者表示贊成席次減半。次年初，《天下雜誌》的國情調查也顯示，有45.7％民眾認為，「立委減半」有助於消除台灣政壇的「亂源」。故而在2003年的立委選舉中，竟有76％不分黨派的候選人，贊成當選後要自廢武功推動席次減半，造成2004年成功修憲將立委人數由225席減半為113席。此一利用民眾不滿情緒所造成的立委席次減半，如今已證明不利於台灣民主的運作，但錯誤已然鑄成，若要回復恐怕還得付出不小的代價。

　　民眾對國會不滿其實並不等於對代議制度失望，像台灣這樣因政客趁勢操弄，造成國會功能慘遭閹割，只能算是民主國家的特例。美國學者研究指出，滿意於政府表現的民眾，通常較不會對政府踐踏人權挺身而出，故而有相當比例的人對國會不滿，或許代表民眾重視自身權益，未嘗不是一種民主的健康現象。[18]而進行多年的民意調查也顯示，民眾雖不滿意國會這個群體，但對自己選出的個別國會議員卻沒有太大的惡感。若將國會視為一個機構、制度、憲政功能、甚至建築，則民眾的好感度又更高於個別選區議員。[19]類似台灣人因對國會不滿而將立委人數減半的場景，因此不太可能出現在美國，因為對選區議員的滿意度與對國會憲政功能的重視度，美國民眾應該不會支持將立委人數減半這類破壞性的制度變革。

---

18 Hibbing, p. 44.
19 Hibbing, pp. 45-46.

第 2 章 ▶▶▶
國會的硬體建設

今天我們設計國會建築，往後這個建築將雕塑我們。[1]

—— 溫士敦‧邱吉爾（Sir Winston Churchill，英國首相）

 壹、國會性格的呈現

　　社會上，每個人都有異於他人的偏好與態度，我們稱之為「個性」。國會雖然不是血肉之軀，但它也和自然人一樣具有某些的性格，而且，鮮少有兩個國會在性格上是完全相同的。人類個性的形成，多源自於成長過程、學校教育、社會環境、家庭傳統、以及同儕交往等因素；國會的性格，則深深受到憲政體制、議員產生方式、議事規則、議員人數、硬體格局，以及議會傳統等因素的影響。未能了解國會間的性格差異，觀察者便往往容易被表相的雷同所誤導，甚至使得立意良好的改革變得荒腔走板。瞭解影響國會性格的因素後，制度設計者也可以操控這些因素，形塑國會性格使之扮演好設計者所期盼的角色。

　　就以英美這兩個人類最老牌的民主國會做個比較，性格上的差異便十分顯著。例如在英國，只要是黨團提出的政黨案，百分之一百都可以獲得九成以上黨籍議員的支持；但同樣是黨團提案，在美國要獲得議員如此全心的支持，卻只有百分之二或三的可能性。再如，英國國會運作以集權著稱，大小事情只要內閣說了便算；但在美國卻是「封建式」的領導，二十

---

[1] We shape our buildings, and afterwards our buildings shape us。轉引自：Robert Rogers & Rhodri Walters, *How Parliament Works*, 7th ed., New York: Routledge, 2015, p. 13.

餘位委員會主席宛如各據領地的諸侯，分享著國會的決策大權。

　　甚至美國的參、眾兩院，雖然職權與機能跡近相同，又來自同樣的文化背景，而且還在同棟大廈比鄰而居，但性格的差異卻常令觀察者深感不解。英國學者白遼士（James Bryce）便曾如此描述：[2]

　　　比起眾議院，美國參議院無論在意見或氣質上，都顯得較不民主。因為後者比前者更具自信，更患得患失，也更熟知民情的善變與政策延續的重要。故而，參議院比眾議院更能保持冷靜，也更能克服情緒做出適當的判斷。

另一位知名的法國學者托克維爾（Alexis de Tocqueville），也曾在19世紀中葉發表類似的觀察：[3]

　　　踏入眾議院時，你很難不注意到這個團體的舉止粗俗。要在這廣大的議事堂上發現一個具有全國性聲望的人是幾乎不可能的……。他們大部份是鄉間律師、小生意人，以及來自下層社會的代表。美國的教育相當普及，偏偏不少眾議員卻是提筆不能寫。但如果轉入只有數呎之遙的參議院大門，則場景便完全不同了。在這個狹小的空間之內，幾乎集合了美國各界的名流……。擔任參議員的，盡是雄辯家、卓越將領、聰慧的退職首長、以及知名的政治家。他們在語言運用上的精湛，完全可以與歐洲最膾炙人口的國會辯論媲美。

托克維爾的觀察幾乎立刻就引來反駁，同時期的一位學者指出：根據這個描繪，參眾兩院彷彿由完全不同的人所組成。但事實上「大部分的參議員都來自眾議院，而那些托克維爾讚不絕口的參議員，更全是眾議員轉任

---

[2]　Viscount James Bryce, *The American Commonwealth*, vol. 1, New York: Macmillan, 1928, pp. 124-125.

[3]　Alexis de Tocqueville, *Democracy in America*, trans. George Lawrence, ed. J. P. Mayer, New York: Harper & Row, 1969. pp. 200-201.

的」。甚至直到今天，參議員中還是有三分之一以上是由眾議員轉任，重疊性雖然高，但兩院性格的差異卻是大家公認的事實：參院作風較爲「自由派」，對於政府用度也比較慷慨；眾院則不僅作風保守，對政府開銷更是錙銖必較。如果同樣一批人在不同的屋頂下，竟會有這樣不同的思維與表現，我們便不能不進一步探索，究竟是那些因素造成這樣的現象？在這個章節中，我們將僅由議會的硬體格局，來探討影響議會性格的因素。

 ## 貳、議場的格局與國會的性格

一、氣派廳堂是國會省不得的成本

　　前美國眾議院議長歐尼爾（Thomas O'Neill）在他的回憶錄中提到，美國議長享有一項十分特殊的特權，便是就任後有權借用政府所擁有的任何古董傢俱布置辦公室。在他擔任議長的10年期間，歐尼爾便向史密斯索尼恩博物館（Smithsonian Institution）借調了一張該館所典藏，百年前曾由克里夫蘭總統（Grover Cleveland）使用過的老書桌，作爲他議長的辦公桌。議長卸任後，這些傢俱不必歸還，可以移往任何議長所指定的場所展示。[4]此一禮遇究竟如何開始已無從查考，但能夠在一個充滿歷史意義的環境中思考國家大政，心情肯定會端正嚴肅許多。作爲國會這樣重要機構的領袖，培養嚴肅端正的心情絕對是必要的。

　　不僅國會領袖需要一個嚴肅的思考環境，議員問政也同樣需要能培養歷史情懷的環境。參觀過美、英，甚至日本國會的朋友，必然都會被四處精美的雕工與裝潢所吸引。有人或會因此困惑，這些過度的裝飾與偶像的膜拜，似乎與平實的民主精神格格不入。但其實，這些看似過度的裝飾，正是使議員感受百姓期許與歷史責任的必需品。前美國眾院議長亞伯特

---

[4]　William Novak, *Man of the House: The Life and Political Memoirs of Speaker Tip O'Neill*, New York: St. Martin' Press, 1987, p. 399。美國政府僅有三人可以享受這項特權，即副總統、最高法院首席大法官與眾議院議長。

（Carl Albert）回憶他初到國會進入國會大廳時，便有如下的感受：[5]

　　我早期對國會大廳的印象與其他觀光客並沒有太大的不同，只覺得
它美不勝收。但想到這139x92呎（約360坪）的廳堂，包藏了不知多少美
國歷史的光輝，我便免不了肅然起敬。從我進入國會的第一天，直到退
休前的一天，30年間每次踏入這個廳堂，我都油然產生敬畏之心。這是
每個國會議員都會感染的「國會氣質」，而且一旦上身，便永遠揮之不
去……。由於對國會廳堂的敬畏與對國會傳統的摯愛，連帶也使得我對國
會議員的身分，很快產生一份崇敬之心。

這段個人感受的描繪，可以讓我們體會，議會的裝飾不應被視爲膚淺的權
力炫耀，而應更深沉的去了解它對國會性格的影響。

　　議員來自風氣迥異的全國各角落，彼此的家庭、職業、財富、品德、
教育等落差也十分可觀，要使這些「山頭」齊心爲國家打拼，莊嚴肅穆的
國會建築正是不可簡省的花費。美國總統的白宮辦公室，平實無華的侷促
在賓州大道上的一隅，但國會山莊卻美輪美奐的傲視於首都的最高點上，
美國民主的兩百年基業，應該也可以由這個風水布局看出端倪。

　　類似的觀察也呈現於國會之母的英國西敏宮（the Palace of
Westminister），這座位在泰晤士河畔的千年古蹟建築，每年必須花費龐
大的經費加以維護，就國會的功能應該極不划算。誠如一位學者所說，這
古蹟建築若是開放觀光，勢必成爲歐洲第一景點吸引大批觀光客，但卻很
不搭調的被用來進行密集緊張的國是辯論，處理當下英國面臨的現代問
題。付出的代價是否值得？學者與多數英國公民顯然贊同繼續讓國會在
此運作，因爲「建築會影響建築內舉行的活動，西敏宮正是個完美的典
範」，基於對歷史與傳承的尊敬，這棟建築使得議員很難不嚴肅看待自己
的職責，使得無數的衝突與憎恨在此獲得包容。[6]

---

[5] Carl Albert & Danney Goble, *Little Giant: the Life and Times of Speaker Carl Albert*, Norman & London: University of Oklahoma Press, 1990, p. 163.

[6] Robert Rogers & Rhodri Walters, *How Parliament Works*, 7th ed., New York: Routledge, 2015, p. 1.

　　台灣似乎正好是個反面例證，總統府是威嚴氣派的哥德式建築，立法院則暫厝於一間改建的學校。立法院如果也能擁有氣派恢宏的建築，過去許多的肢體暴力及語言衝突，也許可以消弭於無形。畢竟，肝火再旺的議員，只要環視納稅人以金錢和期許堆砌起來的廳堂，很難不會因感動而克制。在一座建基萬世的建築裡，再自大的人，應該也會低頭謙卑吧。

二、議場的大小與議員的互動

　　許多例證顯示，廳堂的大小也會影響議會的性格。英國國會有650位議員，比美國眾議院的435位多了215位；然而，英國國會的議事廳堂卻只有美國眾議院的三分之一大（英國：68x45呎，約86坪；美國93x139呎，約360坪），而且也只設置了346個議員座席，這使得當議員全員出席時，有些便得擠到樓上的旁聽席。建於1852年的原國會大廈在二次大戰中被戰火摧毀，在戰後復建的討論中，多數議員卻堅持恢復舊有的席位數與擁擠的格局。這或許和英國人摯愛傳統的習性有關，但更重要的考量則反映於邱吉爾首相的一段發言：[7]

　　如果議場太大，十之八九的討論可能落空。因為大型議場的座位可能只坐了一半的人，這樣演說者和聽講者都會覺得不過癮，旁聽席上的人甚至可能因議員的稀稀落落而發生誤會或失望。議場若是小些，討論便如同面對談話，意見的交換也較為容易。反之，如果必須站在高高的講台上做大聲疾呼式的演說，議會政治的效果便很難達到。議員在過小的議場中，或因擠不到座位而只有簇擁站立著聆聽演說，但也正因為如此反倒更容易形成緊張熱烈的氣氛。我們要重建議場，便應選擇合乎議會性格和氣氛的設計。

邱吉爾的看法事實上獲得許多佐證。英國政治所展現的妥協與溫和特質，便常被認為與狹隘的議事廳堂有關。狹小的空間縮短了同仁間的距離，使得議員很難不體諒彼此的感受；而互動的增加，更讓私下的交易難以掩人

---

[7] Rogers & Walters, pp. 12-13.

耳目，使得議場的論辯與審查更具實質的意義。美國參眾兩院的觀察者也注意到，由於參院的大廳面積比眾院小了許多，參院因此成了偉大演說家的競技場，美國歷史上知名的辯論幾乎都是發生在參院議場；且空間的狹小，也使得參院在議事上較眾院更強調圓融與妥協。當然，風格迥異的原因並不完全由於廳堂大小，但正如邱吉爾所言，人數較少的參院如果還堅持一個寬闊的空間，恐怕許多偉大的演說也難免走味。

三、座席的安排

　　除了廳堂的大小，議員座席的排列也被認為是影響議會性格的因素。有些學者稱英國國會宛如「競技場」（arenas），兩黨針鋒相對互不相讓，邱吉爾認為這與國會「兩軍對峙」的座席安排有密切關聯。根據圖2-1所示，議長席的右側為政府黨的議員座席，左側則為反對黨的議員座席，兩者壁壘分明，使得政策辯論或質詢充滿「輸人不輸陣」的氣勢。小黨議員侷促邊緣一隅（圖中「X」），想當和事佬也沒有空間，更鼓勵了兩黨政治的發展。尤其值得一提的是，英國議員的座席為長條形的不隔離皮椅，開會時議員摩肩相依，相當有助於彼此情感的增長。我們不妨想像，在英國議場的氣氛下，任何議員若想特立獨行，他必須在同黨議員的簇擁中，起身提出標新立異的想法，此刻所需要的道德勇氣還真讓人感覺「悲壯」，無怪乎英國黨紀的維持能夠如此自然有效。

　　美國參眾兩院所採取的，則為馬蹄形的議員座席（見圖2-2-2及圖2-3-2）。邱吉爾認為英國相互對峙的座席安排，明顯不利第三黨，他認為這是英國能長久維持兩黨競爭的原因之一。然而對美國來說，這項立論卻很難成立，因為美國的馬蹄形座席雖然無法突出兩黨對峙，但其兩黨傳統卻絲毫不在英國之後，顯然還有其他因素助長了美國的兩黨傳統。美國眾議院的廳堂面積為各民主國家之最，但對435位議員而言似乎還是不夠，故而當亞利桑那州與新墨西哥州於1912年加入美利堅聯邦因而增加議員人數以後，眾議院便拆除了議員的寫字台，自此美國議會也和英國一般，議員必須列座於長條形座席上。但美國議員的座席至少還比英國舒適些，除了人人可以有座位，彼此間還有扶手相隔，但是否因此使得美國同黨議員的同仇敵愾之氣不如英國，便由讀者自己判斷了。

圖2-1　英國平民院議場圖

資料來源：David Davis, *The BBC Viewer's Guide to Parliament,* London: BBC Books, 1989, p. 32.

說明：S－議長席；Ma－權杖；P－記者席；L－不准跨越線；H－記錄；B－議場界
　　　線（只限議員進入）；O－官員幕僚席；X－小黨議員席；C－議會幕僚（全院
　　　委員會主席座席）；M－議員旁聽席；G－訪客旁聽席；SA－議場警長；T－
　　　議場長桌；D－公文匣。

圖2-2-1　眾院主席台

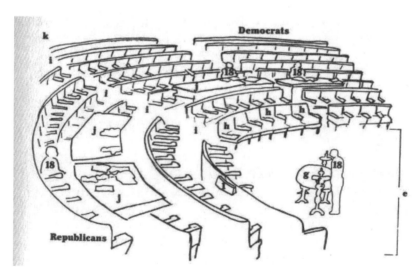

圖2-2-2　眾院議員席

資料來源：Ellen Greenberg, *The House and Senate Explained: The People's Guide to Congress,* New York & London: W. W. Norton & Co., 1996, pp. 4-5.

說明：a－權杖；b－議長及幕僚席；c－議會幕僚發言席；d－提案遞交匣；f－議員發言台；g－辯論記錄桌；h－議員席；j－議場領袖及委員會桌；l－電子表決器；1－議場警長；5－秘書長；6－議長；7－書記及計時員。

　　美國議會的座席雖爲馬蹄形，但政黨立場也依然涇渭分明。如圖2-2-1與圖2-3-1所示，眾院與參院的民主黨議員傳統上都選擇議長右邊的座席，共和黨則集中於左邊。在議場上發言時，眾院議員必須趨前到主席台邊的發言台，不同的政黨也都固定選擇特定的發言台，如圖2-1之f_2便爲共和黨慣用之發言台，兩黨相互對峙，彼此較勁的味道絲毫不在英國前輩之後。參院議員則使用移動式的發言台，由議員在自己的座席上發言。台灣各地方議會議員也在自己座席上發言，這使得議員夾雜在界線不明的眾多議員中，政黨間的對峙自然沒有眾院及英國國會凸顯。一般認爲參院議事講求圓融，較不會堅持政黨的意識型態，或者便與其發言的方式有關；台灣地方議會同樣有政黨對立不顯著的特質，可能也根源於類似的發言安排。

　　英國議員也是在自己的座席上發言，但議場最前一排的座席，傳統上保留給執政黨內閣部會首長及反對黨的影子內閣，尤其圖2-1中央長桌兩側的D爲放置資料的木盒，其附近係保留給首相與反對黨領袖的座席，但也只有首相及反對黨領袖可以在發言時舒服的倚靠在木箱上。除了第一排座席保留給兩黨領袖外，第二排以後便可由議員自由選坐。有趣的是，18世紀以前爲了避免議員因一言不合而拔劍相向，各排座席的間距都特意的狹窄，使得議員難以瞬息拔劍。此一設計保留迄今，狹窄的間隔使得第二排以後的議員，很難在起立發言時挺直膝蓋。有人認爲這樣一個不舒服的設計，無意間使得英國議員在發言時只有力求精簡，「長話短說」成了英國議員展現功力的基本條件。不僅如此，音響專家又發現議場天花板的拱形造型，使得只有兩側第一排的發言可以清晰的迴響至議場的所有角落。至於第二排以後，發言者如果稍微激動，或企圖提高音調煽動情緒，傳到其他議員耳中往往變成轟轟隆隆不知所云。此一無心的格局，除了證明相當有助於英國議會的理性論辯，也樹立了前排議員不可憾動的主導地位。

　　美國眾院如同英國議會，除了少數特定區域，議員並無特定的座席。不同的是，這些區域並非如英國保留給議場領袖，而是保留給特定意識型態的議員，如眾院中央後排的民主黨區域通常是南方民主黨保守議員的固

圖2-3-1　參院主席台

圖2-3-2　參院議場

資料來源：Ellen Greenberg, *The House and Senate Explained：The People's Guide to Congress,* New York & London: W. W. Norton & Co., 1996, pp. 18-19.

說明：b－議長區（副總統）；c－記錄席；e－民主黨黨鞭席；f－民主黨領袖席；g－共和黨領袖席；h－共和黨黨鞭席；i－移動式發言座；1－少數黨助理；2－少數黨書記長；3－多數黨書記長；4－多數黨助理；9－秘書長。

定座席，最右邊的後方席次則常為賓州議員所聚集。眾議員發言時由於一律在主席台前的發言台，座席較無好壞之分。參院議員則不同，每位均有自己的固定座席，且必須在自己座席上發言，故而座席選擇便有某種戰略上的考量，議員若因座席選擇而產生衝突，便由資深者優先選擇。1970年代以前，參院中央走道（圖2-3-2之K）兩側往往是兵家必爭之地，因為參院發言乃由主席指定，而走道兩旁的座席因易於吸引主席目光，有利於爭取發言權。1980年代電視轉播引進議會後，參院的座位政治學開始改變。由於電視攝影機高懸主席台上方，禿頂者為了避免因攝影角度過於傾斜誇大「燈泡」效果，便極力避免選擇前排座席。在這個電視媒體時代，參院後排的座席反而成了搶手區，因為不僅攝影角度較佳，參議員發言時若以圖表、海報強化效果，後排的轉播距離也最適合。當然，有些大牌議員並不計較這些媒體的效果，而寧可選擇別具意義的座席，如愛德華・甘迺迪（Edward Kennedy）為了紀念兄長約翰・甘迺迪（John Kennedy），便始終如一的只選擇他坐過的同一座席，而新罕布夏州參議員為了凸顯令人崇拜的參議員丹尼爾・韋伯斯特（Daniel Webster）為該州前輩，甚至運用手段使參院決議將韋伯斯特所坐過的座席，永遠保留給新州選出的參議員。

　　特別值得一提的是，美國眾院的議長席設於三層結構之上，參院的議長席則僅為兩層結構，英國平民院的議長席則更下之，僅略高於議員席。這樣的陳設顯現眾院議長擁有強勢的權威，參院議長著重圓融協調，英國議長便只是中立的會議主持人。

　　台灣立法院主席台的格局類似美國眾院，但卻無法建立類似眾院的議長權威，每逢議事抗爭，在野立委由下仰攻，多數黨則環繞議長阻止主席台被攻占，高台反而成了凸顯混亂的戲台。台灣在同樣格局下無法產生類似的效果，或許與議員座席的空間有關。我國立法院委員人數只有美國眾院的四分之一，議場面積卻較眾院大了將近50％（1,090平方米，約542.5坪），這使得每位立委擁有民主國家國會少見的寬大座位。如果英國議員座席的壅擠有助於黨紀的貫徹與議事秩序的維持，台灣立委的寬大座位便似乎助長了立委自我中心與桀敖不馴的特質。邱吉爾說：「今天我們設計

國會建築，往後這個建築將雕塑我們。」未來台灣若有機會改建立院，選擇適合立院人數的議事廳格局，應是首要的考量。

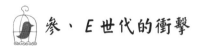
參、E世代的衝擊

如果詢問長期觀察國會的學者或議員，20世紀以來影響國會性格的最重要改變為何？相信絕大多數都會回答：電子投票與電視轉播。當初引進這兩項新生事物，目的無非藉由新科技讓國會運作透明化，使得選民與代議士間的距離得以縮短。但這兩項立意良善的設計，卻顛覆了國會的競賽規則，使得歷經百年所形成的國會生態為之丕變。

一、電子投票

美國於1973年在眾議院開始啟用電子投票機，為世界上第一個運用這項設備的民主國會。由於眾院議員沒有固定座席，故而議會發給每位議員類似信用卡大小的電子磁卡，投票時議員可任選設於議場後排的幾具刷卡機，先刷卡確認身份，再選按機上的贊成、反對、或棄權鈕便完成投票。投票機在判讀刷卡人的身份與選擇後，便在議場的四塊面板上，立即顯示議員的姓名及其對議案的立場。

在過去傳統的舉手投票或分列投票下，由於議會只記錄正反票數，議員易於隱藏個人的立場，故而常造成公開說一套，投票又是另一套的欺瞞行為。以監督國會運作為職志的「共同理想」公益性組織（Common Cause），為了確實掌握議員的投票行為，曾訓練大批工讀生，以每人熟記三位議員臉面的方式，在旁聽席上監看議員是否言行一致的投票。但人工辨識難免產生誤差，議員堅持不承認也時有所聞。裝設電子投票機以後，議員便難以遁形，但卻也產生了許多始料所未及的效果。

許多學者常強調，國會決策所以優於公民投票，乃因前者存在妥協與交換的空間，後者則是一翻兩瞪眼。使用電子投票機後，議員的抉擇可以瞬間傳播到選區媒體，選民甚至可以在家中電視獲知投票結果。這使得議

員在面對與選區相關的議題時，幾乎不敢做出任何的讓步。議員的堅壁清野，使得國會運作的衝突性升高，也使得國會無法再以較宏觀的角度，思考國家的政策走向。民主政治的成功，當然因為有代議士反映輿情，使決策不會流於少數人的專斷，但同時也因為代議士可以秉持個人良知，超越地區與情緒的影響，為國家擬定長遠性的政策。在電子投票機的作業下，許多學者憂心，地區性的利益將凌駕在良知的考量上，國會已淪為赤裸裸的利益對立，民主的決策品質將因此受到衝擊。

在傳統的表決方式下，議員並非就可以棄選區的利益於不顧，但跨選區的政黨立場的確較能制衡地區性的利益考量。傳統表決方式所以有利於政黨的制衡，主要原因有二：即表決方式易於運用同儕壓力，且時間延長也給予政黨較多勸說的空間。在傳統的表決方式下，無論是口頭或唱名，總是在議員齊聚一堂才進行投票，同儕的注目當然使得堅持己見需要更多的決心。尤其「分列投票」（division）方式，更是黨鞭約束「游移分子」的最佳利器。過去眾院在表決重要議案時，會要求議員依贊成與反對排成兩列魚貫通過議場中央的兩側通道，由兩黨黨鞭分站主席台前，輕拍議員肩膀逐一清點票數。議員若為了選區利益而倒戈支持他黨立場，在此一表決方式下，便必須板著臉走入他黨的表決行列，人情代價自是可觀。但有了電子投票機後，議員各自利用空檔瞬間完成投票，黨鞭既無法分身監守投票機，議員也感受不到同儕的壓力，黨鞭就算事後察知跑票也只有不了了之。

「時間」也是使用電子投票機所帶來的另一項衝擊。根據統計，在過去傳統的表決方式下，從投票鈴響到完成計票，平均約需25至20分鐘。故而議員由辦公室趕到會場後，通常還有充裕的時間，可以請教同僚有關議案的內容並徵詢投票建議，這寶貴的十來分鐘也正是黨鞭施加壓力的黃金時段。但使用電子投票機後，由於數台機器同時運作，整個程序被縮短成8分鐘左右，無形壓縮了議員思考議案或與黨鞭進行溝通的時間，越來越多的投票是在匆促與盲目間完成。面對這個新的生態，黨鞭常指派助理黨鞭站在議場的入口處，以姆指朝上或朝下，指示匆促通過的議員應如何投票。由於時間的壓力，有相當比例的議員的確也會根據黨鞭的訊號

投票，造成政黨的固票能力在1970年代以後有略為復甦的跡象。但獨立性較強的議員，在進入議場後也只有極短的時間探詢其他同僚的建議，黨鞭根本沒有足夠時間進行說服。有人認為，由於議員必須在較短時間內獲得可信賴的投票建議，很難同時聽取正反兩面意見進行評估，這無形鼓勵了次級團體在1970年代以後的勃興，同時也使得專業議員對法案的影響力，間接獲得提升。

電子投票機的引進，使得特殊利益、政黨、次級團體、專業議員都各自取得了施展身手的機會，但也因為如此，議案的結果變得更詭譎多變難以預期。前議長歐尼爾便因此喟嘆，今天所有的議案都是在「臨時多數」（ad hoc majority）下通過，國會早已不存在任何穩定的多數。對主張議事透明化而積極推動電子投票機的改革者而言，國會生態改變所造成的影響，或許超乎了原先的想像。

二、電視轉播

電視在1960年代便已普及於英美的一般家庭，但兩國國會卻經歷了將近20年的研究與辯論，才允許攝影機進入議場轉播。英國下院在1966年即曾提案允許電視轉播，但英國民眾卻必須等到1989年才有幸坐在家中觀看國會辯論。而遠在1950年代，美國眾院的傳奇性議長山姆·芮苯（Sam Rayburn）便曾說過：「攝影機及麥克風是對眾議院尊嚴的一大傷害。」此一看法在他辭世後的數十年，仍然影響著眾院的多數議員，電視攝影機因此遲至1979年才得進入眾院，參院則至1986年才有院會的轉播。

何以國會如此抗拒電視的轉播？主因便在於擔心轉播會鼓勵議員的作秀心態，造成議員藉由鏡頭曝光營造國會權勢，進而忽略了認真研究政策的選民付託。一位在眾院工作三十餘年的秘書人員，便曾如此觀察電視轉播的影響：[8]

我認為電視轉播是我在眾院所見最邪惡的事物（the biggest evil that

---

[8] Ronald Kessler, *Inside Congress*, New York: Pocket Books, 1998, p. 60.

has come to the House）……。現在我們有435位「潛在明星」，無時無刻都想著如何運用議場攝影機來宣揚他們的理念。他們的發言策略完全針對電視的特性，只要一兩句話在夜間新聞被引述，一切心血便值得了。由於有電視轉播，議場的人身及惡意攻擊，因此升高到過去所未見的程度。

1984年眾院一個鮮活的例子，便印證了議員可以如何透過鏡頭操控達到打擊對手的目的。

　　美國眾院在議會事項結束後留有一個小時的「特別議程」（special orders），讓議員就任何議題各抒己見。此一設計有如我國立院的「國事論壇」，差別只在立院的這個時段是排在議程開始前的一個小時，美國眾院則是在一天的表列議事結束後。由於表列事項已經處理結束，一般議員很少會留在議場聆聽其他議員發表演說；問題是，這個「特別議程」仍然屬於議程的一部分，故不僅電視依舊轉播，發言內容也會被列入議事錄內。美國眾院並不允許其他媒體進入議場，故議場畫面只能由院方的攝影機取得，而院方的攝影機鏡頭僅固定拍攝發言台，故一般民眾很難由電視畫面上想像，議場大廳在議員發言時已空無一人。但由於時段仍屬正式議程，電視畫面還是會透過國會頻道傳送到全國各角落的收視戶。

　　共和黨議員紐‧金瑞契（Newt Gingrich）應該是第一位議員，發現可以利用這個國會轉播特性，達到政黨宣傳的目的。1984年的一天，金瑞契在特別議程上取得發言權，但他並不只是單純的發表個人見解，而是在攝影機前演出一場活劇。他撻伐民主黨同仁漠視民意，過程中還偶而做出傾聽議場回應並立即駁斥的表情。就畫面效果來看，議會彷彿正在進行一場激烈的兩黨辯論，而民主黨則被金瑞契抨擊得欲振乏力，但電視觀眾並無從得知這只是金瑞契的獨腳戲。

　　民主黨的歐尼爾議長當晚回家看到金瑞契如此欺瞞觀眾，自然難掩憤怒，第二天他在渥克議員（Robert Walker）複製金瑞契的成功經驗時，便特意留在議場。渥克重演獨腳戲時，議長便下令移動攝影機，環照議場一圈讓觀眾明瞭議場當時已空無一人。渥克的「熱情演出」登時便宛如自吹自擂的小丑，當場氣得抗議議長無移動攝影機的權力。歐尼爾議長後來在

回憶錄提及：「議會必須相互尊重……，以技巧掩飾無人在場的事實，並虛擬攻擊無法回應的同仁，是赤裸裸的違犯議會行為規範，『議長當然有權揭發』。」

　　眾院電視攝影機所以只做定點拍攝，正是科技與傳統的妥協結果。一如本書所反覆強調的，妥協與交換是國會的特質也是必要之惡（故而美國人常戲稱國會議事宛如「馬市」，horse trading），如果國會的一舉一動都鉅細靡遺的暴露於攝影機下，議員們當然會擔心形象受損；而且，就前述金瑞契的例子來看，議會的過度曝光也會產生更多難以預料的問題，甚至使得機器操作者變成秀場導演，壓縮理性討論的可能性。

　　適當的轉播當然有助於議會民主的提升，引進議場轉播的歐尼爾議長便回憶，電視轉播大大提升了眾議院的重要性。過去參議員在人少的優勢下，總成為媒體追訪的對象，彷彿整個參院就是決策形成的核心。有了電視轉播以後，由於觀眾可以親眼目睹眾院的政策辯論，民眾開始重視眾議院的政策影響力。參院雖然在1986年跟進轉播，但由於允許冗長發言，收視效果不若眾院，因為眾院限制每位議員只能發言5分鐘，使內容相對精簡熱烈，觀眾也因此較不會轉台。根據統計，收視國會轉播的觀眾九成會在投票日投票，遠高於美國平均約六成的投票率。電視轉播使這些選民得以掌握更精準的資訊，對民主品質當然有正面的效果。

　　電視普及後，國會政黨領袖的選擇也不得不加入「鏡頭扮相」的考慮。歐尼爾議長所以在巔峰時期退休，有人便認為與他肥胖的身軀及口嚼雪茄煙的習慣有關，因為這個扮相在電視畫面上看來，容易讓人聯想到「密室政治」或「利益輸送」，對民主黨的形象相當不利。再由於黨團領袖常必須代表政黨發表政策看法，「能否在30秒內清楚闡述黨的觀點」，也取代了「圓融、人和」，成為擔任領袖的條件。全國性新聞時段很少會播出30秒以上的長篇大論，話多而口齒不清的領袖，顯然減少了政黨曝光及宣傳的機會，當然也不適合擔任領袖。

　　許多學者認為，發展中國家在民主改革上應該可以省卻不少成本，因為只要照抄先進民主國家的實驗成果，便可以避免許多冤枉路。但光就電子媒體在國會的角色來說，象牙塔的看法恐怕就與實情不符。相對於先進

民主國會對引進電子媒體的審慎，我國在「人民有知的權利」大帽子下，媒體的國會轉播，早就如入無人之境。曾經有一段時間，攝影記者甚至被允許自由進出議事廳，有些立委為了選舉宣傳片，甚至還夾帶私人攝影師進入議場拍攝問政過程。目前攝影記者雖然被限制在旁聽席上，但數十部攝影機的長鏡頭伺候，立委要不善加利用也難。台灣立委發言喜歡貼海報、帶道具，便無一不是為了畫面效果的考量，使得議事秩序因此付出不小的代價。電子媒體的貼近與自由轉播，早已構成我國國會場景的特色，相信這正是造成立院頻繁的衝突及秀場文化的主因。

第 3 章 ▶▶▶
議員與民代並非同義字

> 英國國會不是各地代表的組合，而是一個完整國家下的議政機構。[1]
>
> ── 埃德蒙·柏克（Edmund Burke，政治思想家）

 ## 壹、選舉制度的重要性

　　民主政治希望達到「人民當家作主」的理想，但民族國家興起後，由於國家幅員擴大，公民已不可能直接與聞國事，透過選舉產生的代議士替代人民行使主權成了變通的方案。有些學者認為，透過代表參與政策制定事實上已悖離了「人民當家作主」的基本價值，因為儘管「代表」是由選舉產生，但由代表行使主權無異創造了一個新的「統治階級」，與舊時「貴族」壟斷國政，本質上並沒有太大差別。例如，政治思想家托克維爾（Alexis de Tocqueville）便曾稱美國的民主，為「社會的平等主義與貴族統治」混合體。[2]如何讓公民可以有效控制代議士，避免代議士駕臨民意成為實質的「主人」，乃成了近世民主設計的重要課題。

　　政府品質的好壞，很大一部分取決於管理者的素質。民主制度既透過選舉產生政府管理者與監督者，選舉程序能否有利好人出頭，自然關係民主品質的好壞。多數公民當然都希望選出能確實代表自己，或能力卓越的代議士參與國計，但如果選舉制度設計有偏差，便可能造成劣幣驅逐良

---

[1] [N]ot a congress of ambassadors, but a deliberative assembly of one nation.

[2] Alexis de Tocqueville, *Democracy in America*, J. P. Mayer, ed., George Lawrence, trans., New York: Harper Perennial, 1969, Chap. 3.

幣。當選民只能由一堆爛蘋果中，挑個比較不爛的，民主決策的品質當然難以提升。以女性參政爲例，占投票人口一半的女性，在美國衆議院的人數比例，竟然只占五分之一，落後於全球一百多個國會之後。美國社會的女性主義常是世界女權運動的標竿，但國會議員的女性比例卻落入後段班，許多人便認爲正是美國政黨提名制度與單一選區制度，造成女性難以從政的結果。[3]

憲政制度規範人民與政府關係，以及政府各部門間的權力互動，對於民主品質的重要性不言可喻。選舉法規則決定何種人可以在憲政架構下，掌握權力機器，重要性完全不亞於憲政制度的設計，故而有些學者將選舉制度稱爲「半憲政法規」（semi-constitutional rule），因爲它雖不是根本大法，但對民主品質的影響卻不容小覷。換言之，憲政體制決定代議機構可以扮演的角色與功能，但如果選舉制度所產生的代議士不能適才適所，再良善的憲政設計恐怕也無法發揮預想的效果。

遺憾的是，憲政體制的發展與選舉制度的選擇往往缺乏配套性的思考。憲政體制的設計不乏是現實妥協下的結果，而選舉制度的選擇則常爲應付民衆虛幻的頭家想像，兩者各因不同的時空與需求而出現，但卻又必須踏出和諧的探戈舞步。此一情況多少說明了，民主雖已成爲普世價值，但能成功落實的卻仍然只占全球人口的少數。[4]

本書篇幅有限不可能深入探討政體與選制間千絲萬縷的關係，但英國18世紀以來延續近百年的國會議員本質之辯，還是相當值得回顧。因爲只有先確認議員的本質，其他行政立法關係、議員任期、選舉制度、助理制度、選區經營、政黨地位等，才能在一個共同基礎上進行討論，避免各說各話的結果。

---

[3]　參見：http://archive.ipu.org/wmn-e/classif.htm，檢閱日期：2018年12月。
[4]　根據民主觀察組織Freedom House在2018年所發表的報告，雖然許多國家自稱爲「民主共和國」，但真正生活於自由政治體制下的人口，僅占全人口的39%。參見：https://freedomhouse.org/report/freedom-world/freedom-world-2018。

貳、兩種不同的代議觀念

　　提到議員選舉，國人總習慣性的認爲是「選賢與能」，而其「賢能」的表現則在「爲民喉舌」。殊不知，這根本是兩個互不相容的概念。民主體制下的國會，大多只能兩者擇一，並以之爲規劃選舉制度與設計憲政體制的依據，貪求「兼容並蓄」只會造成體制混亂與選民期待的混淆。美國曾嘗試發展一套折衷的代議觀念，但行憲兩百餘年來卻導致政治僵局層出不窮。選舉理論大師杜瓦傑（Maurice Duverger）便曾直言，政治僵局的層出不窮，便因美國制憲者視國會爲「民意代表」，但選舉制度卻採用了「選賢與能」的設計。[5]台灣今天實施代議民主也出現了不少病象，仔細探究恐怕亦因理想與制度未能配套所致。

　　國會政治的濫觴，乃13世紀英王爲了徵稅而與貴族召開大會議而起始。當時各郡的貴族及地主，都必須推派兩位代表到英王駐蹕之處，接受稅額分配的詔令。代表們面見英王時，當然難免會附帶提出各地的興革意見，而英王爲了避免橫生枝節，大半也會對這些意見予以一定的尊重，使得這類集會成了當時反映地方輿情的重要管道。但因爲舟車勞頓且治安不靖，眞正「大尾」的地方權貴通常不會出席這類御前會議，往往指派較次要的地方菁英與會。故而當時的出席者便宛如今天嚴格定義下的「民意代表」，只能「爲民喉舌」忠實轉達「選民」的意見；若未獲得明確的授權，更不敢在會議上簽署任何承諾。但當時的「選民」當然不是一般民衆，而是指派他們參加會議的大貴族。

　　這樣的集會，在英國斷斷續續的存在了三、四個世紀。期間因爲騎士階級與自由城市興起，財富直逼貴族王侯，英王便擴大參與，允許各郡在貴族之外還可選派兩個平民參加大會議，首開平民參政的先河。

　　產業革命後，許多城市因工商而興起，英國人口也大量增加。但這

5　Maurice Duverger, "Which Is the Best Electoral System?" in ArendLijphart and Bernard Grofman, eds., *Choosing an Electoral System: Issues and Alternatives*, New York: Praeger Publisher, 1984, p. 36.

些新興都市若非因循舊例，仍然只有兩個代表名額；或因處於山地池沼地區，甚至連一個名額沒有。偏偏這些新興社區因工商產業的發展，對政府法令的修改有極高的迫切性，但苦於國會沒有代表發聲，新興社區的需求常難以獲得重視。於是工商士紳便根據13世紀以來的「代表」理論，主張議員是地方利益的代言人，必須忠實反映民意並依民意指示發言及投票，任何部份的人民若沒有代表參加國會，權益等於沒有保障。工商士紳據此認為，原有每郡縣兩代表的舊制必須廢除，議會必須重新以人口比例劃分選區，使得都市住民能有恰如其分的議會發言權。

但1688年「光榮革命」後，國家的決策權力已由英王移轉到國會，國會已非早先大會議時代以抱怨、吐苦水為主的機構。故而國會若依工商士紳主張，由地方利益的代表者組成，國家政策必然會因地方利益的衝突，變得破碎與短視。都市新貴在爭取平等代表權的同時，為了回應此一質疑，便同時主張恢復英王的傳統決策地位，讓英王及其大臣扮演國家整體利益的詮釋者與協調者，國會則只扮演轉知民意及監督王權的角色，並不享有最後的決策權。在此一立論下，國王雖然可以定奪政策，但人民權益還是可以透過代議功能獲得決策者重視，國王也會因國會的監督而無從濫權。提出此一觀念者，多屬於托利黨人（Tory），他們也是後世保守黨的骨幹分子，主張還政於王顯然與其保守理念相契合。

工商新貴以「為民喉舌」的觀念爭取選舉制度的改革，似乎忽略了光榮革命以後，英國人已無法再回頭接受實權國王的安排。當時力倡自由民主的惠格黨人（Whig），便認為工商新貴們的主張，將使英國歷經百年的反專制奮鬥毀於一旦。他們認為，只有讓國會真正取代英王行使實質的統治，人民才能免於暴政昏君的欺壓。故而，惠格黨人心目中的國會不是只以監督王權為已足，而是要成為真正的決策中心，建立所謂「國會主權」的制度。國會既要擔負實際的決策重責，組成者當然就不能只是地方民意的「舌人」，而是必須具備宏觀思維的碩彥之士。換言之，議員的選舉不在產生「民意代表」，而是要「選賢與能」，發掘地方的優秀人才與聞國事。

議員若由碩彥之士擔任，當選後便沒有反映地方民意的義務，否則千

挑萬選的人才竟然還得處處聽命於地方平庸民眾的意見，國家政策如何能宏觀穩定？有人批評，所謂碩彥之士難免多是衣食無缺的中上階級，若由他們壟斷國政則誰來照顧廣大的貧下中農？惠格黨人則認為，一個「碩彥之士」本來就應該具有「人溺己溺、人飢己飢」的情懷，不待自身殘障而能體會殘障的痛苦，懂得主動為弱勢者尋求政策的救濟，故而弱勢者便沒有必要堅持要有自己的代表進入國會。依人口比例產生議員的主張，當然也就不一定站得住腳。惠格黨人認為，任何社會的「碩彥之士」，不可能依人口比例平均產生。人口稀疏的鄉野之地，往往因山川靈秀而培養出較多經世之才；物慾橫流的都會地區，人口雖稠卻多為無識之徒，難以與聞國政。基於這樣的觀點，惠格黨人駁斥了都市新貴以人口比例產生代表的訴求。

　　但公民參政的觀念在法國大革命後已勢不可擋，惠格黨人縱然反對也只能拖延落實的時間。故而在1832年的選舉改革中，英國人還是從善如流的將國會議員依人口比例做較平均的分配。但此一讓步並非意謂著惠格黨人在觀念上接受了托利黨人的主張，誠如劉易士爵士（Sir George Gornwall Lewis）所言：「英國所以允許新興城鎮可以依人口比例產生代表，並不是因為顧慮這些城鎮沒有『代表』在國會中促進自己的利益，而是因為這些城鎮的人口較多，較易於產生國會所需要的優秀人才。」學者伯區（A. H. Birch）也觀察到，英國人「選賢與能」的觀念，事實上在選舉改革後反而更為茁壯，例如以財產限制投票權的規定還得等到1918年才予以廢除，時間上比美國晚了約一整個世紀。[6]

　　由於堅持「選賢與能」的觀念，英國人建立了國會主權體制，但這並非意味托利黨人的主張因此走入歷史。法國大革命所鼓吹的人民主權觀念，讓托利黨人的主張找到了新的養分。法國大革命的思想導師盧梭（Jean-Jacques Rousseau）曾譏刺英國所實施「選賢與能」與「國會主權」觀念，根本就是舊封建體制的借屍還魂，盧梭表示：

---

[6]　A. H. Birch, *Representation*, London: Pall Mall Press, 1971, p. 61.

主權不僅不能出讓，同時也是無法由他人代行的。……代議士不是也不能替代人民決策，他們僅只是人民的舌人。他們所通過的任何議案，如果不能取得人民認可，都將不能成為最終的決定，當然也就不是法律。英國人認為他們是自由人，但其實是自欺欺人。〔由於未採行正確的代議制度〕，英國人只有在議員選舉的時候是自由人，一旦選舉結束，他們反成了〔議員的〕奴隸。

在盧梭的觀念下，民主便是由人民當家作主直接參與社區的公共事務，但因人口增長使得直接參政變得不切實際，乃有代議士的產生。故代議士只能扮演「為民喉舌」的角色，主權仍然屬於人民，代議士不得越俎代庖取代主權者的角色。

法國大革命造成巴黎街頭血流成河，使得保守的英國人對盧梭的主張心存疑慮。故而直到今天，英國仍然堅持國會是由各選區「菁英」所組成，選民與議員之間，只存在「推舉」而無「付託」的關係。但人民主權說與為民喉舌的代議士觀念，卻相當程度鼓勵了英國以外地區人民當家作主的想像，成為歐陸地區發展議會制度的重要依據，與英國的國會主權體制的選賢與能觀念分庭抗禮，成為民主實踐上的兩個主流。

參、不同代議觀念下的制度設計

有關代議士本質的辯論，雖然只出現於民主轉型的英國，背後甚至還存在著政黨利益的糾葛，但百年之辯對代議觀念的廓清，卻是深遠而全面的。兩百餘年來民主國家在論辯代議制度時，幾乎都未曾逸脫上述的範疇。尤其讓後人感佩的是，英國人不僅坐論兩種代議觀念的差異，執政者甚至還嘗試透過選舉制度和政府體制的連結，探討這兩種代議觀念應有的制度設計。民主國家由於發展歷程與客觀環境不同，在民主觀念的形成上當然會有差異，英國的經驗等於提供各民主國家在思考制度設計上的參考

指標。透過這些指標，制度設計者可以省思觀念與制度間是否存在不合理的連結，以及這些不合理的連結，是否造成民主運作上的困難。

一、行政與立法的分合

以「民意代表」為定位的國會議員，政治學上稱為「實質代表」或「命令委任制」（delegate system）。在此一關係下，議員與選民便宛如律師與訴訟當事人，前者未得後者的授權，便不能在法庭上答應任何條件，也不得做出與當事人意見相左的發言。依此精神產生的國會議員，在議會表決或發言時，當然必須「民之所欲常在我心」，不得有強烈的自我主張或違逆選民的意見。

國會若被視為各地菁英的論政平台，依選賢與能原則所產生的議員，則與選民的關係便宛如基金經理人與投資戶的關係。投資戶在交付資金後，自應信任經理人的專業知識，不得干預經理人的投資判斷。依此一原則，代議士選出後，選民便不應以「人民頭家」的地位，強迫議員聽從民意。由於這類代議觀念，有「代表」之名而無代表之實，政治學上稱為「法定代表」或「自由委任制」（trustee system）。

國會若是採行實質代表，議員便須事事以民意為依歸，議會若成為決策中心，國家政策將難免成為地方利益妥協的結果，不利於國家長期發展的規劃。為了避免此一趨勢，採取實質代表制的議會，如美國，便設計了兩層的防火牆：一是眾院依據民意所做成的決議，須與間接選舉產生的參院一致（美國參院至1914年才開始由公民直選議員），始能成為國會所通過的決策；二是採取行政與立法分權制度，國會的決策若與代表整體國家的行政觀點不符，則總統可以否決該項決議。學者本洛克（J. Roland Pennock）表示，國會如果依實質代表的精神組成，便須採取行政與立法分立的制度，這樣袒護地方利益的國會觀點便不必然成為國家政策，淡化地方主義的影響。

相對的，如果國會被視為賢能的菁英集合體，議員當選後便不必與選民有過於密切的互動，因為既然以賢能而獲得支持，若處處還聽從於選民，邏輯上自然不通。國會既然匯集了全國優秀人才，行政也沒有必要與

立法分立，國會成為最高主權機構，一切以國會說了算，另外設計其他機構制衡這些金頭腦的發揮，也顯得有些多餘。是故，國會所通過的法律，不僅行政不得否決，司法也不得以違憲而拒不依從。為了讓國會議員能安心問政，英國甚至還限制國會週邊的遊行示威活動。儘管英國人民享有請願與言論表達權，但這也只是單方面的意見陳述，若企圖藉選票要脅議員便屬犯法。確實，選出的既是法理上的菁英，便應該給他們專心國政的空間，不應坐視選民以民意強押議員聽從。

　　這兩種國會本質的差異，事實上也反映在它們名稱的選擇。自有國會以來英人便稱國會為「巴力門」（parliament），此一名詞最早用於指稱中古修道院僧侶們在晚餐後的談經會，其原始意涵本就不具「民意代表」的精神，強調的只是「談論」的過程。美國則自制憲後便將國會定名為Congress，其拉丁文原意為「get together」，重點在強調各地代表的聚合，故而後世也多用以專指行政與立法分立下的國會。18世紀政治思想家柏克（Edmund Burke）曾說：「英國國會不該是地方對立利益的代言機構，而應是一個整體國家的國事論壇，思考的應該只有一種國家利益，而不該是許多的地方偏見。」短短一句話已點出這兩種國會本質上的差異。

二、剛性與柔性憲法

　　憲法除了是「人民權利的保障書」外，另一項重要的功能便是「政府的組織法」：目的在規範政府各部門的權力範圍，彼此如何互動，以及爭議該如何解決。但政府的權力如果像金字塔結構般的集中於單一機構，部門間的爭議即可透過內部機制化解，加上人民權益可因定期選舉而獲得保障，則憲法的重要性已相對降低。

　　公共事務瞬息萬變，菁英之所以為菁英，便因他們具有卓越的長才，能當機立斷採取好的決策應變國家的需要。但菁英決策如果必須受到幾代以前古人所寫憲法的限制，邏輯上便顯得有些不通。是故，視國會為賢能薈萃機構的國家，對成文憲法的神聖性，通常不會過於高舉，甚至允許國會以簡單多數便可修改憲法，尤其如英國乾脆採取「不成文憲法」。

　　視國會為民意代表機構的體制，則往往給予憲法特殊的位階。由於預期行政與立法間可能產生衝突，憲法在此一體制中便必須清楚規範各機構的權責範圍。由於憲法觸及國會的職權範圍，制憲或修憲便不得由國會為之，否則便有球員兼裁判之嫌。美國立憲時，首開民主國家先河，創設「制憲會議」與「複決程序」，彰顯憲法乃由「人民所立」，位階在一般法律之上，具有約束行政與立法兩權的地位。而憲法施行產生爭議時，也由獨立的司法機關進行裁判，避免任何一權影響判決結果。憲法修正亦多設有門檻，避免任一機構因職權受限而經常發動修憲破壞憲法的神聖性與穩定性。

三、兩院制與一院制

　　如果將國會視為賢能之士所組成的議政機構，則另設一院牽制民選議員的決策便顯得有些多餘。除非有某種機制可以證明另外一院的智慧更為獨到，否則集合賢能的國會卻還得遷就另一院的主張，邏輯上便顯得有些矛盾。故而，若主張國會乃為賢能之士所組成的議政機構，通常傾向採取一院制的國會設計（unicameral legislature）。就算因歷史因素，如存在貴族的傳統，而必須設有第二院，第二院的權力也通常明顯弱於第一院，多數僅享有法案的限時延擱權，稱之為「不平衡的兩院制」。

　　但國會如果被視為是各地「民意代表」所組成，另設一個具有實權的第二院便似乎有其必要。如前所述，國會議員既必須效忠地方民意，國會的決策將難免充滿情緒、短視、與破碎化，此時便須有另外一院扮演緩和性的角色。挪威、冰島兩國甚至在選出國會議員後，當選的議員再選部分議員另組第二院，扮演第一院決議的刹車角色。事實上，今天大家所熟知的「制衡」（check and balance）一詞，最早便是出現於形容美國的兩院關係。由於眾議院代表民意，必須由另一個參議院掌握相等的權力（balance）對眾議院的決策進行牽制（check）。

　　據聞美國在1787年制憲時，主張民權至上的傑佛遜（Thomas Jefferson）曾強烈反對設立兩院制，因為他認為民意只有一個，獨立後的美國如果要依民意治國，國會便只能採行一院制，讓民意可以清楚而直接

的表達。但根據稗官野史所載，華盛頓認為一院制可能因民情激昂造成重大政策在草率中通過，不利國家長遠發展故否決了傑佛遜的觀點。理論上國會若是由賢能之士所組成，華盛頓的顧慮便自然站不住腳。

四、議員的選舉制度

實質代表制隱含「人民主權」觀念，人民透過代表行使主權、參與政策的制定，故而任何人若無權選舉代表，或選舉制度使其代表性受到扭曲，便等於個人的參政權利受到排擠。在此一概念下，議會的組成必須儘可能接近社會的縮影，使得國會的決策能充分反映民意的偏好。

為了保障不同的階層與民意都可以有代表進入國會，許多信服此一代議觀念的歐陸國家，便紛紛採行「比例代表制」（proportional representation）選舉議員。以荷蘭的全國不分區比例代表制為例，只要能團結選票，占有0.67%的民意便有機會選出自己的代表進入國會。相對的，英、美行之多年的「單一選區比較多數制」（plural system, simple majority），由於容易造成「贏者全拿」（winner take all）的結果，對少數選民相當不利，使得民意比例在國會中被嚴重扭曲。如英國第三大黨的自由民主黨（Liberal Democrats），在2010年選舉獲得23%的選票，卻只能在國會分到9%的席次。故而，若要貫徹實質代表精神，國會議員選舉便只能採行比例代表制。

民主設計若是採行「法定代表制」的精神，選舉制度的選擇便可以有不同的考量。選舉中哪位候選人屬於「賢能之士」，當然必定人言人殊，但如果能被相當數目的選民所肯定，理論上這個當選人應該也不會太離譜。尤其選舉重在選出賢能，當然要讓候選人當選後能有明確的授權可以做事，採用「簡單多數制」雖然讓少數意見被忽略，但當選人卻可獲得較明確的授權（mandate），新國會組成後自然可以放手推動政策，不會像比例代表制下所選出的國會，常必須與少數派議員進行無盡的協商。

五、選民與候選人的資格限制

國會議員若被定義為「人民的代表」，任何民眾無論智賢駑鈍便都應該享有選派代表進入國會的權利。故而，這類國會，如美國，常是最早開

放全民擁有投票權的國家。美國行憲之初雖然模仿英國母國，對選舉權的擁有設下若干資格限制，但正因與「人民主權」的立國精神有所扞格，各州很快便將這些限制取消。

　　但國會議員的選舉若被視爲「選賢能」，則限制公民選舉權便有了理論上的依據。19世紀的知識界普遍認爲，沒有財產的人對社區也不會有足夠的認同感，若允許他們有權參與選舉賢能，難免讓人擔心在缺乏社區認同感下，容易出現不負責任的選擇。未受教育者則資訊或思考能力有限，也被認爲無法做出理性與客觀的判斷，故而與無產者一般，都不被允許擁有投票權。這樣的觀點甚至獲得自由民主思想家，如約翰‧彌爾（John Stuart Mill）等的認可，使得英國成年男子必須遲至20世紀初才享有全面性的投票權。

　　選民既因「選民意代表」或「選賢與能」而受到不同的資格限制，參選人當然也會因不同的代議理念而有不同的參選資格。

　　選舉若是爲了「選民意代表」，制度上便會刻意要求參選人必須與地方民意有某種形式的連結。例如，美國聯邦憲法規定，儘管公民年滿18歲便可投票選舉衆議員，但成爲候選人則必須年滿25歲，且候選人必須取得美國公民資格7年以上，多數州甚至要求候選人必須證明與選區的連結性（如繳稅）。有些國家還規定，候選人必須在選區居住一定時間以上，或選區爲其祖居之地，這些無非爲了證明候選人與地方民意有某種形式的連結。

　　至於將選舉國會議員視同爲國舉才的體制，則鮮少對候選人資格訂出太多限制。如英國規定只要年滿18歲，爲英國公民，便可選擇任何選區參加國會議員選舉，並無任何居住時間的限制。畢竟，人才與否乃由選民判斷，候選人若對自己有信心，當然可以隨興選擇任何選區爭取選民認同。在「選賢與能」的觀念下，議員選出後既無服務選民的義務，限制參選人必須與地方連結，也沒有太大的意義。

六、議員的任期

　　國會若被定義爲「賢能之士」的議政機關，則理論上在職越久經驗越

豐，決策品質也當然更好。故而，採行「選賢與能」制度的國會，通常傾向採行較長的議員任期，英國歷史上甚至曾實驗過以7年為任期的制度，現今雖然妥協為5年，但在各國國會議員的平均任期中已算是較長的。

國會若被定義為「民意代表」機構，為了使代議士能時時關注民意，任期便需縮短，迫使議員為了連任必須經常走訪選區，歷史上英國也曾實驗過以一年為議員任期，但由於不符英國的國會定位而放棄。美國眾議院是個較典型的「民意代表」機關，故而任期便短到只有兩年，是當今民主國家國會任期最短的。但儘管如此，由於強烈的民意代表屬性，民眾仍然擔心代議士選出後民意牽制力量不足，故19世紀末的「進步改革運動」（Progressive Movement）還試圖引進罷免制度，1990年代迄今，不少團體更主張修憲，明文限制議員的連任屆次，使地方新民意有出頭機會。[7] 相對於遵奉國會議員為賢能之士的英國國會，如此強勢連結議員與民意的作法，顯然難以想像。

值得一提的是，美國改革者在19世紀末雖然引進罷免權的設計，但這項制度實施百年來並未廣泛受到民主人士鼓吹，因為罷免案的推動難免涉及政黨惡鬥，對民主政治容易造成不良的後遺症。故若要迫使代議士傾聽民意，最佳的方式還是縮短議員任期，使議員思維與民意走向不會脫節。

七、議員待遇與助理編制

若選舉國會議員目的是找出賢能之士為國家出謀劃策，則議員選出後便應長居首都專心國政，其他選民服務事項可交由地方黨部代為操煩。既然沒有必要經常往返國會與選區，議員便宛如公務員專心在國會上班。在這樣的議員定位下，國會議員的薪俸當然不可能與一般公務員差距過大。故而，英國議員每每抱怨，政府所發給的薪俸不足以維持選區與首都的兩地開銷。但就制度精神而言，議員既不一定居住於選區而能在當地參選，

7　美國科羅拉多州在1990年率先通過州法限制聯邦參議員只能連任一次，眾議員則只能連任兩屆。此例一開，共有23州在1994年前透過公民創制投票，通過了類似的限制。但在1995年的 U.S. Term Limit, Inc. vs Thornton案中，美國聯邦最高法院作出明確判決，宣布州政府限制聯邦民代的任期為違憲，為此一運動畫下了休止符。

選上後也沒有服務選區的義務,維持選區與國會兩個辦公室便不太具有說服力。

國會議員選舉若是為了產生民意代表,議員選後設立選區服務處維持與選民的互動便顯然有必要。故而,以地方民意代表自居的美國眾議員,約有半數以上在選區設有兩個以上的服務處,國會也編列預算補貼部分的開銷。此外,由於得與選民經常接觸,往返選區費用、免費郵遞、辦公室開銷等,也都由議會補貼。視國會議員為賢能之士的國家,雖然在選舉壓力下近年來也提供類似的補貼,但金額上顯然不及民意代表型的國會。

由於必須經常往來國會與選區,增加不少議員的身心負擔,故而民意代表型的國會議員往往享有高於其他行業的薪俸。例如美國政府付給眾議員的薪資,便為全國平均受雇者的3.4倍,在民主國家議員中屬於高薪等級。

選民服務的龐大負擔,使得擔任「民意代表」的國會議員勢必要有助理的協助。如美國眾議員每位均配置了18位全職公費助理與4位兼職助理,規模傲視所有民主國家的議員辦公室。這麼龐大的助理團隊,有半數均在選區工作,落實「民意代表」的天職。「賢能國會」的議員就沒這麼幸運了,能夠雇用一個助理接電話登錄行程已屬不錯。早期的輿論甚至認為,選出的議員既為賢能之士,如果問政還需要助理協助,便等於顯示能力不足不如趁早換人幹。在這樣的觀念下,「賢能國會」議員不僅少用助理,甚至連個國會辦公室也沒有。

 肆、美國國會的特殊定位

前述已反覆指陳,無論就憲政體制、兩院制度、議員任期、議員待遇、助理規模等觀察,美國國會明顯的屬於「民意代表型」的國會。這類型的國會在英國的世紀辯論中,已被認為不利於國家的理性與長遠決策,故最多只能擔負辯論議題與監督執政的功能。

　　然而，就美國憲法的設計與分權觀察，美國制憲者不僅未刻意貶低國會的決策地位，許多安排上甚至還有意突出國會的主導地位。例如，憲法章節上國會被列為首章，凸顯其憲政重要性；國會獨享法律的提案權與審查權，總統所代表的行政體系只是執行單位，甚至不能出席國會辯護政策；總統選舉若無人獲得過半數選舉人票，則交由眾議院選舉總統；國會可以彈劾總統等，在在均反映立法權高於行政權。美國的制憲者難道不擔心，被民意割裂的國會，可能導致決策品質的敗壞嗎？

　　其實，美國是在上述「民代」與「賢能」二分法中，走出了一個獨特的憲政之路，賦予了國會一個不同的定位。而要了解國會在美國民主體制中所扮演的角色，便不能不回溯美國的特殊歷史背景。

　　英國對新大陸的殖民，向來採取放任的態度，官方並沒有積極介入或提供保護。這樣的政策迫使殖民地人民必須憑藉互助協定，建立起有效的公權力或管理機制維繫殖民地的安全與秩序，「五月花號協定」（Mayflower Compact）便是其中一個具有代表性的範例。由於缺乏外在權威，社區治理的合法性便建立在大眾的參與，社區的大小事幾乎都由所有住民在社區大會上公決。如此的「小鎮民主」（township democracy），讓美國人有了民主的初體驗，也從中認知參與的可貴。托克維爾因此稱，小鎮民主為美國的大範圍民主打下了堅實的基礎，宛如小學教育之於科學研究一般，讓美國人懂得珍惜民主的可貴，並願意為捍衛民主價值而奮鬥，而這正是歐洲社會所最缺乏的。[8]

　　透過小鎮民主的參與，美國人培養出公民的自主意識，認知自由的最佳保障乃來自於公民的直接參政，美國人也因此建構了「人民主權」（popular sovereignty）的觀念。但當社區的範圍擴大到縣、州、甚至聯邦後，直接參政已趨於虛幻，重視參與的美國人只能選舉「代表」來「替代」自己行使主權。但值得注意的是，由於瞭解直接參政對保全自由的重要性，美國人並不認為新創的「民意代表」機構僅是「為民喉舌」的傳聲筒。事實上，美國人將國會視為是「人民的化身」，國會行使職權便等於

---

8 Tocqueville, pp. 62-70.

是人民在行使主權。

　　由於國會被視為是「人民的化身」，托克維爾因此觀察到，美國憲法有切割行政權的趨勢，如設立獨立機關或分割聯邦與地方權限，但對於立法權卻傾向於集中。[9]這是為何，美國國會形式上雖類似「民意代表機構」，但制憲者卻不吝於將許多主導國家發展的大權交付給國會。這使得美國國會雖具備了「民意代表機構」的表徵，但卻同時還能掌握決策實權，甚至直到今天還被認為是民主國家中首屈一指的強勢國會。

　　但無論是「民意代表機構」或「人民的化身」，美國國會議員的選舉應該還是採行能精確反映選民結構的比例代表制較佳。由於美國受到英國的影響，立國以來便採「簡單多數制」選舉產生議員，杜瓦傑認為這是造成行憲兩百餘年來，政治僵局之所以不時出現的主因。此外，近世行政權明顯凌駕於立法權之上，許多人認為這是導因於客觀環境與媒體生態的改變，但也正印證了英國人在兩百年前的體悟，亦即代表地方利益的國會確實不適合領導一個工業化強權。孫中山先生說美國憲政體制已過時故「不必學」，應該確有幾分道理。本書將在第十章就美國行政與立法權的權力移轉，進行歷史性的追溯。

---

[9]　Tocqueville, p. 71.

第 4 章

金權──民主的必要之惡？

金錢並不必然可以買到勝選，但通常花錢還是有效。[1]

── 責任政治研究中心（Center for Responsive Politics）

 ## 壹、金錢操控的民主選舉

　　前章介紹了代議士的不同本質，但無論選民對代議士的期待是「選賢與能」或「為民喉舌」，只要是選舉都一樣必須花錢，而且錢花得越多當選機率也越高，並不因選舉性質而有所改變。長期關注金權政治的華爾街日報記者傑克森（Brooks Jackson）如此觀察：「選民決定候選人能否當選，但要讓選民認識候選人，則需要大筆的金錢去買廣告、郵遞傳單、從事民調、……。故捐款人遠比選民更重要，此一狀況事實上重新定義了憲法上民代與選民的關係。」[2]傑克森因此結論，選民在民主運作中，實際上投了兩次票，一次是投鈔票，然後再投選票，但前者的決定性顯然高於後者。

　　美國剛建國時開國賢士普遍認為選舉不應該拉票，而應該讓選民主動表達認同與支持，否則動員懇託可能蒙蔽了選民的理性判斷。但儘管如此，連美國國父華盛頓參選時，也依然不敢免俗地湊錢買蘭姆酒招待選民。如果連國父參選都必須花錢招待選民，金錢對選舉的重要性，已毋庸

---

[1] Money doesn't always equal victory-but it usually does. 責任政治研究中心網站，https://www.opensecrets.org/overview/bigspenders.php，檢閱日期：2019年6月5日。

[2] Brooks Jackson, *Honest Graft: Big Money and the American Political Process*, New York: Alfred A. Knopf, 1988, p. 107.

贅言。

　　水門醜聞後，美國人體認到有效管控選舉收支的重要性，故在上個世紀70年代開始推動立法，要求候選人必須誠實申報競選帳目，學界也因此有較可靠的資訊，可以了解金錢對選戰的影響。檢視過去40年所累積的選舉經費資料，訊息十分明確：候選人花越多的錢，當選機率便越高。如圖4-1所示，無論是美國參院或眾院選舉，花錢較多的一方，平均當選率高達85％以上，2004年甚至一度高達97.5％。一個觀察者因此結論：錢花得多就有較高機會當選，這是民主政治中「堅如磐石的事實」（bedrock truth of money and politics）。[3]

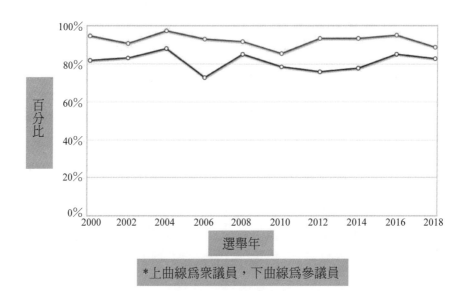

*上曲線為眾議員，下曲線為參議員

圖4-1　競選經費較高者的當選機率

資料來源：Center for Responsive Politics, https://www.opensecrets.org/elections-overview/did-money-win，檢閱日期：2019年6月11日。

　　更令民主人士憂心的是，根據1974年以來所累積的資料，競選經費的成長幾乎讓人看不到停止的跡象。如圖4-2所顯示，2018年期中選舉的

---

[3] Bob Biersack, "The Big Spender Always Wins?"責任政治研究中心網站，https://www.opensecrets.org/news/2012/01/big-spender-always-wins/，檢閱日期：2019年6月5日。

花費，幾乎是1998年的4倍。

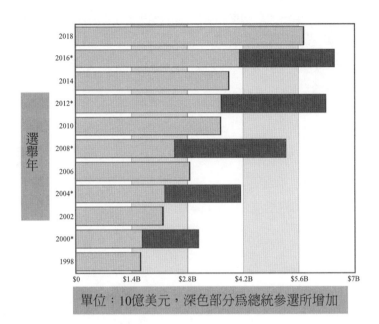

圖4-2　1998-2018年競選經費的成長情形

資料來源：Center for Responsive Politics, https://www.opensecrets.org/overview/cost.
php，檢閱日期：2019年6月11日。

　　而這還是美國聯邦選委會的資料，如果計算各個後援組織（在美國多
包裝為「政治行動協會」，PAC）的花費，金額恐怕更讓人咋舌。選舉經
費氾濫的現象已讓不少美國人擔憂政治已成富人的遊戲，無論憲政理想是
選賢與能或選民意代表，當選人在乎的幾乎就只有捐款者。根據紐約時報
與哥倫比亞廣播公司在2015年5月的調查顯示，美國民眾有84％認為金錢
對選舉的影響過大。85％的受訪者認為，除非從根本上大幅度改革選舉
制度，金錢對民主政治的重要性似乎無法扭轉。[4]
　　有些人或許理想性的認為，民主操作的弊端何妨就透過民主程序
解決。畢竟，政府如果做好貪瀆治理，又豈有政治人物會無限制花錢競

---

[4]　Nathaniel Persily and Robert Bauer, *Campaign Finance in the United States: Assessing an Era of Fundamental Change*, Bipartisan Policy Center, Washington D.C, 2018, p. 12.

選？故而，競選經費的膨脹總會有遇到天限的一天。但就圖4-3所示，這個「天限」似乎迄今還沒能看到。2010年美國聯邦選委會的申報資料顯示，眾議員參選的平均門票價為140萬美金；參議員更是這個數字的6倍。如果這個數字嚇跑了許多有志之士，民主品質又豈有提升的可能性？

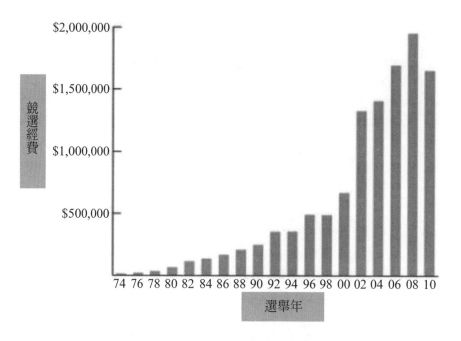

圖4-3　1974-2010年挑戰連任者的經費增長情形

資料來源：Center for Responsive Politics, https://www.opensecrets.org/overview/cost.php，檢閱日期：2019年6月11日。

　　也有人寄望能透過選民抉擇抑制經費成長。當大部分選民依靠薪水過活時，大量撒錢的候選人自然不會博得選民好感，間接也可能抑制金錢的操作。但令人氣餒的是，上述各種圖表顯示，錢花得多還是能增加當選機率，期待選民淘汰「金牛」恐怕有些一廂情願。以美國眾議員選戰為例，雙方經費勢均力敵的只占約五分之一，雙方經費差距大部分都高達兩倍以上。錢少的一方在選戰過程中當然會集中火力批判對方為「金牛」，或「利益團體代言人」，試圖爭取選民的同情票。但選舉策略專家分析，撒

錢參選造成不公平競爭屬於「程序性」問題，這類議題向來很少影響選民的投票抉擇；反而是實質性的政策問題比較容易打動選民的心，但這類議題往往需要大筆金錢包裝與宣傳，使得金錢花費與當選率形成正比。

任何擁抱民主價值的國家，當然不可能坐視金錢影響選舉結果。有些國家透過制度選擇降低金錢的影響力，如歐陸許多國家採取比例代表制，選民投票以政黨為對象，議員的個人文宣便顯得不重要，使得競選經費控管主要針對政黨的財務，如德國便是顯例。有些國家，如英國，則在國人高度的共識下，對候選人實施嚴格的經費上限規定，使得選舉花費不存在失控的問題。[5]但對於非比例代表制國家，選舉乃以候選人為中心，選舉經費管控也可能有侵害個人表達自由（freedom of expression）的疑慮，如何求取公平競爭與表達自由間的平衡，便成為立法者大費周章的問題。

美國是個移民國家，既無貴族階級，也無根深蒂固的行會團體，在財產權普及的平等結構下，美國住民擁有選舉權的比例在19世紀睥睨全球。這樣一個強調公平競爭的社會，當然也比其他國家更早面對金錢所可能形成的負面影響。故而，美國成為世界上第一個規範政治獻金的國家，應該不讓人意外。但與金權纏鬥將近兩百年的過程中，金錢影響力卻彷彿越鬥越勇，造成競選經費持續高漲的結果。從美國約束競選經費的努力過程，我們或可省思：基本人權與降低選戰經費是否可能取得平衡？各種利益團體，企圖透過金錢影響政策的野心，是否可能被法律所約制？金錢的介入，是否事實上創造了新的「世襲統治集團」，如此則民主的真義又究竟為何？

---

[5] 英國自1883年起便透過《貪污及非法行為法》（Corrupt and Illegal Practices Act）有效管控候選人競選開銷。若以物價指數換算，今天英國選舉經費上限，甚至比百餘年前更低。（Michael Pinto-Duschinsky, *British Political Finance*, 1830-1980, Washington D.C.: American Enterprise Institute, 1981, p. 27.）

貳、美國早期的政治獻金規範

　　談到競選捐款便不能不從美國的「分贓制度」（spoil system）談起。1930年代，安德魯‧傑克遜（Andrew Jackson）是第一位透過廣泛動員的總統參選人，但動員需要錢，在那資源匱乏的年代，傑克遜與其同夥於是承諾，當選後將分配官職給支持者，支持者則應取薪餉的十分之一贊助組織發展以為回饋，後人稱之為「分贓制度」。在實施此一制度的當下，有識之士便已認為不妥，曾提案立法禁止，但當時美國生產力有限，若不採取這個管道籌措政治資金，政黨政治似乎也找不到發展的奶水，反對的聲音因此都不了了之。[6]

　　南北戰爭後美國工商業急速發展，受聯邦政府規範的石油、鐵路、鋼鐵、與金融業為了爭取對本身產業有利的立法，開始對政府公職選舉慷慨捐輸，這使得公務員的捐款顯得不再重要。1883年美國國會通過《潘道頓公務員法》（The Pendleton Civil Service Act），全面禁止政黨向公職人員募集政治資金，正式終止以公務員捐款作為政黨財源的操作。

　　20世紀前後，共和黨大老馬克漢納（Mark Hanna）在為威廉‧麥金萊（William McKinley）籌募總統選戰經費時，明目張膽的為華爾街財團訂定了一套捐款公式：以國家繁榮與特定企業發展的相關性，及企業所在地的選戰開支情況，計算企業捐輸的標準。透過漢納的操作，美國總統大選的花費在1896年首度突破300萬美元，為1888年勝選者的兩倍有餘。

　　企業界捐款當然有所圖謀，尤其19世紀末的報刊還傳出某些捐款者因此獲得特權的事例，故在1890年代，美國便陸續有4個州立法禁止公司行號捐款。1904年總統大選時，民主黨候選人大肆攻擊西奧多‧羅斯福（Theodore Roosevelt）以政策交換政治獻金，羅斯福雖然極力撇清，但選後卻有紐約人壽保險公司承認曾透過祕密帳戶捐款48,000美元給共和黨

---

[6] 1837年田納西聯邦眾議員首度提出法案，要求禁止公務員捐款為任何聯邦或州的選舉助選。此一提案最後雖不了了之，但已是全世界第一個試圖規範選舉經費的主張。1867年，美國國會通過法案，禁止政府官員向海軍造船廠工人募集政治獻金，但由於以特定產業為對象，算不上是真正的競選經費規範。

全國委員會，引起社會一片嘩然。面對輿論壓力，羅斯福便在1905年的
國情咨文中呼籲國會應通過立法，強制公開競選收支帳目；次年，羅斯福
又進一步主張，國會應立法全面禁止公司行號捐款助選。但事後證明，這
些均只是口頭喊喊，羅斯福終其任內並未真正提出草案。但政治領袖不作
為並不代表選民健忘，若干公民團體與媒體人，以及某些希望降低選舉成
本的政治人物，已開始聯手推動政治獻金的規範。

 ## 參、20世紀上半葉規範競選捐款的努力

　　在社會輿論的強大壓力下，國會不得不於1907年通過參議員班哲
明‧提爾曼（Benjamin Tillman）的提案，規定「全國性銀行、或依國會
法律所成立之公司企業，均不准在公職選舉中捐款，尤其是總統副總統與
國會兩院的選舉」。此一大膽限制企業界捐款的作為，史家稱譽為政治獻
金規範史上，最具意義的里程碑。

　　公司企業雖被禁止捐款，但大股東還是可以個人名義捐款影響候
選人，為了防堵此一漏洞，國會又在1910年通過《聯邦貪瀆法》（the
Federal Corrupt Practice Act），規定候選人的經費收支必須公開，為舉
世第一個規定競選收支透明化的法律，因此又稱《公開法》（Publicity
Act）。由於《公開法》的最初版本只要求候選人在選後公開帳目，對刻
意影響選舉結果的捐款人難以形成約制，故次年又修法要求參眾議員候選
人選前選後都必須公開帳目，也首度出現候選人必須遵守競選開支上限的
規定，其中眾議員候選人不得花費超過5,000美元，參議員則以一萬美元
為限。

　　1918年大選中，密西根州共和黨參議員候選人杜魯門‧紐伯里
（Truman H. Newberry）被檢舉在政黨初選中花費多達18萬美元，高於該
州法律規定上限的100倍。針對此案，美國聯邦最高法院在1921年判決，
國會並無權規範政黨內部的初選事務，包括花費上限。此一觀點，使得

《公開法》面臨了無法貫徹的窘境，因為有些州只要贏得初選便等於篤定當選，選前帳目若不包括初選收支，所謂的公開便徒具形式。但真正導致《公開法》受到全面檢討，恐怕還是由於1925年的茶壺墩醜聞案（Teapot Dome Scandal）。

茶壺墩醜聞是美國立國後首件內閣官員貪瀆案，也是水門案爆發前，美國最知名的政府弊案。該案乃因內政部長亞伯特・富爾（Albert B. Fall），未依公開競標程序，為了金錢利益逕將茶壺墩油礦交由特定石油公司承租。茶案真相大白後，美國國會於1925年制定《聯邦貪瀆反制法》（The Federal Corrupt Practices Act），規定無分是否選舉年，各筆百元以上的政治獻金均須每季詳列申報；而為了合理化競選開支上限，參議員開支上限也提升至25,000美元，眾議員則限制不得超過5,000美元，若州訂有較低的上限，則依州的規定。

遺憾的是，《貪瀆法》並未明定執行機構，也未規定申報資料應如何公開，對違反者更無確定罰則。故而多數聯邦參選人並未依法申報開支，有些守法者向國會秘書處提出申報，但格式紊亂且保管期限只有2年，公民監督團體難以據此解構政商關係。競選開支上限更是徒具形式，候選人常創設多個競選組織規避「跨州組織」才須申報的規定，並讓捐款人可以將捐款化整為零，以不超過百元數額捐給同屬候選人的多個組織。有些公司經營者更以發放獎金方式，將大額捐款分散給員工，讓每筆捐款不超過百元。故而，直到1970年代法律大翻修前，總共只有兩位參選人曾因選舉開支逾限而被取消參選資格，且這兩個案例均集中於法律初實施的前2年。

1930年代全球遭逢經濟大恐慌，為了振興經濟，羅斯福總統採用「新政」（New Deal），以赤字預算大量創造就業機會，政府也因此成為重要的雇主。底層勞工無疑是此一政策的最大受惠者，中低收入戶因此成為民主黨的堅實支持群。這批新進的政府雇員並不屬於《潘道頓公務員法》中所界定的公務員，故不受該法「公職人員不得捐款助選」的約束。此一法規漏洞使民主黨眾院議長亞伯特・巴克利（Albert Barkley），得以藉由這批雇員的大量捐輸，於1938年打贏一場艱困的選戰。民主黨的

「人財兩得」立刻引起共和黨與民主黨南方保守派的戒心，於是聯手於1939年通過《哈區法》（Hatch Act），又名《乾淨政治法》（the Clean Politics Act），企圖弭平《潘道頓公務員法》的漏洞。

《哈區法》1939年的版本，主要目的在禁止各級政黨組織向聯邦就業計畫下的僱員募集政治獻金，但該版本卻未將州與地方政府雇員納入，形成一大漏洞。1940年修法時，便乾脆從捐款總額上下手，規定個人每年的政治獻金總額不得超過5,000美元，而政黨組織每年總收受的捐款與開銷均不得超過300萬美元。修正版本同時也禁止，承攬聯邦計劃的合約商向候選人或政黨進行任何政治捐獻。法律既然對政黨組織的獻金收支訂出嚴格規範，兩黨窮則變變則通，紛紛成立「獨立非政黨組織」（independent nonparty political committees）繼續收取捐款，使得相關的經費限制幾乎形同具文。

「新政」政策的另一項影響，便是壯大了各種類的工會組織。由於羅斯福被視爲工人的救世主，工會於是將收取的會費大量用來支持民主黨候選人，以1936年總統大選爲例，工會捐給羅斯福的競選獻金便高達77萬美元，其中單是「聯合礦工工會」（United Mine Workers）就捐了將近47萬元。共和黨與民主黨南方保守派當然無法坐視此一情況，於是在1946年通過《勞工管理關係法》（the Labor Management Relations Act，又稱Taft-Hartley Act），引申《提爾曼法案》的原則，規定工會的公款，如同公司企業的獲利，不得用於任何政治獻金。而爲了避免「政治獻金」被窄化解釋，該法第304條更明言：「除了政治獻金，工會與公司也不得報銷任何與聯邦選舉相關之開支。」換言之，工會與公司均不得運用公款於支持或反支持任何候選人，包括政黨初選與黨部活動的開銷。

面對這些來意不善的限制，工會也發展出應變之道，1943年「工業組織會議」（the Congress of Industrial Organizations）以「政治行動協會」（political action committee, PAC）之名成立了一個形式獨立卻緊密關聯的新組織，稱爲CIO-PAC。因爲政府既以不符成立宗旨而不允許工會進行助選活動，工會成員另外成立以參政爲目的的團體，便應該可以公開的支持特定政黨與候選人。1944年選舉時該團體成立才一年，但初試

鷥啼便爲民主黨募集了140萬美元競選經費。此一效果激勵各工會團體紛紛起效尤，1956年共有17個與工會有關的政治行動協會，捐資超過210萬美元，1968年更膨脹至37個，貢獻710萬美元給民主黨。工會的策略讓企業界有樣學樣，於是屬於資方的政治行動協會也紛紛出現，成長高峰期則是在《聯邦競選法》出現後的70年代。

　　PAC的發展階段正好趕上美國傳播革命的時代，1960年代電視已幾乎成了家戶必備的設施，影音深入家庭使競選活動趨向候選人化，相對使得政黨助選的重要性降低。但競選個人化伴隨而來的，則爲競選經費的高漲，因爲競選團隊的組成與電視媒體的曝光在在都得花錢。隨著選舉經費高漲，富有捐款戶的影響力也跟著水漲船高，不少政治人物不免對此感到憂心。參院財政委員會主席羅素‧隆恩（Russell Long）因此於1966年提出了一項法案，建議由政府補貼政黨運作以減少對募款的依賴。但隆恩的構想卻招致不少批評，因爲公費補助不但無助於降低選舉成本，卻可能使第三黨的發展更爲困難，而政黨以補助爲財源，也可能強化黨領袖的權力，此非國會議員所樂見，隆恩的提案因此遭到擱置。

 肆、《聯邦選舉競爭法》的新時代

一、立法規範選舉經費

　　面對選舉經費高漲的事實，美國國會議員當然不可能完全坐視。1971年國會通過《聯邦選舉競爭法》（The Federal Election Campaign Act, FECA），意圖針對《貪瀆法》通過以來所浮現的各項問題，進行全面的導正。該法有兩個主要目標，一是規定候選人經費的上限，其下又分爲自費參選的上限與媒體開支的上限；另一則是嚴格規定各項選舉開支必須透明化。

　　在自費參選的上限規定中，FECA限制總統與副總統候選人及其至親家屬，合計不得花費超過50,000美元的自有經費於選戰，參議員爲

35,000美元，眾議員為25,000美元。而在各個選戰中（初選、決選、大選……），候選人均不得花費超過50,000美元，或選民人數乘以一角的金額，於購買媒體版面（包括收音機、電視、報紙、雜誌、電話廣告等）。在媒體費用上，收音機與電視競選廣告的開支，則限定在總媒體開支的60%以下。

在透明化的規定上，FECA要求所有參與聯邦選舉的組織與候選人，均須每季申報財務收支。各筆超過100美元的捐款，應詳列捐款者姓名、地址、職業、及住所。若逢選舉年，任何5,000美元以上的捐款，則須於48小時內立刻申報。申報的受理單位，為運作所在州的州務卿辦公室；總統候選人則向會計總署（General Accounting Office, GAO）申報；參眾議員候選人則分別向參眾議會秘書處申報。申報受理單位在收到報表後，須於48小時內公開受大眾閱覽。

1971年的FECA顯然認為，媒體開支的增加是選舉經費高漲的主因，故以控制媒體開支為立法的重點。但此一想法很快便受到事實的挑戰，實施FECA的1972年大選中，選舉總開支不但未降，反而由1968年的3億美元膨脹為1972年的4億2,500萬。爭取總統連任的尼克森，在1972年的開支甚至是1968年的2倍。但當國會對FECA感到失望之際，水門醜聞案也正好發生，輿論壓力使國會無法拖延，必須立刻全面檢討FECA。

全面檢討的結果，便是於1974年通過FECA修正案。立法性質上雖屬「修正案」，內容卻是大幅的改變。如創新規定個別選民與政治組織（包括PAC）的捐款、「獨立支出」（independent expenditure）[7]一年也不得超過1,000美元、任何超過100美元的捐款禁止以現金交付、允許候選人扣除最高20%的募款成本、提高各級候選人開支上限等。

新法最重要的突破有二，一為成立「聯邦選舉委員會」（Federal Election Committee, FEC）負責監管政治獻金的執行，改正過往無專責機構的弊病。該機構由6位全職委員組成，負責選舉法規的解釋與選舉經費

---

[7] 所謂「獨立支出」指的是個人或團體，在未與候選人研商討論，而花錢刊登對其有利（或不利對手）的主張或廣告。

的稽核，機構有權傳訊證人以獲取必要的資訊，也可發布行政命令補充法律的規定。由於總統、參議員、眾議員選舉皆可能受FEC規範的影響，新法規定六位委員分別由總統、眾院議長、參院多數黨領袖各提名兩位，以避免偏頗。

另一項突破則為訂定公費補助總統選舉辦法，並透過該辦法鼓勵候選人募集小額捐款。依新法規定，候選人從初選階段開始若能依規定募得每筆250元以下的小額捐款，便可申請政府提供相對同額的補助，補助款最高為法定選舉經費上限的半數。此一隨募隨補助的方式相當值得台灣學習，因為它一方面鼓勵小額捐款，另一方面也讓財力較差的候選人，不致因後援不繼而無法打完選戰。遺憾的是，國會議員因洞悉選舉本就是金錢的競爭，且在位者具有募款優勢，為保障在位國會議員的優勢，該補助辦法刻意將國會議員選舉排除在外。

二、違憲的爭議：Buckley v. Valeo

美國國會顯然希望在1974年的修法中，將百年來觀察到的競選經費問題，全盤整體解決。但法才剛付諸實施，最高法院卻在1976年的「巴克利控訴瓦利歐案」（Buckley v. Valeo, 1976）中，認定新法的若干核心設計違憲，國會的努力因此面臨了新的挑戰。

法院認為，花錢參與選舉可視為民眾言論表達的重要方式，因此限制競選開支便無異於對言論自由的傷害。故而新法中有關競選經費上限的各項規定，法院認為違反憲法修正案對言論自由的保障，故無法認可。但如果政府提供候選人的經費補助，如總統選舉中的設計，候選人將因補助款而增加言論的聲量，法院認為此時規定經費上限便不致構成限縮言論自由，這樣上限的存在自然有其合理性。至於取消經費上限可能導致捐款人的影響力增加，法院認為透過新法中對個人及法人捐款數額的限制，便足可防止選舉成為富人的遊戲。

同樣從言論自由的角度出發，法院也認為新法對「獨立支出」的金額限制亦屬違憲。因為選舉過程中個人與法人也與候選人一般享有意見表達的自由，只要事先未與候選人協商溝通，且文宣中也未明白表示支持或

反對特定候選人，政府並無理由限制這類的開銷。此一觀點為往後的「軟錢」（soft money）大開方便之門，使得國會限制經費膨脹的努力，完全付諸流水。[8]

本案也對FEC組成表達了看法，法院認為FEC的業務屬於行政執行，6位委員中的4位委員若由立法機構提名，便屬於立法機構對行政運作的干預，破壞了三權分立的原則。故而法院主張，FEC委員的組成應回歸憲法規定，全由總統提名經參議院同意而任命。

三、《聯邦選舉競爭法》（FECA）的翻修

1974年所通過的FECA既被最高法院認定違憲，法律的翻修迫在眉睫。但法既然要修，國會便也順勢處理了其他問題，如允許聯邦選委會可以擁有行政處分權、設定補助門檻淘汰弱勢候選人、對「獨立支出」採取更嚴格的登錄程序、規定個人、PAC與政黨的捐款上限等。

但過於嚴格的經費管控，使得政黨在選舉開支上不得不斤斤計較，造成1976年的選戰顯得沉悶無趣。關心民主運作者認為，政黨運作乃民主實踐的基礎，過度限制政黨活動與捐款，可能會弱化民主的根本；再者，為了有效掌控政治資金的流向，政治組織與候選人均必須填寫許多報表，對小黨或個別候選人也是個沉重的負擔。面對各界的反彈，國會乃從善如流的在1979年再度進行修法。

這次修法的重點有二，一是簡化競選經費的申報的程序，鼓勵政治人物如實申報；其次便是放寬對政黨經費與活動的管控，如動員義務黨工所需、鼓勵選民註冊、與鼓勵投票等活動，均不再視為助選活動，可以不列入選舉開支（構成軟錢的一部分）。但新法也明訂選舉結餘款不得用以支付私人開銷，以避免有心人藉選舉捐款行賄賂之實。

1979年的修法進一步放寬對「軟錢」、「獨立支出」等的管制，利益團體當然緊抓機會，廣泛成立「政治行動協會」（PAC），藉意見表達

---

[8] 所謂「軟錢」指的是個人、法人、或政黨，為了提升民主參與所進行的各項文宣花費，由於不納入競選經費類別，故不必受FEC的查核，捐款數額與開銷幾乎無所限制，因此稱之為軟錢。相對於軟錢則為直接捐款給候選人專戶的「硬錢」，由於屬競選收支的一部分，每筆進出均應符合FEC的規範並接受查核。

的名目，全面介入選舉打擊立場不同的候選人。[9]利益團體支持的PAC在運用獨立文宣或競選捐款時，比一般選民更為冷靜與現實，故而大部分的PAC捐款多數湧向現任者。如圖4-4所示，在2010年的選舉中，PACs性質雖然不同，但捐款均不成比例的往現任者集中。

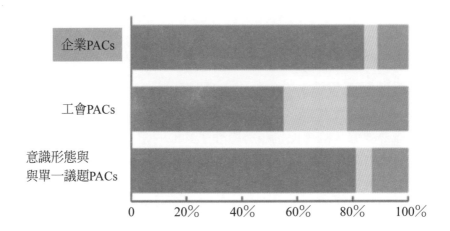

圖4-4　誰是2010年選戰PAC捐款的獲利者

*左側為現任者，中間為挑戰者，最左為開放選區

資料來源：Center for Responsive Politics, https://www.opensecrets.org/resources/dollarocracy/，檢閱日期：2019年6月11日。

　　1979年的修法造成競選經費的迅速攀升，尤其無法估算的獨立支出與軟錢更是可觀。但新法既然有利於現任者，國會議員顯然缺乏誘因去檢討競選經費高漲的病象，故直到2002年的《兩黨競選改革法》（the Bipartisan Campaign Reform Act, BCRA）出現前，國會對節節高升的選舉花費並無任何作為。[10]

9　1974年PAC的登記數為1,146個，至1986年便成長為4,157個。政治獻金總金額則由1,250萬美元，膨脹為1億500萬美元。學者認為，PAC的大量繁衍也與FEC在1975年的一項解釋令有關，該解釋令認為公司或人民團體以營運經費支持PAC乃屬合法，使得PAC的運作成本得以轉嫁。

10　以1996與2000年選舉比較，不受FECA規範的「軟錢」（soft money）數目，在4年內膨脹了近一倍，由2億6,000萬成長為約5億美元。

伍、《兩黨競選改革法》與利益團體的對策

在職民代受益於1979年的FECA故不願進行大規模修法，但連串的金權往來報導，使得民眾對法律不能有所作為，越加覺得反感。[11]於是參議員約翰・麥肯（John McCain）與羅素・范高德（Russell Feingold）乃針對競選經費的失控，提出全盤修法的主張，並於2002年獲得通過，由於兩人分屬不同政黨，此一法案被稱為《兩黨競選改革法》（The Bipartisan Campaign Reform Act, BCRA）。

一、《兩黨競選改革法》（BCRA）的目的

BCRA的立法用意，無非希望恢復FECA早期版本中，對政黨經費（軟錢）與議題廣告（獨立支出）的限制。為了規避違憲的可能性，此一法案被設計得十分複雜。且為了避免限制軟錢造成過大的衝擊，BCRA同時提高了各項捐款的上限，如PACs對單一候選人的捐款提高到每次選舉10萬美元，個人捐款上限則由1,000提高到2,000美元等，並依物價指數自動調整。為了防堵利益團體可能將經費灌入議題廣告（issue ads），BCRA也對議題廣告採取較廣義的認定。舊法認為廣告只要沒有明顯助選的字樣且未事先與候選人協調，便屬個別言論的範疇；但新法則認為，廣告內容只要涉及「選戰話題」（electioneering communication），便得受到規範，如開支帳目與贊助者的名單均應公開。

特別值得一提的是，BCRA對競選捐款上限引進了獨特的彈性設計。由於美國法院在1976年Buckley v. Valeo訴訟案中主張，限制候選人以個人資金參選形同限制言論自由，這使得家產豐厚的候選人享有起跑的優勢。BCRA因此規定，若候選人所面對的挑戰者個人資金超過一定數額（參議員為15萬加選民總數乘4分錢，眾議員為35萬美元），其接受個人捐款上限便可大幅提高，參議員可放寬至6倍的12,000元，眾議員則提高

---

[11] 如1996年美國爭取連任的克林頓為了募款，竟公然邀請捐款大戶入住白宮一晚，引發各界質疑總統以「出賣親近權」（selling access to the White House）換取政治獻金。

爲3倍的6,000元,同時政黨助選的開支上限也予以取消。

　　BCRA雖然處理了許多長久存在的爭議,但留待解決的經費開支問題仍然不少,尤其當新的規範消除了某些不公平的競爭狀況時,這些規範又可能衍生出新的巧門必須解決;再者,傳播科技的發展也使得經費規範難以穩定,新媒介的出現可能讓規範一夕之間成爲空談。此外,規範越是鉅細靡遺,便越可能踩到憲法的紅線,利益團體當然也不會任憑法律縛綁它們的手腳。以下將介紹新法實施後,利益團體與選監單位如何鬥法過招,使得21世紀的競選經費仍然持續的飆升。

二、527團體的出現

　　依據《聯邦選舉競爭法》(FECA)的規定,提供資金介入競選的團體必須於聯邦選委會(FEC)登記爲「政治行動協會」(PAC),其捐款數額不僅受到限制,捐款人姓名地址也必須申報,以符合政治資金公開透明的規定。有些利益團體爲了規避這些規定與限制,便依據美國稅法(U.S. Internal Revenue Code)第527條的規定,向國稅局(Internal Revenue Service)登記爲非營利組織,不受聯邦選委會的監管。由於屬於非營利組織,其收受捐款及開銷等,便不似政治行動協會受到上限的約束。527團體既非選委會監管的競選組織,便不得捐款給候選人,也不得出現支持特定候選人的宣傳廣告。然而,基於團體同樣享有言論自由的原則,527團體可以刊登「議題廣告」或舉辦政治活動(如議題研討會、遊行示威等)。

　　由於527團體的經費收支不受限制,且也不如政治行動協會必須揭露捐款者資料,各利益團體於是紛紛成立類似組織,以促進民眾對議題的關切之名,而行特定候選人的助選之實。527團體的迅速蔓延,終於使得國會無法裝聾作啞,國會於是在2000年修法,要求527團體也應效法政治行動協會揭露捐款人的相關資料以昭公信。

三、企業與工會捐款限制的鬆動

　　禁止企業與工會捐款助選可謂是美國最具特色的一項規定,如前所述,1907年美國通過替爾曼法禁止企業進行競選捐款,被認爲是規範選

舉經費的重要里程碑。但此一規定延續百年之後，美國最高法院開始有了不同的想法，認爲公司法人與工會團體也應如同個人，享有意見表達的自由。在「威斯康辛生命權利組織控訴聯邦選委會案」（Wisconsin Right to Life v. FEC, 2007）中，法官認爲公司或工會有權在投票日前刊登與選舉議題有關的文宣，唯內容不能包含「功能上等同」（functional equivalent）支持特定政黨或候選人的字句。此門一開，立刻造成2008大選年時，議題廣告的氾濫。

四、超級政治行動協會（Super PACs）的問世

在2007年判例的法理基礎上，最高法院又於2010年「公民團結控訴聯邦選委會案」（Citizens United v. FEC, 2010）中，跨出了歷史性的一步。在該案中，法官明白否定了《兩黨競選改革法》（BCRA）的規定，該法禁止公司與工會在選舉活動中，使用公款刊登「獨立文宣」。兩個月後，在「現在嗆聲組織控訴聯邦選委會案」（SpeechNow.Org v. FEC）中，法院不僅再次確認了此一立場，更明白表示獨立文宣的募款與開支均不應設限。

法官在兩案中表示，政治行動協會若未與候選人或政黨進行事先的協調與溝通，便可無上限的向公司、工會、協會、個人募款，且可無限制的使用募得的經費於反對或支持特定候選人。但公司或工會若想捐錢給候選人，仍然必須拐個彎成立傳統的政治行動協會，以獨立文宣爲目的的政治行動協會不得進行任何選舉捐獻。法官顯然認爲，只要公開捐款人資訊讓選民自行判斷，政府實不必擔心選民受到文宣操弄，而去扮演保母的角色。這類以獨立支出爲目的的政治行動協會（independent expenditure-only committees），被媒體稱之爲「超級政治行動協會」（super PACs）。

這兩個判例出現後，各種超級政行會於是紛紛成立，明目張膽的參與選舉的金錢競爭。原先遮遮掩掩的527團體，此時已沒有存在的必要，從2010年後便逐漸被超級政行會所取代。隨著超級政行會的登場，2012年的美國大選也不意外的創下了歷史性的經費高峰，估計共花費了近60億

美金。美國目前登錄有案的超級政行會，根據2019年3月的資料顯示，已達2,395個，這場民主的金錢競賽顯然還沒有看到盡頭。

五、501(C)團體與黑錢（Dark Money）

　　儘管有超級政行會允許公司與工會公然參與選舉的金錢競逐，但超級政行會規定捐款人必須登錄與公開，讓許多企圖影響政策卻又不願曝光的利益團體略感猶豫。於是，2010年前後稅法第501條C項有關政治活動類的公益團體，開始被利益團體運用為參與金錢競逐的隱形武器。這類團體與527團體一般，以國稅局為登錄與管理機關；因團體表面上乃為公益目的而成立，故捐款收入無須向聯邦選委會報告，成為競選經費管制的一項漏洞，監督公民團體稱之為「黑錢」（Dark Money）。

　　有許多社福機構、宗教組織、教育團體、環境關懷等組織，若以公益服務為目的，便可依稅法第501條申請免稅優惠，對外募款也不必揭露捐款人。但這些團體難免有政策宣導的需求，如墮胎問題、同性婚姻、教育改革等，不僅是選舉中的熱門話題，也是這些團體素來關切的重心。故而，這些團體若希望使用募得的經費於選舉相關議題上，便可依第501條C項向聯邦選委會註冊選舉經費的使用。如果這些經費的使用只占團體總經費的半數以下，團體便能繼續維持第501條的定位，沒有必要向選委會揭露捐款人資料。弔詭的是，許多經費就算用於議題文宣，帳目上還是可以歸類為「教育宣傳」、「會員吸收」、「組織介紹」、「媒體費用」等，規避49%的開支上限，也使得501(C)的開支成為選舉經費管控上的黑數。根據評估，這類經費的使用在2006年選舉約為500萬美金，但短短6年，到2012的大選時便已膨脹到3億美金，可見利益團體利用501團體進行金錢競逐的手段已日趨成熟。[12]

六、限制個人捐款金額的破功

　　法院在「巴克利控訴瓦利歐案」中，認為限制個人與團體捐款上限，已足以抑制富人的影響力，故不支持國會設定自費參選經費的上限，以避

---

[12] 有關501團體的分類與運作，可參閱Center for Responsive Politics, https://www.opensecrets.org/dark-money/basics，檢閱日期：2019年6月15日。

免此一上限造成意見表達自由的限縮。2002年國會通過《兩黨競選改革法》甚至還提高捐款上限，希望藉此抵銷富人的優勢與軟錢的影響力。但這項維持選舉公平性的最後堡壘，在2014年的最高法院釋憲中，似乎也面臨了挑戰。

阿拉巴馬州的富有商人麥考契翁，因為同時捐款多位候選人超過法定的總額上限，故在共和黨的支持下與聯邦選委會打了場釋憲官司（McCutcheon v. FEC, 2014）。由於1976年的釋憲贊同對個人與團體捐款設限，麥考契翁的官司在前兩審均未能獲勝，但最高法院卻翻轉了下級法院的看法，認為對「累積捐款總額設限」（aggregate contribution limits）有限縮言論自由之嫌，屬於違憲規定。此項判決一出立刻引起輿論譁然，勞工與環保團體在最高法院外進行了一場聯合抗議行動，指控最高法院「允許金錢影響政治無異將貪腐合法化」。但仍有不少團體持不同看法，如長期推動經費自由化的「競爭政治研究中心」（The Center for Competitive Politics），便認為排除任何捐款限制都是好事，最高法院只是做出了「常識性決定」。

 ## 陸、選舉經費管制美國近乎全面棄守

上個世紀70年代，美國國會野心勃勃的通過了《聯邦選舉競爭法》（FECA），本世紀初又以《兩黨競選改革法》（BCRA）補強，希望有效遏止經費高漲，以免造成選舉的不公。實施五十餘年來，國會的策略大體為：限制競選經費、設定個人與團體捐款上限、選舉財務透明化、禁止公司及工會捐助競選、限制獨立文宣支出等。但過去50年間，世人也見證了利益團體如何營造法律縫隙，最高法院又如何在保障言論自由的理想下，讓國會的努力節節退讓。

1976年的「巴克利控訴瓦利歐案」，法院否決了國會設定參選人的自費門檻；同案也否定了國會對「獨立支出」的管制。此一判例使得富人

參選的優勢大增，也使得不受監控的「軟錢」開始氾濫。2002年國會通過《兩黨競選改革法》（BCRA）企圖彌補舊法的漏洞，但法院旋於2007年的「威斯康辛生命權利組織控訴聯邦選委會案」中，認定限制獨立支出與軟錢為違憲，使得利益團體可以放膽透過獨立支出遂行助選的目的。就連美國實施超過百年，禁止公司與工會公款助選的措施，也在2010年的「公民團結控訴聯邦選委會案」與「現在嗆聲組織控訴聯邦選委會案」中，遭到法院修正，使得公司與團體可以透過「超級政行會」堂而皇之影響選舉結果。至於經費透明化的規定，也因為利益團體透過「超級政行會」與「501(C)團體」的漏洞而被巧妙地規避。最後，連企圖拉平公民影響力的防線，個人與團體捐款上限規定，也在「麥考契翁控訴聯邦選委會案」中棄守。

國會與民間力量的屢敗屢戰，說明了在資本主義結構下，排除金錢影響力的困難。同時也驗證了「自由」與「平等」原本就是潛藏衝突的兩個概念，使得奉行成文憲法的國家，只能為了維護自由價值，而繼續忍受競選經費的不平等。

但另一個值得深思的課題是，當金錢對選舉結果具有一定的影響力時，第三章討論的議員本質與憲政架構的關聯，似乎便只是純粹的學理探討或邏輯分析，對實際的政治操作關係不大。因為，無論何種議員本質，必然都會在金錢的影響力下產生質變。如利益團體長期以來以政治資金支持爭取連任的議員，除了造就國會議員的高連任率，也使得民意的影響力趨於鈍化，多少侵蝕了民主運作的根基。

第 5 章 ▶▶▶
宣誓是議員行使職權的必要條件？

> 「如果認爲追求民主應與港獨混爲一談，那對我這樣的人而言就是一種虛僞，……宣誓非兒戲。我在倫敦宣誓的時候會把手放在聖經上。」
>
> —— 彭定康（Christopher Francis Patten，末任香港總督）

 壹、就職宣誓的意義

在激烈的選戰中，候選人必然使出渾身解數，盡其所能給予選民承諾，但當選後政客是否會履行這些承諾，現行的體制則無法給予任何保證。盧梭因此譏刺，在民主選舉下，選民只有在投票日當天才是眞正的頭家，投票結果揭曉後，所有人便都成了當選者的奴隸。政治學者也常指出，民主體制的最大盲點，便是選民只享有「事後評量」權。換言之，選民在投票時完全無法預見當選者會否信守承諾，最多只能在下次選舉時，依其任內表現評估是否繼續支持。

爲了彌補體制的缺憾，西方社會轉而訴之中古世紀的傳統，要求當選人在就任公職前，必須在神祇的見證下，宣示會忠誠的履行職責。數百年來，「宣誓就職」已成了西方政壇的必要程序與儀典，拒絕宣誓者甚至可以被剝奪公職的資格。

向來以西方爲師的台灣，當然也不假思索的移植了這項制度。爲了精準的依循西方習俗，政府甚至在1930年特別制定了《宣誓條例》，除了鉅細靡遺的規定各項宣誓程序及要件，並且明訂「未依規定宣誓者，視同

缺額……先行任事而未於三個月內補行宣誓者,視同辭職。」對宣誓程序的重視,已然超過原創的西方。該條例實施80年,雖歷經10次的修訂,但就算民進黨主政時期,也並未反對實施這項儀典。[1]

但宣誓所以具有約束力,乃因「共同神祇的見證」,亦即社會全體必須信守一個共同的權威。台灣是個被統獨與族群割裂的社會,此一「共同神祇」是否存在,原本就是個疑問;既然缺乏共同的至上權威,宣誓儀典不僅不能成為「盡忠職守」的見證,反而常被利用為羞辱國家權威的工具,成了台灣民代就職時經常上演的活鬧劇。蘇顯星研究員謂,中央及地方民代與公職,不依《宣誓條例》辦理就職的例子,「已不勝枚舉」。[2]

貳、就職宣誓傳統的形成

「宣誓」(oath)一詞,根據西方各界公認的定義,乃:「針對敘述的真實性(the truth of a statement),或所作承諾的真誠性(the sincerity of a promise),莊嚴的祈請上帝見證(a solemn appeal to God to witness),如果所言不實或違反承諾,則願受神的懲罰。」依據此一定義,醫學院學生迄今仍然必須熟背的希臘希波克拉提克誓言(Hippocratic Oath),應該是人類目前所知最老也最知名的誓詞,它在西元前400年便已存在。

西元前100年,羅馬成立常備軍,要求士兵在入伍前必須宣誓效忠帶兵的將官,建立了人類以「宣誓」為「就職」要件的首例。西羅馬覆亡後,「宣誓」成為歐洲社會重要的民俗法制,當時的日耳曼統治者常要求爭訟雙方除了宣誓自己的清白,還要邀集街坊鄰居對當事人

---

1 民進黨籍的陳水扁在2000年及2004年兩度當選總統,均忠實依據《宣誓條例》之規定,完成宣誓就職儀式。2004年雖以台語向全國人民進行二度宣誓,但法定程序並未偏廢。蘇顯星,〈公職人員宣誓之法制問題研析〉,《立法院法制局專題研究報告》,編號569,2008年6月,頁4。
2 同上。

人格「宣誓相挺」，最後以雙方人數的多寡，作爲判定何者勝訴的依據（compurgation）。但宣誓成爲西方生活不可分割的一環，應是在基督教成爲歐洲主流思想之後。9世紀由克魯尼主教（the Abbey of Cluny）發起的歐洲和平運動（Peace of God），曾要求所有成年基督徒必須宣誓支持和平約定。和平的目標儘管最終並未達成，但這個集體宣誓的作法，卻成爲後世歐洲社群形成的典範，如組成行會（guild）或新城市創立等均需宣誓，構築了後世依循的先例。

文藝復興前後，教會法（Cannon Law）是歐洲走向現代法制的重要分水嶺，該法制除了強調書面文件的重要性，也承襲日耳曼傳統，強調「宣誓」的重要性。自此而後，出庭作證，無論書面或臨庭，均須宣誓保證其眞實性。學者謂，宣誓成爲現代法制重要的一環，教會法是重要的催生者。[3] 當宣誓成爲具有約束力的儀式後，15世紀後崛起的專制君王當然不會忽略它對鞏固統治權的意義，如英國亨利八世以降的諸君王，便常要求子民或服公職者公開宣誓效忠，宣誓成了西方社會常見的儀典。

宣誓既能用於強迫表態，當然也可以被用爲箝制異端的工具，國會發展史上便不乏這類案例。16世紀的宗教對立時期，英國都鐸王朝便曾以宣誓儀式，作爲排除非英國國教徒擔任公職的手段。1829年，英國民主已較爲落實，便首開先例允許天主教徒可以「莊嚴的代誓宣告」（solemn affirmation）取代宣誓，但猶太教徒與無神論者仍不得使用此替代方式。由於宣誓是取得職務的先決條件，不能使用代誓宣言便等於間接否定了擔任議員的權利。直到1888年英國國會修改《宣誓法》，開放任何人都可以選擇「莊嚴的代誓宣告」替代具有宗教意涵的宣誓儀式，宣誓才不再成爲執行議員職務的要件。[4]

早期美國移民受到清教徒教義影響甚深，該教派對上帝的敬畏與忠誠，公認遠在其他教派之上。加上英國母國對殖民統治採取放任的態度，

3　Harold J. Berman, *Law and Revolution: The Formation of the Western Legal Tradition*, Cambridge, Massachusetts: Harvard University Press, 1983, p. 250.
4　John Cannon, "Oaths," *The Oxford Companion to British History*, Cambridge, Massachusetts: Harvard University Press, 2002.

也迫使移民者必須尋求新的權威來源作爲創建法制的基礎。在這樣的背景之下，殖民地人民依歐洲數百年的宣誓傳統，透過上帝的見證簽訂了超過上百份的盟約來形成各種型態的自治政府，其中最著稱的乃爲1620年的《五月花號協定》。[5]此一傳統保存迄今，使「宣誓」仍是歸化爲美國公民的必須要件。有學者便指出，美國政府將歸化爲美國人稱之爲「自然化」（naturalization），但只要宣誓便能成爲美國人，比起其他的民族反而是最不「自然」的，[6]除非了解宣誓在美國社會的重要性，否則將對美國人高度信任宣誓感到天眞。

美國社會既然對宣誓如此重視，制憲後首屆國會所通過的第一個法律，便毫不意外的是《宣誓法》，其中規定各類文武官員就職時的宣誓程序與誓詞內容。當時所制定的基本架構迄今仍被沿用，並沒有太大的改變。早年英國國會以《宣誓法》排除非國教教徒擔任議員，清教徒也曾蒙受其害，故當清教徒能夠建立自己的國家時，便特別在憲法第6條明文允許公職可以選擇「代誓宣告」替代宣誓，防止政府以宗教程序排斥任何人擔任公職。允許公職當選人可以選擇「代誓宣告」取代「宣誓」，美國至少比英國早了40年，隔鄰的加拿大則遲至1905年才出現類似的規定。

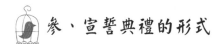 參、宣誓典禮的形式

一項儀典能延續千年，其各項過程與動作，必然充滿了象徵性意義。非西方或非基督教國家模仿這項制度，又是否了解這些過程與動作的意涵？隨性的抄襲與改變，又是否扭曲了宣誓典禮的眞正意義？茲就宣誓場合、見證人、宣誓聖物、與宣誓動作加以解析，藉以明瞭其背後的意涵。

---

[5] Donald S. Lutz, "From Covenant to Constitution in American Political Thought," *Publius: The Journal of Federalism*, 10, Fall 1980, p. 114.

[6] Rogers M. Smith, *Civic Ideals*, New Haven and London: Yale University Press, 1997, pp. 13-14.

一、宣誓場所

　　我國《宣誓條例》第5條規定：「宣誓應於就職任所或上級機關指定之地點公開行之。」但宣誓如果是由全能的上帝見證，宣誓的場所便似乎不重要，因為場所的選擇是要讓見證人聽到看到，上帝既然無所不在，場地又何必計較？這或許說明何以美國憲法規定了宣誓的誓詞，但對宣誓場所卻完全未置一詞。故而，只要有見證人在場，美國總統可以在任何場所舉行宣誓典禮。當年甘迺迪遇刺時，繼任的詹森是在空軍一號上宣誓就職的；1881年的亞瑟總統（Chester Arthur）則在自己的紐約寓所宣誓；其他如老羅斯福、柯立志等總統也都未在首都進行宣誓。

　　但總統位高權重，宣誓典禮畢竟馬虎不得，場地的選擇也常透露出特定的意義。傳統上，美國總統的就職典禮乃由國會負責主辦，場地便安排在國會山莊前。由於國會被視為人民主權的化身，是三權之中唯一代表民意的機構，總統既誓言為人民服務，在國會山莊或人民眼下進行宣誓，自然具有象徵的意義。我國規定在「就職任所」進行宣誓，總統便在五院院長簇擁下於自己的辦公大樓進行就職儀式，顯然少了權力制衡與人民監督的味道。

二、見證人

　　許多人認為，見證只是榮譽職，由誰擔任並沒有太大的差別。但如果把誓詞視同契約，監誓人便等同見證人，對違約的宣誓人負有糾正的責任。是故，擔任見證人的潛在條件，除了必須具備公信力，也應有能力對宣誓者的違約採取行動。否則，等於宣告宣誓只是形式。

　　美國傳統上總統宣誓由最高法院首席大法官擔任見證官，此一安排有其深意，因為如果總統未能遵守誓言，經眾院提出彈劾後，首席大法官便是參院審判庭的主席。既然身為日後裁判庭的主席，對總統是否違約自有監督之責，擔任監誓也就順理成章。故而，儘管憲法未明文規定首席大法官負責見證總統就職，但自立國以來便成了憲政運作的慣例。美國總統哈汀（Warren Harding）1923年在任上過世，副總統柯立志（Calvin Coolidg）當時正遠赴他州探訪父親，半夜被搖醒進行宣誓就職。由於事

出突然，柯立志便由擔任民間公證人的父親見證宣誓。事後，各界並未指責他當時未手按聖經，但卻強烈質疑見證人的適格性，因為這個見證人並不具違約懲處的能力。回到白宮後，柯立志邀請聯邦法官補行第二次的宣誓，爭議才告平息。

若說國會具有「人民主權」的地位，則國會議員的就職又該由誰見證？由法官見證似乎有所不妥，因為國會享有修憲提案權可以對抗法官的釋憲權，兩者處於制衡的地位；再者，國會可以決定法官職權及薪俸，甚至還可以彈劾法官，由利害關係人見證，法理上也有所扞格。有人主張由國會牧師代表上帝監誓，但在政教分離的原則下，此一安排更未被考慮；而且，見證者若需掌握懲處違約的權力，牧師也顯然不適格。

國會議員的宣誓見證在英國並不麻煩，因為英國雖是個不折不扣的民主國家，但法理上英王仍然是主權者。國會開議時，代表英王主權的權杖便大剌剌的杵在議場中央，提醒議員權威乃來自英王的授予。故而，國會議員當選後，所有議員須陪同議長當選人步行至代表王權的貴族院尋求敕封，由英王或其代表人亦即貴族院大法官見證，宣讀議長的任命狀。取得英王的敕封後，議長便回到下議院，帶領及見證所有議員進行宣誓就職儀式。典禮時，議場警衛長（the Serjeant at Arms）將權杖高舉肩膀帶領議長進入議場，象徵議長權威乃來自英王，往後議員違規議長便依此法源進行必要裁處。過程似乎陳腐封建，但只要能有效維持國會秩序與實質民主，務實的英國人顯然不太計較。[7]

沒有王權做後盾的美國則較複雜，雖然強調人民主權，但空泛的「人民」又能如何監督？台灣的在野黨曾有走出議場「向全民宣誓」的作法，但這看成抗爭戲碼可以，若要形成慣例恐怕還欠莊嚴。再者，憲法既已授權國會監控司法，而先進民主國家又強調國會自律拒絕司法介入，既然司法不能介入國會運作，邀請法官見證議員的就職宣誓便顯得失格。是故，為了凸顯獨立性，美國新國會成立的宣誓典禮，均與英國相同由議長親自監誓（參院則由擔任參院議長的副總統見證）。

---

[7] 木下廣居，《英國的國會》，陳鵬仁譯，台北：幼獅文化，1989年，頁27-30。

　　美國國會通常由一位資深議員先見證議長就職宣誓，誓詞則為依議事規則所載的標準內容。議長完成宣誓後，便主持並見證全體議員的宣誓就職，過程完全排除外人參與。議長主持並見證宣誓儀式，除了突出議長代表國會的角色與功能，也等於宣示議長的議會領導地位。曾經也有議員當選人質疑議長主持典禮的資格，此時議長便會請求大會公決，而不曾以議長之尊逕行裁處，但議長既為多數黨領袖，這項公決似乎很少失利過。[8]

　　英美國會體制先選出議長，並由資深議員見證議長就職，然後再由議長主持及見證其他議員的就職宣誓，有其值得重視的深意。因為議長為議會的象徵，議長沒就職何來議會？沒有議會議員又如何有職可就？此一邏輯關係，多少強化了未來議長處理議事紛爭上的能力；由於議長有懲處議員的職權，由其見證議員就職也就順理成章。

　　我國的程序則反其道而行，議會組成時議員須先宣誓就職，有了議員資格後，彼此才互選產生議長。這個程序依理難謂錯誤，因為如果還沒就職為議員，又如何能被選為議長？但就權力的角度考量，議長的權威既由議員的選票堆疊出來，議長處理議會紛爭的能力便相形弱化。由於議長產生在議員就職之後，為了避免議員宣誓就職時無人主持及見證，我國《宣誓條例》便規定，從立法委員到各級議會，應邀請各級法院法官擔任議員就職時的監誓人。此一規定無異顯示議會缺乏自律能力，必須有賴外在的司法介入以維問政秩序。

　　在英美議會的儀式上，宣誓見證便同時為典禮的主持人（administer），故沒有再設典禮主席。畢竟，見證人若掌握懲處違約的職權，典禮秩序的維護自然不成問題。我國或許習慣威權架構，過去各級議會議員進行宣誓時，還會特別邀請行政部門長官擔任典禮主持人，有時為了配合長官行程，時間還得特意安排。代議機構應只認人民為頭家，由行政首長主持民代就職典禮，等同將代議機構貶低為行政體系的下屬單位，相當不恰當。筆者1995年當選省議員時，便曾在就職典禮上抗議

8　Wm. Holmes Brown, *Constitution, Jefferson's Manual and Rules of the House of Representatives of the United States Ninety-Ninth Congress*, Washington D.C.: U.S. Government Printing Office, 1985, pp. 73-74.

內政部長擔任典禮主持人，奈何人微言輕，意見並未獲得兩大政黨的重視。[9]

三、誓詞內容

美國總統的宣誓詞乃明文載於憲法第2條第1項之上，充分體現美國社會對宣誓的重視。2009年歐巴馬就職總統時，因見證的大法官將一個單字念錯了次序（但意義並未扭曲），為了擔心授人以柄，歐還特別安排了第二次的宣誓，重新將整段誓詞逐字逐句再唸一遍。此一案例說明誓詞的重要性，絕非只是兩百多年前寫在羊皮紙上的官樣文章。

華盛頓在就職首任總統時，除了照本宣科唸完憲法明定的誓詞外，還出人意表的特別加上「願神幫助我」（so help me God），從此代代相承，成了美國總統與其他就職宣誓的不成文習俗。有人認為，加上這句話有其憲政深意。因為按照當時的憲法設計，國會是唯一由人民直選代表所組成，具有真正的民意基礎；總統乃由人民選舉總統選舉人透過間接方式產生，故總統的民意代表性不如國會。在民意掛帥的民主社會，間接選舉產生的總統勢將淪為國會決策的「執行長」。華盛頓刻意加上「願神幫助我」的「神」，若解讀為「人民」，便等於訴諸人民相挺使其具備完整的民意基礎，以制衡由人民代表所組成的國會。以此觀之，宣誓典禮的過程與形式，從見證人到誓詞內容，似乎都隱含了某種權威的角力。

美國立憲精神強調政教必須分離，因此不少人對這句「願神幫助我」，感到十分反感，認為有導引宗教介入政治之嫌。但清教徒的傳統似乎使得美國社會很難擺脫宗教氛圍，如《獨立宣言》便以「世上最高的裁判者」（the Supreme Judge of the world）為訴求的對象，而林肯的蓋茲堡演說也直言：「這個國家在神庇佑下將誕生新的自由」。由於相信神的存在，使得宣誓儀式具備了非西方社會所難以體會的約束力。一位鑽研宣誓儀典的研究員解釋，對信仰基督教的宣誓者而言，「願神幫助我」這句話所產生對宣誓者的約束力，強過人世間的任何設計（So help me God acknowledges that no stronger commitment exist），效果似乎強於我國

---

[9]　楊泰順，《挑戰宋楚瑜》，台北：學英，1997年，頁199-204。

《宣誓條例》所稱「願受最嚴厲之懲罰」。

四、神的信物與宣誓形式

宣誓既是由上帝見證，宣誓場合便避免不了要有象徵上帝存在的器物。早期日耳曼人宣誓時，必須在現場置放聖人遺物，由宣誓者面對聖物宣讀誓言，以示上帝同在。後來這些遺物被換成聖經，由宣誓者以左手撫其上宣讀誓詞。至於何以用左手接觸聖物，一說因為左手較接近心臟，代表心靈與神的直接接觸。

至於右手，正如我國《宣誓條例》的規定：「舉右手向上伸直，手掌放開，五指併攏，掌心向前。」何以手掌放開，掌心向前？原來中古以前歐洲只有教會人士被允許與上帝溝通，宣誓既為溝通的一種方式便非一般平民百姓所可以行使；西元6世紀以後，「宣誓相挺」成了判定正邪的制度，所有百姓已被允許在法庭上宣誓，但有犯罪紀錄者因無誠信故仍被排除在外。由於當時的罪犯多在右手掌心紋記，為了證明宣誓參與者皆為良民，故要求宣誓人必需放開右手掌，並以掌心向前供見證者審視。現在宣誓就職者，已皆是萬中選一的社會菁英，卻還東施效顰舉起右掌以示清白，讓人感覺有些不搭調。

中華人民共和國與若干社會主義國家在宣誓典禮上並不遵循西方國家的右手形式，而是握緊拳頭對著太陽穴，據了解這是沿用早期工運的宣誓動作。20世紀上半葉這個動作成為反法西斯和各種民族解放運動的象徵、因此被稱為「紅色敬禮」。根據中國的說明，此一右手握拳的形式，有「全心全意，堅定不移，堅決鬥爭」的含義，尤其還有「拳拳之心」以示忠誠的象徵意義。

美國並無法律規定總統就職宣誓必須手撫《聖經》，當初華盛頓創下這個先例，如前所述是為了援引上帝抗衡國會的民意，但自此卻形成慣例。社會多元化後，聖經的重要性更是大大降低。2009年歐巴馬在第二次宣誓時，便未曾使用聖經；在他前一百餘年的老羅斯福，或更早的昆西亞當斯（John Quincy Adams）宣誓時也未曾準備聖經；詹森宣誓時，使用的則為天主教的祈禱書。2006年美國明尼蘇達州選出史上第一位信奉

回教的美國國會議員，由於堅持以回教可蘭經代替聖經作為宣誓的聖物，曾在基督教占絕對多數的美國社會引起不小的騷動。

　　基於政教分離的原則，宗教物品向來被認為不適合出現在國會殿堂。因此，美國國會長久以來便發展出兩階段的宣誓程序。第一階段由全體議員同時參與，典禮由議長主持並見證，誓詞一致並避免任何宗教的暗示，場面上當然也不會有聖經出現。行禮如儀後所有宣誓人必須在誓詞（或代誓宣告）上簽署，交秘書處存檔後便完成程序。個別議員若因信仰虔誠，可特別安排專屬自己的第二階段宣誓典禮，見證人可以是國會牧師或其他指定人，當然也可要求手按聖經或可蘭經在家人朋友環伺下完成程序。前述明州的回教徒議員，便在這第二階段時，選擇了傑佛遜所曾閱讀過的可蘭經來完成宣誓。第二階段的宣誓是可有可無的紀念性質，並不影響議員職權的行使。許多議員在第二階段選擇議長再次見證，因距離較近又有親人在旁，拍照起來比第一階段的大場面更多了些保存價值。也幸虧有這兩階段的安排，國會因此避免了許多可能的衝突場面。

 肆、宣誓的效力

　　宣誓是否具有約束力？顯然全視宣誓人的信仰是否虔誠，及其是否願意面對自我良知。基督教教義從伊甸園以降，便充滿了許多人神約定的故事，承諾、履約、背叛、懲處等在新舊約聖經中俯拾皆是。由於教義中強調最後的審判，不履約的宣誓人，無論在世官職大小，最後均難逃上帝也是見證者的評斷。故而，學者伊拉薩（Daniel Elazar）指出，平等而獨立的個人，在某種權威的見證下，簽訂具有道德約束力的協定，雖然散見於各種人類的社會中，但唯獨在基督教文明的傳統下，此一觀念才具有真正的約束力與穩定性。[10]近代西方因強調政教分離，宣誓典禮上的神權象徵

---

[10] Daniel J. Elazar, "The Political Theory of Covenant: Biblical Origins and Modern Developments," *Publius: The Journal of Federalism*, 10, Fall 1980, p. 13.

已逐漸淡化，就職者甚至選擇以「代誓宣告」取代「宣誓」。但多數就職者在唸畢誓詞後，仍自主性的加上「願神幫助我」，則無異昭告天下，上帝仍是整個儀式的見證者與未來行為的審判者。換言之，誓詞所言並非空話，怠忽職守將無所逃於天地。

一、誓言與憲法孰先？

若說宣誓乃為神意監督下的約定，根據西方自然法的精神，宣誓的約束力應該高於包括憲法在內的任何制定法。事實上，也常有政治人物藉由誓詞的約束，刻意挑戰憲法上的規範。早期傑克遜總統在否決國會所通過的法案時，便常以曾宣誓保證將「忠誠的執行法律」為藉口，故儘管三權和諧重要，但對於違憲法律或法院的錯誤判決，他也只能堅持他認為正確的法律。內戰時，林肯總統利用國會休會期間啟動緊急命令，明顯違反憲法的授權，但林肯表示就職時已立誓「捍衛憲政」，故只能義無反顧。其繼任者強森雖面對國會彈劾的威脅，也說因曾宣誓「不會執行違憲法律」，而拒絕與國會妥協。

儘管這些都是託詞或政治語彙，但監誓的大法官似乎也認同宣誓的效力凌駕於憲法之上。美國1933年所通過的第20條憲法修正案，明確規定前任總統任期終止於1月20日中午，依理新任總統也於此刻開始視事。但在實際的操作上，總統的就職有時會晚於這個法定的時間。故宣誓時當事人雖已依憲法具有總統的身分，但對見證的大法官而言，未經宣誓的程序誰也不是總統，典禮前便仍以原職位稱呼，如稱歐巴馬、甘迺迪為參議員，雷根、卡特、克林頓為州長等。為了避免總統權力發生不連續，總統當選人如果確知無法於20日中午進行宣誓（如遇到周日），往往會以不公開方式先在法定時間完成宣誓，然後再擇期進行公開儀式。總統如果意外亡故，副總統常先應急宣誓補位，然後再進行較正式的第二次公開宣誓。如此慎重其事，無異凸顯宣誓的效力高於憲法的授權。

弔詭的是，無論總統或國會議員的宣誓詞，均強調要「保護及捍衛憲法」。這便讓我們在探索宣誓與憲法孰重孰輕時，陷入了循環的迷障中：若說宣誓重於憲法規定，但誓言又明言捍衛憲法，發誓守憲者可否以捍衛

憲政之名作出違背誓言的政策？例如，我國總統既宣誓「遵守憲法」，就職後又是否可以憲法授予總統的外交權，主張以台灣名義加入聯合國？在上述的循環迷障下，這個問題顯然無解，如果有人請求釋憲，法院恐怕也會以爭議屬於「政治議題」而拒絕受理。

二、未宣誓可否排拒就職？

　　如果宣誓的效力高於憲法的規範，引申出一個問題是：忠實的依據憲法程序所選出的民代或公職，若未參加宣誓是否構成不得就職的理由？換言之，一個民意支持的勝選者，可否因不願或被拒參加宣誓而被剝奪職位？

　　1981年美國曾有位國會議員當選人因病未能參與宣誓而被除名，但這只是特例，因為該議員經醫生診斷已確定無法康復，就算宣誓就職也沒太大意義。此外，選舉過程如果發生爭議，國會也曾以多數決要求涉案當選人暫時不要宣誓，直到爭議澄清後才補行宣誓及就職。但這些都是特例，無法說明宣誓是否凌駕憲法或民意之上，成為議員執行職務的先決條件。

　　美國國會曾藉阻止當選者宣誓，或是藉額外「回溯性宣誓」，讓多數議員不喜歡的當選者無法就職。所謂「回溯性宣誓」，便是國會立法要求擔任公職者宣誓保證過去未曾參與過某些活動，如果被查出宣誓不實將被控偽證罪（perjury）終身不得再服公職。美國南北戰爭後，北方掌控的國會曾於1864通過法律要求議員當選人宣誓保證過去未曾參與過反政府的活動，造成數位南方議員因拒絕宣誓而無法就職。國會史上稱這類宣誓法規為「嚴格宣誓法」（Ironclad Oath Law）或「測試宣誓法」（Test Oath Law）。就今天法院的判例觀察，這類宣誓法規等於妄加議員資格限制，難以獲得司法審查的支持，自知理虧的國會後來悄悄於1884年立法廢除了這些法規。

　　曾有議員因有案未決而被國會拒絕宣誓就職，如一次戰後的社會黨人伯格（Victor L. Berger）因擔任共產國際間諜案尚未定讞，兩次被拒絕參與宣誓，但當最高法院平反了該間諜案後，國會也立刻讓伯格補行宣

誓並就職。最具爭議與指標性意義的事件，便是1969年的鮑爾案。鮑爾
（Adam Clayton Powell, Jr.）在議員任內曾有侵佔公款等劣行，故當選連
任後，國會便以多數決拒絕他宣誓就職。本案經鮑爾提出訴訟，最高法院
認為，憲法只規定國會議員必須年滿25歲、具有美國籍超過7年、符合當
選州的居民條件，除此之外國會不得以任何理由，拒絕當選人參與宣誓。
法官認為，憲法賦予國會有權可以開除行為不當的議員，國會若在議員就
職後以三分之二多數開除該議員，則法院無置喙的餘地；但國會捨此不
為，卻選擇以多數決排除該當選人進行宣誓，這無異是在上述三項資格外
另加的額外條件，故應視為違憲。[11]

　　從上述案例觀察，國會不得以拒絕特定議員宣誓作為阻撓其就職的手
段，應該已是法政界的共識。但是，議員如果主動拒絕宣誓，或拒不遵守
宣誓程序，且又拒簽代誓宣言，則該議員是否可以履行職務並領取薪俸？

　　根據英國1866年通過的《國會宣誓法》（the Parliamentary Oath
Act），議員若未參加宣誓或簽署代誓宣言，便不得參加國會議程及提領
薪俸，違犯者不僅將被裁以巨額罰款，議席也將「視同議員死亡」而出
缺，並立即進行補選，該法迄今仍被認為有效。[12]

　　1924年英國曾有某議員因故未參加宣誓，開議後卻又被發現參加投
票，議長當機立斷開除其議員資格並立刻進行補選。該議員表示未宣誓而
行使職權乃為無心之過，並隨即投入補選，幸好各政黨體諒他的狀況沒有
派出對手競爭，使該議員能以同額再次當選。二度當選後，該議員記取教
訓立刻依程序進行宣誓，爭議也因此告終。[13]

　　但議員若具有堅強的民意基礎，卻因效忠不同的理念而刻意不參加宣
誓，情況便較為複雜而難以圓滿處理。

　　英國北愛爾蘭地區民眾向來不承認倫敦政府的統治權，故該地區雖然
自1918年以來便選出國會議員，但當選者長期以來都拒絕參加宣誓，也

---

[11] Power vs. McCormack, 1969.
[12] Michael Everett & Danielle Nash, "the Parliamentary Oath," Briefing Paper, No. CBP7515, House of Commons Library, February 26, 2016, pp. 10-11.
[13] Ibid.

因此代代都被拒於國會大門之外，造成北愛地區「有議員卻沒有就職」的奇特現象。1997年倫敦與北愛達成和平協議，緊張關係獲得緩解，但北愛選出的國會議員仍然拒絕向英王宣誓效忠。北愛議員雖接受無法就職的結果，但表示既爲民意選舉產生議會，仍然應該提供他們薪俸與設施。此一請求被議長明確拒絕，議長表示，議員乃因就職而得使用議會設施及享有各項福利，既然就職程序沒有完成，隨附的權利自然也就不存在。

爲此，北愛議員認爲議長所依據的《國會宣誓法》有違憲之虞，故向高等法院提請司法審查，法院最後裁定：議長是國會的代表，國會運作的爭議由議長全權裁示，本案屬國會內部的程序爭議，司法體系沒有立場介入。

北愛議員見英國法院不受理，便轉向歐洲人權法庭（European Court of Human Rights）提起訴訟。該法庭的會審法官於1999年全體一致表示：

國會要求宣誓乃依法有據，而誓詞要求表達對英王的忠誠並不牴觸英國的憲政原則，誓詞中並無強迫議員接受任何特定宗教，（拒絕宣誓缺乏合理性）。議員若需要傳達某種理念給選民，其實有許多方式可以進行（如在國會外舉行集會），且就職後國會也沒有限制議員在議會內推廣理念的權利。選民在選舉時便已瞭解，議員當選後必須進行宣誓，故而議員拒絕宣誓就職，乃是在自願的原則下放棄履行職權。由於議長的裁處適用於所有議員，告訴人並未受到歧視性的對待。

此一判決，形同對民主國家議員能否拒絕宣誓或簽署代誓聲明，提供了一個完整的說明。而這項判決也等於確認，宣誓若無宗教信仰等歧視性對待，法院支持不宣誓便不得行使職權的規定。

英國堅持必須莊嚴宣誓始能行使職權的態度，顯然對其他大英國協國家產生了示範的作用，故在加拿大、澳洲、紐西蘭等國，也有類似英國的

強硬規定。[14]值得注意的是，曾爲英國殖民地的香港，雖有抗拒中共統治的民意走向，但香港法庭也同樣堅持議員必須莊嚴的完成宣誓才得履行職務。

　　2016年10月，第六屆香港立法會舉行就職典禮，有幾位民主派議員在朗讀誓詞時，刻意修改誓詞、拖長唸誦誓詞時間、手擎象徵民運的黃雨傘、怪聲稱呼中華人民共和國國號，甚至夾雜不雅用字表達對中共統治的不滿等。針對這些行爲，香港高等法院於2017年7月裁決，6位議員因未莊嚴宣誓而被剝奪議員資格。此一判決，推翻了此前只要補行宣誓，或曾完整念完誓詞，就可以被寬容對待的判例。香港末任總督彭定康對法院的判決表示支持，指責這些議員的作法只是爲了搏媒體版面，譁衆取寵。他表示自己完全支持香港追求民主，但：「如果認爲追求民主應與港獨混爲一談，那對我這樣的人而言就是一種虛僞，……宣誓非兒戲。我在倫敦宣誓的時候會把手放在聖經上。」

三、代誓宣告：宣誓與憲政的妥協

　　美國憲法第6條第2項明言，憲法爲美國領土上的最高法律（the supreme law of the land），任何法律牴觸憲法爲無效。國會所通過的宣誓法既屬法律，當然也不得超越憲法。是故，上述「測試宣誓法」若被提到最高法院「測試」，被判爲違憲的可能性必然甚高；鮑爾案中，法官更明言，國會不得以憲法以外的理由，阻止公職當選人參與宣誓，保障了當選人的宣誓權利。至於因爲信仰不同，不願參加宣誓的當選人，美國憲法也提供了「代誓宣告」作爲另一種選擇。換言之，民主國家的民意最大，受到民意支持的公職人員無庸擔心因宣誓程序而失去爲民服務的機會。

　　但無論是「宣誓」或「代誓宣告」，在美國均須明確表達遵守憲法的承諾，在英國及加拿大更須聲明對英王的效忠。如果美英等國和台灣一樣，存在對國家和憲法認同的爭議，就算有「代誓宣告」的選項，恐怕還是無法避免民意支持的當選人，在就職時阻撓宣誓儀式的進行。1994年底，民進黨當選台北市議員的18位議員集體拒絕參加宣誓就職，並發表

---

[14] Everett & Nash, pp. 35-37.

聲明表示：「我們不認同現今仍加諸這塊土地和人民之上的『中華民國』國號，這是一個讓台灣人民抬不起頭來的、不切實際的、浪費無用的政治符號，我們不認同它。為了清楚表達這個立場，我們18位民進黨籍台北市議員鄭重地先在此向人民宣誓就職。」宣言所爭的，已不僅是對誓詞內容的反對，而是對整個政權及憲政合法性的挑戰，就算有代誓宣告可供選擇恐怕仍然無法解決問題。

 ## 伍、我國宣誓典禮的活鬧劇

　　1984年增額立委就職時，無黨籍的余陳月瑛在儀典進行時提出程序問題，表示看不懂誓詞，要求監誓的大法官翁岳生解釋，但主持儀典的院長倪文亞認為不宜，堅持儀典繼續進行。余陳月瑛與鄭余鎮認為程序問題未獲解決，因此拒絕舉手宣誓。若依前述《宣誓條例》，兩人既未宣誓便應「視同缺額」，但在往後的幾天內余鄭兩人依然故我出席院會，其他委員也無人提出異議。兩人後來雖補行宣誓讓爭議落幕，但宣誓前的幾天薪水照領。國會不敢堅持自己通過的法律，讓反對黨看穿了國王的新衣，造成日後的宣誓抗爭越演越烈。

　　次屆增額立委宣誓就職時，衝突場面隨之升級。當時民進黨團成立不久，由張俊雄代表發言，針對宣誓程序提出抗議，執政黨立委則在台下高聲指責對方刻意鬧事，堅持依原程序進行。大法官李鐘聲準備上台擔任監誓時，民進黨尤清與朱高正上前阻擋，在台上形成拉扯推撞的場面，尤清甚至要求審查監誓大法官的資格。最後，在台上、台下拍桌對罵的爭鬧聲中，85位委員完成宣誓程序，民進黨的11位委員則在10天後補行宣誓。但在這10天內，民進黨委員還是照常出席院會並發言領薪，主席與多數黨委員在目睹了該黨的「戰力」後，根本不敢表示異議。

　　1990年宣誓就職典禮時，民進黨委員以僑選立委不具民意基礎為由，強力阻擋監誓人翁岳生進入會場，儀典進行時又以抗議布條蓋住翁的

頭部，對監誓人極盡污蔑。唱國歌時，民進黨委員甚至跳上主席台，大叫
「沒有監誓人唱什麼國歌，不算、不算。」最後在紛亂吵雜聲中，儀式草
草結束。由於監誓人必須見證宣誓程序被蓋頭的翁大法官表示，「有看到
許多委員舉手宣誓」，故儀式仍屬有效。至於抗爭的民進黨委員，也依
例在3天後補行宣誓。由於抗爭激烈，這次宣誓儀典也首次有委員因此受
傷。

　　1993年全面改選的新立委首次就職，但具有眞正民意代表性，並不
表示宣誓抗爭從此偃兵息鼓。當立院依例行禮如儀時，民進黨立委並不理
會，反在典禮後集體走出場外，進行「向台灣人民宣誓」。甚至當時抗爭
選舉無效的落選人黃信介（後獲平反補正爲立委），也參加了「場外宣誓
會」並自認取得立委資格，後在同黨立委簇擁下進入議場，等於宣告場外
宣誓的合法性高於法定的程序。儘管當時監誓的大法官表示沒有看到場外
立委宣誓，故依條例應屬無效，但由於這屆立委乃根據《憲法增修條文》
進行全面選舉，其中第5條明定，新任立委自2月1日開始行使職權，並未
提及是否以參加宣誓儀式爲擁有職權的要件。有媒體認爲，增修條文既缺
乏明文的規定，便等於公告宣誓儀式不再成爲立委行使職權的必要條件。
故本屆未依規定進行宣誓的立委，後來竟連補行程序也都免了。時爲民進
黨幹事長的陳水扁表示，民進黨在場外宣誓，是爲了不面對國旗，而且
「外面空氣也比較好」，對儀典的蔑視十分明顯。

　　《增修條文》既規定開始行使職權的日期，基於憲法位階高於法律的
原則，未進行宣誓儀式便似乎無礙於職權的行使。但1994重新修訂的第
三次《增修條文》卻又回歸憲法本文精神，將開議日交由立院自行決定。
由於必須先宣誓就職取得立委資格，才能決定開始行使職權的方式與時
間。《宣誓條例》的重要性，因而起死回生。

　　1996年第三屆立委就職時，同樣的宣誓秀又依例上演，某家報紙社
論直言：「民進黨立法委員不按照宣誓條例的規定宣誓，已經變成該黨傳
統的一部分。」但這屆國會民進黨因席次增加有問鼎正副院長的機會，抗
爭也較爲和緩，僅是站在主席台前以背對國旗的方式，宣讀經修改後的誓
詞，以刻意違反宣誓條例凸顯對國家的不認同。但始料所未及的是，民進

黨立委就職後隨即連署提出兩項釋憲案,讓負責監誓的大法官有了一個反擊的機會。司法院以五十餘位立委宣誓程序不符規定「視同未就職」,拒收兩項釋憲申請案。由於過去宣誓鬧場時,司法院從未公開質疑過立委的資格,這次突然「堅持原則」,反讓媒體譏諷大法官「前恭而後倨」。這場鬧劇最後在民進黨立委讓步補簽符合條例規定的誓詞後落幕,但大法官們似乎忘了,若依條例規定,僅背對國旗宣誓一事,便足以取消當選人資格了。

2005年第六屆立委宣誓就職時,無黨籍委員李敖擅以自己照片替代國父遺像,並將誓詞內容大幅修改。宣誓前並發表公開信給所有立法委員,表示《宣誓條例》是神權時代的把戲,不脫封建思想。且誓詞內容均採負面臚列,例如要宣誓者發誓「不徇私舞弊」、「不受授賄賂」等,這些根本屬於民代的基本品德,依法定內容宣誓等於是要人先假設自己可能違犯,再宣誓「願受最嚴厲之制裁」,邏輯完全不通。李敖的做法明顯違反《宣誓條例》,依法形同未宣誓,當然也不能就職。但因李委員後來還是在法定誓詞上簽名,在沒人追究的情況下,事件朦混落幕,受傷害的只是法制尊嚴。

立院的宣誓秀在中央鬧得沸沸揚揚,地方議會當然也不遑多讓,甚至因遠離政治核心,荒腔走板的情況還更為嚴重。偏偏地方公務員或許擔心上級懲處,對法條的解釋反更缺乏彈性,笑話狀況也較多。前述司法院的態度是,只要立委補簽官方版誓詞,無論是否面對國旗及國父遺像宣誓都可以算是完成程序。但根據北高議會對宣誓程序的解釋,誓詞修改只要沒有扭曲本意反而可以接受,但若未面對國旗及國父遺像宣誓則視同無效。至於如何算「面對國旗及國父遺像」,為了「大局」朝野各黨無不「各自表述」。省議會曾解釋說:「鬧場時曾偶而面對」,算![15]台北市議會則因「場面紛亂無法舉證是否面對旗像」,也算!高雄市議會則說,「雖背對主席台,但因有玻璃映照旗像,形同面對」,當然算!

法律的尊嚴遭到如此的踐踏,讓人難以理解堅持宣誓的形式究竟有何

---

15 楊泰順,前揭註9,頁202。

實質的價值。如果親友見證與上帝祝福的婚姻誓約都阻止不了夫妻反目，難道有人會相信，只要經過宣誓，代議士就必然會信守職責？尤其，民代乃因選民的支持而當選，其合法性來自民意，《宣誓條例》規定沒走完程序就視同缺額，豈非挑戰了民主的原則？

 ## 陸、對我國宣誓程序的改革芻議

　　如前述所言，宣誓就職的儀典原具有濃厚的宗教意涵，神權色彩雖因民智漸開而日漸薄弱，但基督教在西方社會既然具有一定的影響力，宣誓儀典便難以取消。再者，就算道德的約束不再，監誓者所代表的權力關係，多少也對就職者具有提醒的作用，有利於權力的制衡。但對於非基督教國家，且威權觀念又常存人心的社會，宣誓儀典的保留便似乎有討論的空間。

　　行政院在2006年曾對現行的《宣誓條例》提出修法主張，基本方向仍維持現行的儀式架構。草案送立法院審議後，由於朝野意見過於分歧，最後並未被排入議程。有鑑於《宣誓條例》關係重大，立法院法制局也由蘇顯星研究員於2008年6月研擬修法建議，內容除某些技術性的調整外，與行政院版本並無太大差異。兩者的修正重點包括：增列應宣誓的公職人員；監誓人也應在誓詞簽名或蓋章；補行宣誓以一次為限；簡化形式要件；簡化誓詞內容並改以正面表述等。許多修法的主張乃是由過去的經驗進行調整，如誓詞改為正面表述，應是由李敖委員的抗爭得到啟發。但兩個版本基本上仍將宣誓典禮視同聖牛，不僅主張維持，甚至還較過去更為嚴格，如監誓人也必須簽名蓋章認可、補行宣誓以一次為限等。民進黨在野時期多次衝撞宣誓典禮，執政後卻還積極維護是項體制，未免讓人覺得缺乏原則。

　　司法院大法官第199號解釋，曾對國民大會代表未宣誓者能否行使職權提出說明：「國民大會代表未為宣誓或故意不依法定方式及誓詞完成宣

誓者，自不得行使職權。」文意儘管明確，但1990年國民大會選出增額國大代表，部分代表刻意抵制法定宣誓程序，國民大會依然不敢處置，只能再次提請大法官解釋，最後做成釋字第254號解釋。該解釋文表示前199號解釋已清楚表達：未依規定宣誓「與未宣誓同，自亦不得行使職權」。解釋如此明確，20年來未依規定宣誓的例子仍然「不勝枚舉」，但因此被剝奪職權者卻一個也沒有。朝野為了緩和僵局，無不在「要件」與「程序」間尋求妥協的空間，法制尊嚴也因此付出了極大的代價。如果過去抗爭的訴求未曾止息，我們很難期待行政院與立法院研擬的修法方向，將使未來的宣誓儀典更有尊嚴。

決策者如果覺得宣誓儀典具有象徵權責開始的意義，有必要加以保留，政府便應仿效西方成例，允許不認同者可以選擇簽署「代誓宣告」取代。代誓宣告內容則應該儘量彈性，不僅「西元」、「中華民國」、甚至「黃帝紀元」等年號可以依宣誓者的偏好選擇，「台灣」或「中華民國」名稱也可遷就簽署者。畢竟多數統獨主張者在競選期間並未隱瞞立場，既然能獲得多數支持而當選，宣誓或代誓過程便應予以尊重。有了代誓宣告，意識形態不同者的鬧場將失去正當性，堅持抗爭反會導致民心流失。

舉辦宣誓典禮時，目前宣誓人應「肅立向國旗及國父遺像，……，宣讀誓詞」也應加以檢討。肅立面對國旗表示對國家的忠誠不難理解，但面對國父遺像的意義又究竟為何？難道國父扮演了西方上帝的角色？國父既無法扮演西方至尊見證者的角色，加上社會普遍存在分裂性的意識形態，硬把國父納入不僅無助於儀典的莊嚴，反而徒增抗爭的話題。或許有人認為，面對國父遺像可以緬懷先人創立維艱；但革命是許多人的血汗貢獻，只歸功於一人並不符合民主的價值。故本文贊同蘇顯星版本的主張，不明列國旗及國父遺像為宣誓典禮的形式要件。

非基督教國家對「上帝見證」的良心約束自然較為薄弱，若要使宣誓儀典具有實質意義，監誓人的角色便較西方國家更為重要。因為，我國的監誓人必須同時發揮「上帝見證」與「權力制衡」的雙重功能。我國目前各公職與民代的就職，除行政下轄機構外，多委由司法人員監誓，但司法人員的上述兩項功能卻相當薄弱。

　　在總統與副總統的就職典禮上，筆者主張應由立法院院長擔任監誓者的角色，理由很清楚：因為憲法增修條文第4條已授予立法院有彈劾總統與副總統之權。前文提及，美國總統的就職由首席大法官監誓，因為後者為總統彈劾案的裁判庭長，且美國總統對終身職的大法官完全無力掌控，其執行違約懲處的能力與中立客觀無可置疑。我國若要依樣畫葫蘆便有些畫虎類犬，因為我國大法官並不參與總統彈劾程序，且我國大法官採任期制，總統有不少機會影響其去留。故由司法院長監誓，易讓人質疑典禮的實際意義。立法院為五院之中唯一代表民意的機構，握有彈劾總統的提案權，且民主原理也多將立法的國會與行政的總統視為相互制衡的機構，由立法院龍頭擔任監誓，法理與實務均站得住腳。

　　至於司法、考試院長及地方首長的就職，或可考慮由監察院長或委員監誓，因為憲法增修條文第7條將這些官員的彈劾權授予監察院。且我國政府的清廉效能有待加強，由握有主動偵查權的監察院長或監委擔任監誓人，對這些官員或民代多少有提醒的效果。立法院則建議模仿英美體制的做法，由先選出的院長見證立委的宣誓，以強化立法院長在院內的象徵性地位與領導權威，並同時彰顯國會的獨立性地位。立院亂象受到國人詬病已久，賦予立法院長監誓權，也等於期待他肩負起維護國會風紀的責任。

　　擬議中的行政院與立法院《宣誓條例》修正草案均不約而同的主張刪除原條文第9條：「宣誓人如違背誓言，應依法從重處罰。」理由是「公務員如違法失職，其他法律已有規範其法律效果，刑法亦有加重其刑之規定，本條規定似無實益。」[16]本文則抱持不同的觀點。非基督教國家的宣誓典禮已不具有宗教的意涵，如果宣誓典禮無法強化宣誓者的道德約束，儀典又有何存在的價值？故而第9條不但應予保留，而且宣誓人未來如果真的觸法，法官量刑也應將「從重處罰」認真納入考量。過去政府實施大赦減刑，便將貪瀆犯排除在外，保留此一條文等於提供了這類作法的法理基礎。國內有太多的例子顯示，政治人物一旦被證明違法或貪腐時，均無不想盡辦法脫罪，不是透過悲情絕食，便是發動群眾威脅司法審判，甚至

---

[16] 蘇顯星，前揭註1，頁27-28。

企圖透過政治操作獲得減刑或特赦。誓詞中加上「願受最嚴厲之制裁」，多少彰顯了宣誓者的言行不一，而宣誓典禮要讓國人認真對待，這也只是最卑微的期待。

第 6 章 ▶▶▶
議員人數與問政風格

共和國無論規模多小，議員的人數都不能太少，否則將無法避免少數人結黨營私，但議員人數也不能太多，否則便會引起混亂。[1]

—— 傑姆士・麥迪遜（James Madison，美憲起草人）

 壹、議員人數與問政風格

本書第二章引述了兩位名學者觀察到美國參眾兩院風格上的差異，羅斯・貝克教授（Ross K. Baker）為了瞭解這些差異形成的因素，訪談了23位曾服務於眾議院的參議員。儘管每個人提出的解釋各有不同，但近乎全數的受訪者都指出：兩院議席的多寡是造成風格不同的主因。

美國參眾兩院權力與功能幾乎一致，為民主國家少見的特例，而兩院議員不僅在教育、社會、與文化背景上十分相近，甚至有約三分之一的參議員乃由眾議員轉任。是故，貝克教授指出，除了任期的長短，人數多寡是造成美國兩院風格迥異的主因。[2]

如果人數多寡能在同一社會的兩院間造成風格的迴異，基於「人同此心」的假設，其他國家的國會，必也會因議員人數的不同而產生獨特的國會文化。筆者認為，議員人數的多寡會影響國會的權力生態、國會的紀

1　James Madison, "No. 10," *the Federalist Paper*，謝淑斐譯，《聯邦論》，台北：貓頭鷹，2000年，頁45。[I]t is to be remarked that however small the Republic may be, the Representatives must be raised to a certain member, in order to guard against the cabals of a few; and that however large it may be, they must be limited to a certain number, in order to guard against the confusion of a multitude.

2　Ross K. Baker, House and Senate, 2nd ed., New York: W.W. Norton & Co., 1995.

律維持、民意的敏感度、與國會議員的專業化。如果再搭配國會的硬體格局，這些因素便綜合形塑了國會的特殊風貌。

一、權力生態

國會議員法理上彼此平等，權威均分別來自不同選區選民的授予；但國會是個合議制的機構，所有的決議均必須將不同議員的意見匯集為單一的主張。故而，議員如果獨立性太強，不願接受同僚的領導，則議會必然難以達成決議，就算有決議也多屬臨時的組合，缺乏整體性與一貫性。這樣的組合不僅難以獲得國民的信賴，也因不具有集體意志性而沒有資格與聞國家大政。

但如何讓來自各地，且法理上平等的國會議員，形成穩定的集體意志？關鍵因素便在議員的個人主張不能太過強勢。太過強勢的個人必然缺乏與同僚配合的動機，議員間彼此若不能相忍為國，國會便難以形成集體意志，這樣的國會無法堅持自己的政策主張，也不可能有效的監督行政。不能形成自己的政策主張，也不能有效制衡行政的國會，當然便屬於「弱勢的國會」，故而一言以蔽之，強勢的議員必然導致國會整體的弱勢。

至於如何讓議員願意放下身段虛心與同僚配合？國會議員的人數顯然是個決定性的因素。國會議員人數若多，議員個人的影響力便相對降低，議員要實現個人的政治理想，便只能依附派系、政黨、或委員會，否則個人神通再強大也僅是合議制國會中的一票，難以影響結果。而要依附派系、政黨、或委員會，便必須服膺這些組合的規定或潛規則，相當程度上必須壓抑自我的表現，造成所謂的「弱勢議員」。相對的，議員人數若少，每個議員受到媒體關注的比重與議會決策所享有的重要性必然都會增加，若憑藉個人光環便可獲取政治利益，議員與他人合作的意願自然相對降低。國會是個合議制機構，議員若不願從眾，甚至藉批判他人而自高，則國會必難成事，眾多閃亮明星集結造就的，將僅是個弱勢的國會。

英國以「國會主權」自詡，國會強勢自不待言。在擁有650席議員的國會中，為數眾多的議員有賴政黨以黨紀加以約束，國會的集體意志乃得以穩定伸張，但百年來卻使得英國民主被冠上「政黨暴政」（party tyranny）的罵名，一位英國的保守黨議員，在50年代時曾對自己的角色做如下的描述：

　　議員在國會之中只是黨的一個忠實奴僕，大多數議員並沒有權利做自己的獨立判斷，他們必須依照別人的指令行事。街頭上的人聽到國會議員時，總以爲我們是如何重要而有權力，但我們自己心知肚明，大多數議員不過是黨鞭揮舞下的投票部隊。

此一現象明顯並不符合多數人所認知的民主價值，但在責任內閣制的設計下，如此自我壓抑卻又是「必要之惡」，否則議員如果都自行其是，政黨責任將如何確認？二次大戰以來，英國少有議員可以在脫黨後順利當選連任，這使得政黨不是缺乏爪牙的老虎，自行其是的黨籍議員幾乎不可能延續政治生命。

　　政黨的強勢，爲法理上居於平等地位的議會同仁創造了一個權力階梯，前排議員與後排議員雖咫尺之遙但彼此分際卻十分清楚，爲議員提供一個可以規劃的問政生涯。在英國國會，只要自身條件不差又盡心效忠政黨路線，平步登上權力高位便指日可待。議員若個個懷抱期待，議會競爭自然可以跳脫「叢林法則」，議員也沒有必要訴求譁眾取寵的行徑，這是爲何人數眾多的英國國會，問政過程卻井然有序的原因。

　　美國政黨是個十分鬆散的組合，故而英國的政黨權力架構，在美國議會註定是行不通的。爲了整合眾議院的435位議員，另一種以國會委員會爲中心所衍生的權力關係，便因應而產生。由於美國的憲政體制賦予國會決定國家的大政的權利，但偏偏國會又不似英國可以有內閣首長居中統合協調，因此將爲數眾多的議員進行專業分工，便成了行政、立法分權制度下的必然趨勢。在這個專業分工的考量下，國會各常設委員會被賦予實質的權力，掌控法案與政策的生殺大權。但國家政策也有輕重之別，各委員會的地位與影響力，當然不可能完全平等，如眾議院的國防、財政、商業、撥款等委員會便被認爲是重量級委員會，而郵政、議會行政、特區管理等委員會則甚至必須透過拉伕湊足人數。尤其，任何政策必然都與經費

產生關聯，而國會的程序也會影響政策的通過，這又使得撥款及程序兩委員會，成了眾議院的「太上委員會」，重要性不言可喻。因此，一種特殊的權力生態，便因委員會的不同重要性而形成，將法理平等的議員分成輕重不同的階層，議會也因此得以有秩序的運轉。

　　由於委員會的重要性，能否參與重要委員會便決定了議員在國會中的地位，學者因此形容眾議院議員「因委員會的派任而存在」（a creature of his committee assignment），而議員在委員會選擇上的用心，更是不亞於「生死的考量」（the life and death nature of committee-assignment decisions）。眾議員的權勢既然取決於委員會的參與，個人的知名度與特質便不是那麼重要。換言之，脫離了委員會的地位，人數眾多的議會根本無所謂的「明星」可言。某年，權傾一時的眾院撥款委員會的第二號領袖因心臟病發過世，一位議員曾慚愧的自述：

　　　這樣一位重要的同僚，我竟然毫無印象。在我擔任議員的過去5年，我從未有機會與他照面或交談。除了他的訃聞，我甚至沒看過印著他姓名的文件，或聽到任何人提起他。在眾院服務一段時間後，任何人都可以接近真正的權勢；但有趣的是，他卻可以同時隱姓埋名。

顯然，這位過世議員的權勢，乃得自於他位居委員會領袖的地位，而不是咄咄逼人的質詢、或媒體造勢的結果，否則共事5年的同僚該不會對他感到陌生。在人數眾多的議會裡，沒有政黨或委員會地位的烘托，顯然每個議員都是弱勢的。

二、議事規則

　　人數越是眾多的議會，便必須更為仰賴議事規則來約束議員企求表現的動機。畢竟，一天只能有24小時，同一時間也只能容許一個人發言，這是改變不了的現實，故而人數增加便必須強化規範的落實，以使得每位議員均有公平表現的機會。此外，人數增加也會相對提升團體的複雜性，難以預期的狀況將更容易出現，議會的領導統御若不能明確，空有議事規

則恐怕也無補於事。

　　以美國兩院爲例，人數只有100人的參議院，議事規則與前例只編成一冊外加90頁的補充資料；但人數超過4倍的衆議院，議事規則與前例則洋洋灑灑的有十一巨冊，對議事規則的重視，明顯高於參議院。

　　就算議事規則有所規定，但在人數少的議會中，由於議員彼此互動頻繁，許多規定往往也是聊備一格。例如，會議必須取得主席認可後才可以發言，這是小學生開班會都懂的道理。但在美國參院這項規定卻有些賓主異位，史考特（Hugh Scott）曾擔任衆議員16年，他在首度轉換跑道當選參議員後，向一位資深同僚請教如何能在參議院取得發言的機會。同僚回答：「這簡單，只要你從座位上起立，主席看到了便會讓你發言。」史考特有些訝異的說：「在衆院這招可行不通，那裡的議長如果不想讓你發言，你站死了也沒用。」這位同僚笑著說：「參院可不一樣，主席是不敢不讓你發言的，因爲如果你刻意杯葛議程，會就開不下去了。」在後來的一次嘗試中，史考特證明這位同僚的看法完全正確。另一位由衆院轉任的參議員卡佛（John Culver），更是露骨的表示：

　　在參議院任何人如果不想討喜，或如果有脾氣就發，或甚至只想出個風頭，那絕對可以翻天覆地的鬧上一天。參議員就像小孩子一般，如果喜歡可以把整座沙坑的玩具都搗毀，但其實只要撅撅小嘴就足以讓大人緊張個半天，這樣的情況在衆議院是不存在的。根據參院的法規，任何參議員如果意志夠強並懂得技巧，無論他是何等的資淺，也足夠癱瘓整個議程。當全部成員只有100人時，資歷其實並不重要。個人比重的增加已使得每個議員擁有「眞正的權力」，沒有人敢對任何一位議員掉以輕心。

如果每位議員都如此享有對議事的否決權，議員個人權勢的擴張便相當可觀，甚至造成前述「強勢議員、弱勢國會」的現象。由於憲政體制上，美國參議員所代表的是州權，限制參議員的表達權利便猶如限制州的地位，故而歷史上儘管多次嘗試約束議員的權利，最後也都不了了之。所幸美國採取的是兩院權力平等的設計，參院必須面對衆院的競爭，加上參院以資

深制度彌補議事規則的不足，我們所擔心的「弱勢國會」現象，就整體來看並不明顯，但這在民主國家中已算是特例。

在人數眾多的議會裡，議員就沒有參議員那麼幸運了。在議事規則、政黨約束、慣例、與傳統的交織下，議員自我發揮的空間確實相當有限。如美國參議員可以享有幾乎無限制的冗長發言權（filibuster），但眾議員則不僅必須遵守所謂「發言5分鐘」（five minutes rule）的規定，連內容也都有所規範（rules of germane）。更重要的，徒法不足以自行，為了有效執行這些限制，議場領袖，如議長、委員會主席、政黨領袖與黨鞭等，也都被賦予相當可觀的權限。在相對權勢下，議員要想強出頭，恐怕都得付出可觀的代價。

值得深思的是，由於單獨議員的弱勢，使得議事規則在眾議院可以被有效地貫徹，反而使得眾議院的議事效率明顯高於人數較少的參議院。十餘年前台灣有不少政學界人士，天真的認為國會人數較少議事效率便會提高，故而強力主張立院席次減半。當時的立院院長王金平便以他的經驗提醒，第三屆立院只有百餘席立委，效率也未見得比第四屆的225席來得更高。可惜言者諄諄，執政的民進黨仍然執意推動減半，現在113席的立院已經運作超過15年，效率是否有所提升大家應該有目共睹。

三、民意的敏感度

政治學者艾倫‧李帕特（Arend Lijphart）曾舉例說，有甲、乙、丙三個政黨各擁有百分之43、31、與26的民意支持度，假設國會只有超迷你的5席，則三黨的民意代表性勢必無法等比例的反映於國會的議席分配；設若國會有10席，清況應該稍有改善，但部分扭曲仍不可免；但若國會議席可以擴大到100席，則透過比例代表選舉制度，議席分配便可以精確反映各黨的民意實力。眾所周知，議員選舉若採用「單一選區比較多數制」，則席次比例與民意分布的扭曲將會擴大。李伯特尤其提醒，國會議席如果少於全國人口的立方根，這些國家若再採行「單一選區比較多數制」，則民意與議席間的扭曲將更為可觀。[3]很不幸的，台灣立法委員的

---

[3] *Arend Lijphart, Patterns of Democracy: Government Forms and Performance in Thirty-Six*

選舉便落於這被嚴重扭曲的一類，本章將於第四部分再行討論。

　　國會若被視爲「賢能組合」，對民意的敏感性似乎並非首要。但20世紀以來公民自主意識抬頭，連奉行「國會主權」的英國也被迫多次透過公民投票探求民意，故而國會就算被視爲賢能組合，其組成也需要更接地氣以求降低民主運作的成本。脫歐議題對英國民主所產生的各種衝擊，便是一個嚴酷的教訓，讓英國的有識之士不得不認眞省思國會席次與民意分布間的契合。

　　美國這樣一個擁有3億3,000萬人口的龐大政治體，國會既標榜爲「人民的化身」，對民意的敏感性便經常成爲討論的話題。由於擔心國會議席因人口增加而不斷擴張，美國於1929年透過立法將眾議員人數凍結爲435席，眾議員總數既無法增加便只好不斷擴大選區規模，至2010年選區重劃後，每個眾議員選區的居民平均數已高達73萬人，冠於所有民主國家。

　　選區人口太多當然使得議員對選民意見難以有效顧及，所謂「人民的化身」顯得名實不符。有些學者因此透過數理計算，主張眾議員總數應該增加到707席始能有效反映民意。[4]有些積極人士甚至在2009年狀告政府，認爲凍結國會席次造成選區人口過於龐大有違憲之虞。但該項訴訟被法院認定屬於「政治性議題」而拒絕受理，讓美國眾議院議席在可見的未來還是固定在435席。「民主政治便是民意政治」這是大家都能朗朗上口的觀念，爲了使國會能充分反映民意，國會議席便只能增加而難以減少。故而，國內學者彭錦鵬觀察，「越先進的民主國家，國會議員人數就相對越多」。[5]

　　Countries, 2nd ed. New Haven & London: Yale University Press, 2012, pp. 141-42.

[4] Emmanuelle Auriol & Robert J. Gary-Bobo, "The More the Merrier? Choosing the Optimal Number of Representatives in Modern Democracies," VOX CEPR Policy Portal, October 9, 2007. 參見：https://voxeu.org/article/optimal-number-representatives-democracy，檢閱日期：2018年1月20日。

[5] 彭錦鵬，〈從歐美經驗論國會議員人數及「立委席次減半」〉，《政治科學論叢》，第15期，2001年12月，頁173。

四、專業問政

　　議員人數的多寡影響議會的專業性，這是任何人都可以理解的算術問題。由於國事如麻，議會為了有效監督國政，便必須將議員分組成不同的委員會，針對政府的部會進行監督及研究。例如美國眾議院設置了22個委員會，參議院也有16個委員會，兩者均對應總統內閣的14個部會。由於各部會內部可能還依地理或專業特質再行分工，國會兩院也因此又細分出近200個小組委員會（數目均因屆次而有調整）。例如，外交委員會可能還依地理差異再分出中東、亞太等6個小組委員會，國防委員會則又分出戰略、戰術等7個小組委員會，國會議員如果沒有充分人數，這樣的專業分工便當然無法落實。

　　然而，行政與立法的一項重要差異是：前者可以為了政務的需要，不斷擴大預算增設部會及人員；後者則受限於法律規定、議員代表性等考慮，無法因議會的分工需求而增加議員員額。是故，如果委員會必須有一定的參與人數，在委員會數目增加的情況下，議員便必得同時兼任數個委員會，但如此一來，也必會因備多力分而難以凸顯專業性。當然，議員人數若多，兼任委員會的必要性便自然降低，議員也會有較多機會發展個人的專業。以美國兩院為例，人數較少的參議員，平均每位須參加11個委員會及小組；但眾議員因人多，每位只分配參加7個委員會及小組，眾議員專業性優於參議員自屬當然。

　　委員會的兼職若多，議員不分大小便得往來奔波於各委員會的會議室，這使得每位議員的參與時間自然受到限制。有趣的是，如此一來反而使得資淺議員在討論議案時，較不會感受到資深議員的強勢壓力，間接強化了個別議員的影響力；但也因缺乏老鳥帶領，使議員失去一個培養專業的機會。

　　委員會的專業與否，又影響到審查報告的權威性，如果委員會缺乏令人信服的專業參與，便容易鼓勵議員在二讀會時針對審查結果提出意見，如此則造成院會審查發言盈庭，予以議員作秀的機會。參議員個人的影響力強於眾議員，原因之一也與前者必須參加較多的委員會，使得委員會權威性降低，造成院會成了最後定案的主戰場，讓參議員個人有發揮的舞

台。

　　我國立法院因爲人數不多，只能設置8個委員會。面對行政院有12部10會1署（不計獨立委員會），立法院監督行政的效率與專業，無疑受到限制。無法以專業服人，導致立委的情緒問政，甚至暴力相向，但立院對此卻總是一籌莫展。

　　必須一提的是，議席的多寡只是影響國會專業性的一項必要條件，議員能否專業問政，其實還牽涉到其他的制度配合。例如，參與委員會的選擇，是否由黨團指派或以資深爲優先？像我國立法院採自由登記制，人數過多便抽籤決定，便是一種扼殺專業的設計。再如，院會對委員會的審查結果，能否限制修正案的提出，也關係著委員會的權威性。若未限制，專業議員審查完竣的法案若面臨半吊子同仁猛提修正案，久而久之恐怕也會有「何必專業」的感慨。偏偏我國立法院過於迷信表象上的平等，不僅委員會後保留政黨協商空間，審查過的法案更難逃院會修改，間接挫折了議員發展專業的誘因。

貳、國會席次與選區大小的拉鋸

　　適當的議員人數有助於建立議會的權力結構、維護議會的秩序、反映民意、與發展議員的專業，但多少國會席次才算「適當」，卻是困擾學政界多年的難題。學者指出：[6]

　　國會人數太少，「民主性」必然不足，由於人少的議會容易出現我們不希望看到的政治作秀，包括肢體語言，造成政治系統的不穩定。相對的，國會人數太多則會產生可觀的直接或間接的社會成本，如過多的法案只能訴之投票決定、市場的過度操作影響決策品質、官僚化與複雜的議程

---

[6] 同註4。

又創造許多販售影響力與腐化的機會。

尤其，議會人數的多寡直接影響到每位議員所能代表的居民數，使得這個「適當人數」的決定已不僅是國會內部的運作問題。國會議席太少，每位國會議員所代表的居民數便會增加，造成民意與民代間的溝通增加困難，有違民主政治的初衷。且國會議席太多，不僅薪俸、助理、辦公費支出增加，議員間的「談判成本」也會加大，無形加重民主程序的負擔。故而，如何在國會議席數與代表居民數間取得平衡，曾吸引不少學者投入研究。

　　美國立憲時便曾為了每位眾議員應代表多少居民數而有過爭議，制憲者原主張每位國會議員所代表的選區至少應有4萬人口以上，但華盛頓認為這個數字太高了可能造成民意的隔閡，堅持降為3萬人。最後為了尊重首任總統，美國憲法第1條第2項便明定，眾議員由3萬人口以上的選區產生，每州至少應有一名眾議員。當時憲法起草人麥迪遜已預見未來美國人口與疆域的擴張，故隨後提出憲法修正案，建議將「每位議員所代表的選民數可以隨議席的增加而擴大」寫入憲法，但該修正案最終並未獲通過。[7]

　　由於憲法沒有選區居民上限的規定，為了避免大幅擴張眾議員席次，國會便不斷擴張選區規模，20世紀初每位眾議員所代表的居民已增加至30萬人左右，但儘管如此國會還是擴大到435席的規模，為立國時65席的6倍餘。不少人擔心這樣的規模將傷害到國會的運作效率，其中有兩位眾院議長也堅決主張國會不應繼續擴張。紐約時報在1920年代的一篇社論便呼應這項主張：「眾議院已經太大了，……眾議院越大，效率工作的阻礙便越多。」

　　兩位眾院議長反對增加國會議席，主要考量應在避免增加國會的運作成本。國會議席太多不僅增加薪俸、助理、辦公費等支出，也會因決策參與者的增加，而增加國會內部的協商成本。在輿論共識逐漸形成下，美國終於在1929年通過《永久選區分劃法》（Permanent Apportionment

[7] Bruce Bartlett, "Enlarging the House of Representatives," *New York Times,* January 7, 2014.

Act），規定國會議席永遠固定爲435席。

　　但435席是否已然達到國會運作效率的臨界點？恐怕見仁見智。以今天主要民主國家爲例，英國國會有650席，法國國民議會有577席，日本衆議院有480席，義大利國會630席，德國下議院709席，議席數均遠高於美國的衆議院，而這些國家也未聽聞運作上有嚴重的效率瓶頸。國內學者彭錦鵬教授因此直言：「反倒美國因爲行政立法分立，兩者常因意見不一致而導致政治僵局的出現，但這與國會議席數似乎沒有直接關係。

　　目前美國衆議員選區的平均人口數已達73萬人左右，爲立國時期的24倍。如前所述，代表人口數的增加已傷害了衆議員的民意代表性，這或許多少解釋了何以美國民衆對國會不滿意度高居不下的原因。

　　陳水扁總統在推動席次減半的修憲時曾說：「台灣每10萬人就選一個立法委員，比起歐美日本先進國家，比率實在太高。」此一觀點使得人數減半後的立院，每位立委所代表的選民數擴大爲30萬人以上。但事實是，人口1,500萬至9,000萬的民主國家中，每位國會議員平均所代表的選民數正是10萬人，[8]總統的錯誤資訊不知從何獲致？例如：英國與義大利每個議員選區人口約爲9萬人、法國與加拿大約爲10萬人、德國約爲12萬人、澳大利亞較多爲12萬7,000人，其他如荷蘭、加拿大等也都以約10萬人爲一選區。顯然在個人體力與時間的限制下，議員若要充分掌握選民的偏向，選區人口不應該太多，每位議員選區人口10萬人上下，似乎已是各民主國家透過實踐所獲得的理想值。

 ## 參、國會議席的數理公式

　　如果國會議員人數多代表更爲貼近民意，在民意掛帥的民主體制下，不難推論議席較多的國會享有的權威也應該更大。一般民主國家的上議院

8　彭錦鵬，前揭註5，頁178。

均不享有實權，而在14個民主國家中，上議院的議員人數均沒有例外的少於掌握實權的下議院。以英國為例，如果扣除甚少出席的世襲貴族，上議院人數便僅有約300人左右，不及下議院半數。美國或許是個例外，因為參議院人數雖少但權力卻與眾議院不相上下，所以如此應與美國的聯邦體制有關。其他非聯邦制度的國家，上議院議員就算也是直選產生，享有的權力也都小於人數較多的下議院。依此邏輯，我們不難推論，人數較少的國會，因距離民意較遠，其合法性應該也會較弱。台灣在2003年力推立院人數減半，是否蘊含了削減國會權力的用意，便留待讀者自己判斷了。

塔格培拉與舒古拉特（Rein Taagepera & Matthew Soberg Shugart）曾依照各個國家國會的人數資料，整理出一個計算國會人數的公式，此一公式迄今都還廣為學界所普遍引用，台灣的中央選委會甚至還請人將該書翻譯出版，重視的程度可見一斑。他們主張，國會最適規模應約略等於其活躍人口（active population）的兩倍再求其立方根。「活躍人口」指的是總人口乘以識字率或工作年齡人口比率所得的數目。

作者假設國會議員需花許多時間與選區選民及其他議員進行溝通，兩者所耗費的時間大體相當。由於議員在這些溝通上必須負擔一定的成本，當然也會有效率遞減的問題，依此便可以計算出一個國家國會最適當的議員人數。[9]李帕特特別誇耀此一公式的發明，認為政治研究領域如果有諾貝爾獎的設置，此一理論的發明必將當之無愧，顯見得此一計算方式受到的肯定。

依據塔格培拉的公式，台灣當前的人口數為2,333萬人，內政部所公布的識字率為98.7％，而根據主計處統計，台灣的勞動力參與率為59.11％，根據這些數據台灣的活躍人口應為1,361萬人。若乘以2在求其平方根，則台灣理想的立委人數應為301席。目前台灣立委僅有113席，顯然合理性已嚴重悖離科學的計算。但在民意至上高唱入雲的台灣，又究

9　Rein Taagepera & Mathew Soberg Shugart, *Seats and Votes: The Effects of Electoral Systems*, New Haven: Yale University Press, 1989, pp. 173-183，余明賢譯，《席位與選票：選舉制度的要素與效果》，1993年，台北：中央選舉委員會。

竟是如何走到此一嚴重扭曲的一步，過程相當值得記述。

 肆、台灣的立院席次與減半過程

一、規定在憲法的立委席次

　　國會需適應環境隨時改變其結構，這當然也包含了國會人數的變動。這個道理，美國人在兩百餘年前制定人類第一部成文憲法時，似乎便有所體會，故該憲法對國會的人數便只簡約的規定了：「眾議員數目應按各州人數之多寡，分配於各州……人口之統計應……每十年，依法律所規定之手續爲之。每三萬人不得有超過一位眾議員……。」此一攏統的規定，使美國眾議院議員人數由立國之初的65人，逐步因人口增加而擴張至20世紀初的435人，卻不必觸及修憲的困擾。

　　我國憲法在1947年制定時，便完全忽略了美國立憲者的用心，在第64條明定各省、各直轄市人口在300萬人以下者選5位立法委員，人口超過300萬者，每滿100萬人增選1人。加上少數民族、僑民、職業團體代表，第一屆立委法定人數竟多達773人，堪稱民主國家最大的國會。由於憲法的規定已將人數依人口比例鎖死，行憲後若有意降低國會人數，便唯有透過修憲一途。

　　1991年國民黨爲了解決資深民代的退職問題，主導了第一次的憲法增修。但遺憾的是，該次修憲仍然依循既有原則，將立委人數鎖死在人口比例上，如每10萬或20萬人，增加一名立委，並未吸取美國經驗以較具彈性的方式留下立委增減的彈性。此一原則，歷經1992、1994兩次修憲均維持不變。

　　1997年，爲了因應凍省後所產生的省議員出路問題，國民黨與民進黨聯手修憲增加立委人數爲225人。當時民進黨主導修憲的立委盧修一，在國家發展會議上坦言，民進黨主張將立委人數定爲250人，因爲：「國民大會改制、省議會及鄉鎮代表會將裁撤的情況下，若沒有適度增加其

他民意代表名額，提供其出路，可能造成比宋楚瑜辭職更大反彈，故增加立委席次，不僅有政治考量，有其學理依據。」[10]至於國民黨，除了為該黨省議員安排出路的用心外，也希望增加立委人數，避免國民黨因黨籍立委向心力不足造成「實質少數」的窘況。但國民黨主張的立委總額為200人，少於民進黨主張的250人。[11]

　　兩個主導修憲的政黨在立委人數上既存在50人的差距，政黨協商便成了必要的步驟。根據全程參與協商的台大彭錦鵬教授描述，「民進黨非常堅持立委人數越多越好的看法」，最後還以230人為最後底線，協商因此形成僵局。最後，彭錦鵬「才不得已提出225人的數目而終獲同意」，確定了1998年第四屆立委的數額。[12]這個人數的協商過程，明顯只是一種市場式的討價還價，雙方所堅持的純為政治利益，甚至是為了自身「顏面」的考量，無論200、225或250人，均看不見認真的學理論辯。問題是，這個政治妥協下的立委席次總額卻被兩黨明載於憲法之中，未來若因現實環境改變，或政治考量不同，而有需要增減人數時，便只能透過修憲手段，將憲法捲入政治競逐的漩渦中。

二、席次減半構想的浮現

　　增加席次的修憲案才通過不到一年，國策顧問許文龍次年在台灣大學的一場演說中，聲稱立委人數只要30位就夠了，如此政府的效率會更好。在全國知名學府發表如此荒誕的言論，許先生非但未受到批判，甚至還獲得不少好評。例如，《民生報》稱譽他為「超人氣名嘴」；中華經濟研究院研究員也在演講後，撰文稱讚「許董事長的一席話，更顯出如清流般的可人。」這些個人和媒體所以支持許董事長的意見，主要因為立院的議事效率和品質確實受人詬病：[13]

---

[10] 盧修一，〈立委席次增加可紓解改革阻力〉，《聯合報》，1997年1月8日，11版。
[11] 彭錦鵬，〈從歐美經驗論國會議員人數及「立委席次減半」〉，《國會改革：台灣民主憲政的新境界？》，2001年，台北：新台灣人文教基金會，頁104。
[12] 彭錦鵬，〈十幾人即可決定國家政策風險太高〉，《聯合報》，2000年12月4日，15版。
[13] 吳惠林，〈所謂政府再造……太多的立委好混水摸魚？〉，《聯合報》，1998年11月22日，15版。

　　原因之一就是人數實在太多，人民難以得知他們的表現，給予渾水摸魚者絕佳生存空間，如今竟然還再增加數量，情況不是更壞嗎？二來，每位立委的薪水及其他經費不少，增加人數之後公帑豈非更浪費？三來，立委問政品質本就不佳，人員增多，濫竽不是更加充數嗎？之所以濫竽會增多，在立委名額增，而選民人數沒增下，再加上候選人膨脹，當選票數縮小，相對容易利用各種手段來鎖定所需的固定票數。四來，機關膨脹容易，瘦身較難，如今增加立委名額，有可能那一天發現錯誤時以低成本縮減嗎？

　　這些意見後來便為民進黨「席次減半」的主張定調，勾勒出未來的議論方向，後來的論述也均未脫離這四個範圍。

　　第十屆總統大選前，代表民進黨參選的陳水扁於1999年12月發表《憲政改革白皮書》，內中明確主張採取單一國會制，並認為國會議員人數應減少為120到200人間，選民也未曾注意到此一主張與該黨兩年前的觀點完全背道而馳。

　　次年順利當選總統後，由於國民黨仍為立院的多數黨，處處透過立院牽制陳水扁政府的運作，民進黨乃開始苦思壓制立院的著力點。同年11月，《天下雜誌》發表「2001國情調查」，受訪者有六成三表示「不信任立法委員真心問政」。此一結果，提供了民進黨人士一個重要提示。立委張學舜首先發難購買報紙廣告，呼籲立委席次應該減半。他強調，此一想法乃「是在與企業界及民間接觸後所獲得的」，廣告刊出後辦公室電話便應接不暇，顯示民間對此一構想的反應熱烈。民代自費連續兩天刊登公益性廣告，在台灣政壇原本少見，張學舜的作為難免讓人懷疑，是否在為隨後的修憲造勢試水溫。

　　張學舜廣告刊出才一個禮拜，民、國、親、新各黨立委立刻表態支持，可謂「呼應聲四起」。民進黨秘書長吳乃仁欣喜的表示，「民進黨已經為這些提案努力很多年，但一直未能達成朝野共識，如果在野聯盟願意支持，民進黨當然樂見其成。」吳秘書長的這一席話，似乎有些失憶，因為兩年半前的修憲會議上，民進黨還堅持立院應有250席。當時的重要領

袖盧修一，還公開在報上為文：[14]

　　增加立委席次，有其學理依據……，因為人多一樣可以有高品質的議事效率。且因為立委人數增加，相對減少其影響力及對法案的杯葛力。每個立委重要性減少，也可以減低立委對行政機關關說的強度。……立委人數增加為250人，估計立院每年預算至少增加5億元，但若從宏觀來看，光是國民大會改制及省議會、鄉鎮代表會裁撤，一年省下的預算就相當可觀。憲政體制改革應從整體來看，只是一味批評立法院擴權自肥是不公平的。

　　民進黨態度會有如此巨大的轉變，顯然與其取得政權有密切的關聯。至於在野黨的附和，個人認為，或許肇因於敗選後的斯德哥爾摩症候群及對憲政缺乏應有的尊重。

　　由於國大當時已改制為「任務型」，修憲案必須由立院以四分之三出席四分之三通過的方式提出，困難度相當高。朝野立委或許深知修憲門檻不易跨過，故樂得落落大方，給予表面上的認同，一方面博得贊同改革的美名，另方面卻無庸擔心政治前途受到影響。

　　在朝野政黨一致呼應的氣勢下，民進黨國代莊勝榮立即組成「立委減半聯盟」推動此一議題，並在12月5日進行連續三天的民意調查，結果有68.5％受訪者，對立委減半的主張表示贊成，莊勝榮並揚言修憲案將在2001年6月完成，並在第六屆立委選舉時付諸實施。既有超過三分之二的民意支持，又有在野聯盟的表態附和，執政的民進黨照理應立刻放手推動這項「已經努力很多年」的修憲工程。但吊詭的是，高志鵬雖於12月6日的民進黨中常會提出「立委席次減半國會改革方案」，但會前高委員卻自己先行軟化：「民進黨雖然支持，但由於牽涉派系利益，因此推動不易。」當日中常會雖「一致贊同」，但卻只決議「責成立院黨團持續推動，並提出更具體的方針及配套措施。」提案人高委員則在會後略有保留

---

[14] 同註8。

的表示：「立委席次減半並不能確保提升立委問政品質。」令人困惑民進黨對立委席次減半的目標是否已然鬆動。

　　但當民進黨領導階層表現遲疑的同時，與該黨關係密切的各社會團體，卻又如火如荼的展開各項群眾運動呼應減半。首先，「台灣教授協會」於12月25日發動了一場號稱「20世紀末最後一次，最盛大、最有意義的遊行」，遊行主題為「立委減半，國會不亂」，參與的團體有台灣法學會、環保聯盟、教師聯盟、基督教長老教會、醫界聯盟、新女性聯合會、台灣婦女成長中心等40多個。台中地區的中台灣教授協會、台中市醫界聯盟、台灣中社、人本文教基金會，也在同一日發起「立委減半，國會不亂」連署活動，響應台北的遊行。至於南台灣，「立委席次減半南部行動聯盟」則於12月14日在新營市成立，並發起簽名連署呼籲社會各界加入國會改革行列。

　　細心的觀察者應該不難發現，整個運動的過程有若干值得玩味之處：首先，這個議題既由執政黨首先提出，在野聯盟也表示支持，民意更是一面倒的擁護，何以仍需要發動這項全島性的龐大群眾運動？其次，參與活動者均與執政者關係非比尋常，如1225大遊行總指揮，台灣教授協會會長黃宗樂，在遊行結束不到兩個月便發表為行政院公交會主委；遊行時登台演說的李鴻禧號稱為國師；中研院李政源院士更是民進黨重要支持者，如果這些人都上街頭，何以執政黨領導階層卻完全未為所動，未對政策做出具體宣示？再者，如此重大的議題，大遊行結束後卻立刻偃旗息鼓，直到2001年7月，立委選舉活動展開後，才又開始浮現檯面，難道訴求改革的社會運動可以有季節性？

　　身為民進黨最高領導的陳水扁，雖然在競選期間便已對此一政策表態承諾，但當選後卻未積極落實。陳總統在就職後一年，亦即2001年6月接見民進黨籍立委時，才明白表示，席次減半應作為該黨年底立委選舉最佳的文宣主軸；同年10月，首次公開呼籲「國會要改造，立委要減半」。照理，國家領導人應是社會運動訴求的對象，且陳總統未認真履行減半承諾也是事實，但在整個社運過程中，卻對陳總統完全未置一詞。這些吊詭的情形，不能不讓人懷疑，整個「立委減半，國會不亂」的訴求，原本

就是執政黨的政治操作；從頭至尾，無論是總統或遊行者、執政黨或在野黨，根本就沒人認真想要實現減半的訴求。

三、席次減半成為選戰議題（2001年7月至12月）

既然本質上原本就是政治操作，選舉一到當然又被炒得火熱。在距離2001年立委選舉投票日的前五個月，民進黨立院黨團總召林豐喜宣佈立院「國會改造聯盟」的66位立委，將在下個會期聯手提出修憲案，將立委名額減為146席。林委員並呼籲全民支持「席次減半運動」，在年底時將選票投給「主張在當選一年內，修憲減少立委席次的立委候選人，開啟國會第二波改革運動」。首度參選的「台灣團結聯盟」亦在《政策綱領草案》中，明白主張立委席次應該減半。為了替這項議題加溫，曾主導「立委減半，國會不亂」大遊行的「台灣教授協會」，現在又加碼主張以全民公投推動立委減半。在執政黨炒熱此一議題後，幾乎已沒有參選者敢公開唱反調。根據《財訊》雜誌8月底所進行的調查，不分黨派的參選人有76％贊成從下屆立院開始實施席次減半，另有14％表示將配合黨團立場，只有4％明白表示反對。這個數字讓不少主張減半者自認站在真理的一端，台灣南社的教授便針對南部未參與台聯黨修憲案連署的13位立委，召開記者會提出譴責，並聲稱將發動民眾北上包圍立法院「趕走國會新賊」，為新國會創造不少壓力。

四、席次減半進入修憲程序

2001年10月25日，總統府成立「政府改造委員會」，在次月的會議中，決議設立「憲改小組」，推動立委減半的工作，為減半修憲跨出了具體的一步。但新成立的委員會認為推動此一工作須要時間凝聚共識，故預估要到2003年12月，修憲工作才可能看到具體的成果。由於2004年3月便將舉行總統大選，委員會的時程表，很難不讓人聯想，一切又是為了未來選舉造勢。畢竟，以上述各黨各派高度支持立委減半的情況來看，總統府實在沒有必要再花一年的時間來凝聚「共識」。

新任立委就職後，初試鶯啼的「台灣團結聯盟黨」，顯然無意附和民進黨的時間表，故而在3月初便完成超過81位立委的連署，將「中華民國

憲法增修條文第四條條文修正草案」向立院議事組正式提出。3月12日，該案完成一讀，決議交付「修憲委員會」審查，成為國民大會無形化後，立院審查的第一件修憲提案。見到友黨拔了頭籌，原先積極推動此一議題的民進黨黨團，才決議成立「國會改造憲政推動小組」，計畫在2個月內提出相關方案。民進黨推動此一議題已超過1年，且又有行政資源與專業官僚為協助，友黨提出修憲案後，竟然還得再等2個月才能拿得出版本，拖延心態昭然可見。

　　2002年5月初，陳水扁總統主持「政府改造委員會」，正式提出國會改革方案，建議將立院人數減為150人。委員會同時也提出時間表，認為立院應在同年9月開始的會期，完成修憲提案的審議；2003年5月到8月，依政黨比例選出任務型國代300人，並完成修憲複決；2004年1月底前，中選會完成選區劃分並公告以利年底選出新的立委。

　　2002年10月27日改造委員會成立滿一週年，陳總統蒞臨致詞表示：「政府改造的工作絕對勢在必行，絕對是玩真的」。但總統府祕書長陳師孟卻同時對外坦言，此一改造工程已「有跳票的危險」。[15]所以無法依照時間表進行國會改造，癥結乃因立法院的修憲委員會遲遲未能組成，使得民進黨的修憲草案卡在程序委員會，面臨「無委員會可以付委審查」的窘境。

　　但如果進一步追究，何以修憲委員會無法組成？執政的民進黨顯然必須擔負較多的責任。早在2002年4月間，立法院長王金平就已召集各黨團開會，表達希望朝野能針對修憲委員會的成立達成共識。由於改革列車的啟動將造成執政黨的加分效果，在野黨意興闌珊並不令人意外；但根據媒體分析，執政黨囿於朝野互動氣氛不佳，沒有執意啟動修憲腳步，才是造成委員會無法形成的主要原因。例如，委員會組成的相關草案，雖已由林濁水草擬完成，但民進黨團卻拖延不予核定，使之無法送立院處理。據悉，民進黨版「修憲委員會規章修正案」所以無法送出黨團辦公室，便因立委席次縮減將傷及不少黨籍立委的利益，使得民進黨高層感到投鼠忌

---

[15] 陳師孟，〈憂心國會改革將跳票〉，《中國時報》，2002年10月28日。

器。

　　證諸民進黨執政以來立院的歷次朝野對決，如大法官人選的審核、臨時會的財經六法，甚至具有爭議性的擴大就業方案等，執政黨顯然贏多輸少。這是因為執政者享有媒體優勢，資訊掌握也因龐大的行政資源而占盡上風。立委議席減半若如前述所言，既已得到廣大民意的支持，則令人難以想像，擅於營造議題的執政黨，會因在野黨的杯葛，甘心坐視自己擬定的修憲時間表一再跳票。

　　為議席減半而進行修憲，不僅是重大議題，更是民進黨執政後，反覆強調的重大改革目標。但值得注意的是，當該黨中常會在2002年5月底通過草案，立院黨團在6月初正式提案時，民進黨文宣卻少見的選擇低調，各大媒體幾乎罕有報導。由此觀之，民進黨僅是利用此一修憲議題，提升社會形象與支持度，並非真心誠意要實現減半的主張。「修憲委員會」無法組成，顯然只是執政黨利用技術性手段進行拖延策略。

　　2003年2月，民進黨中常會又再次重複通過「國會改革」案，陳總統以黨主席身分在會上宣示：「國會改革是一場全民運動，……立委選後至今已1年多，在野黨沒有任何動作，民進黨將尋求朝野共識，推動改革，並結合民間社會的力量早日完成目標。」但總統發言後，修憲委員會仍然只聞樓梯響，看不見執政黨有任何具體的動作，民進黨的目的似乎只想利用減半議題，作為次年大選時進行公投綁大選的工具。

五、減半成真 ── 民進黨完成不可能的修憲任務

　　民進黨的拖延策略，自然讓原先附和的團體感到不耐，曾參與遊行的「澄社」於是在2003年3月3日舉行「誰是國會改革的殺手」記者會，呼籲立法院及朝野各政黨回應民意要求、信守選舉承諾，儘速成立修憲委員會，推動國會改造。當時任教東海大學並擔任澄社執委的王業立教授，高聲呼籲民進黨政府不應在執政3年後還說要發動「全民運動」「百萬人連署」來進行國會改革，「這是時空錯置、角色混淆」，要求民進黨應儘快進入修憲程序。

　　但臨門一腳，還屬民進黨前主席，有「聖人」稱號的林義雄。林義

雄憤慨民進黨心口不一，在2004年3月1日到立法院大門靜坐24小時以示抗議。在黨內精神領袖所營造的壓力下，民進黨與國民黨很快達成協議，由立院提案修改《中華民國憲法增修條文》，將立委席次減半。兩黨既達成共識，任務型國民大會便順利在2005年完成修憲，將立委人數減為113席。身為修憲減半的關鍵人物，林義雄還特別上電視，稱讚國民黨主席連戰「居功厥偉」，對連沒有反對減半表達感謝。

 伍、全民承擔錯誤減半的後果

　　如前文所述，無論根據各國民主經驗，或是數理邏輯計算，國會理想人數原本便有範例可循。但台灣在立委減半的運動中，卻有許多學者不求甚解，甘心附和政客起舞，鑄下修憲的錯誤。民主國家所顯現的共同趨向，無疑代表了國會運作有些基本法則的存在，台灣逆此而行所造成的後果，當然也只能由所有國民共同承擔。

　　果然，減半後的立院運作才滿一屆，民眾便發現原先編織的美好遠景並沒有出現，如立委雖然變少，但國庫支出卻完全沒有跟著減半。反倒由於立委的辦公室空間變成2倍，修繕費用也因此跟著倍增。國會減半10年後，有些立委認為，立委的素質確有提升，但因小黨的空間被壓縮，小黨的地位變得無足輕重。

　　席次減少後，黨中央因握有提名權而能強化監控立委，使得黨意凌駕個人意見，連帶造成意識形態對立更較以往激烈。立委陳學聖感嘆，「國會減半前，百花齊放，只要堅持自己的想法，不用抱深藍或深綠的大腿，跨黨派可以深入對話」，減半後此一情況幾乎已不復出現。而意識形態的對立使得國會僵局更頻繁的出現，原本期盼人少可以提升效率，證明只是一場空。同時因為立委數少，身兼黨主席的總統掌握立委的提名權，使得執政黨趨於一言堂，誕生出新的帝王總統。換言之，席次減半不僅未能提升台灣民主，反而造成倒退的結果。

　　針對減半沒有達到預期效果，民間發起的「人民火大行動聯盟」在2008年首先公開批評國民黨與民進黨「聯手合謀通過利己法案不勝枚舉，國會減半就是最好的例證。」早先搶在民進黨前提出減半修憲案的台聯黨，黨主席劉一德也在2009年公開感嘆，當時鼓吹席次減半是「上了國民黨的當」，表達對減半後的國會運作不滿。2014年5月，時任民進黨主席的蘇貞昌又公開呼籲再次修憲，主張將立委席次改回200至300席間，但以台灣高難度的修憲程序，很少人認為蘇的呼籲有實現的可能。

　　學界對減半後的立院表現，也抱持著負面的意見。台大教授彭錦鵬認為，席次減半後反而導致國會更多的亂象，故而主張回到改革前的200到225席。親民進黨的東華大學教授施正鋒則認為，原先225席便已不夠執行國會功能，理想席次應該是285席，他故而痛批「國會減半是狗屎」。施教授認為減半後委員會只好合併以應付立委人數的減少，如國防與外交兩者本質不同業務也差很多，但卻必須合併為一個委員會，合併後立委不僅疲於奔命，專業能力也因此降低。再者，人數變少使得選區擴大，立委的選民服務更加難以到位。施教授感嘆，當初認為立委不認真、所以要減半、縮減權利，但席次減半後、權利增加一倍，選民服務更差，可見當初減半的邏輯完全錯誤。

　　立委席次減半的成功，無疑是民粹治國的最佳教材。儘管多數研究國會的學者專家都認為不宜，但在政客們別有目的的操弄下，修憲案卻在民眾高度支持下輕騎過關。減半後立院運作效率不彰，負面效果已日漸顯著，國人儘管後悔，但在高門檻的修憲程序下，要再修憲增加席次恐怕已非易事。值得深思的是，當初在幾個政客的起鬨下，便可以撩撥民意造成席次減半的重大改變，是否代表了台灣的民主程序，並無充分的機制遏止民粹的浪潮？其他國家的民主憲政，又是透過何種機制，使得短視與情緒性的民意，不致在一時衝動下造成對國家發展的深遠影響？其中，兩院制度便是民主國家防範民意濫情的一項重要設計。

第 7 章 ▶▶▶
多一院增加民意管道

　　一個難以掌控的邪惡利益可能經常會在一個擁有龐大權力的國會中，偶而獲得完全的主導權。故而，由不同背景的人士組成敢唱反調的第二院，便顯得十分有用，它使得這些利益無法為所欲為。[1]

—— 沃特·白志浩（Walter Bagehot，憲法學者）

 壹、「兩院制」與「兩個國會」的觀念

　　「一院制」指國會由單獨的一院所構成，該院的決議便是國會的決議，無需再取得其他民意機關的認可。「兩院制」則指國會由上下兩院所構成，任何法案均須經過兩院共同審查及通過，始能稱為國會的決議。

　　憲政體制下如果有兩個不同的民意機構，彼此各有所司，且各自的決議也不以另一機構的認可為生效要件，這類設計便稱為「兩個國會」制度，有別於上述的「兩院制」。中華民國在西元2000年進行第六次憲法增修前，國民大會代表由公民透過公開的選舉產生，具有完整與獨立的民意代表性，依據憲法獨立行使選舉、罷免總統副總統（1994年第三次憲法增修改為公民直選）、修訂及創制憲法等權。由於國民大會行使這些職權時無須配合立法院的決議，立法院所通過的法案也無須送交國民大會認

1　Walter Bagehot, *The English Constitution*, Paul Smith ed., Cambridge: Cambridge University Pres, 2001, p. 80. A formidable sinister interest may always obtain the complete command of a dominant assembly by some chance and for a moment, and it is therefore of great use to have a second chamber of an opposite sort, differently composed, in which that interest in all likelihood will not rule.

可，兩者各自獨立，爲「兩個國會」制度的標準範例。

「兩個國會」的設置，乃是受到孫中山先生「權能區分」理論的影響所創建。根據孫先生民權主義中的主張，民主國家應以人民爲主體，故需賦予人民可以監督政府的實權，即「政權」；政府爲行政機關，負責日常的政策推動，也必須有權才能辦事，此即「治權」。政權包括選舉、罷免、創制、複決4種，有此4權人民便可有效控制政府。政府所持有的治權則包括行政、立法、司法、考試、監察5種，透過這5權的行使政府則可發揮應有的功能。

由於中國疆域廣大且民智未開，要由國民直接行使政權，事實上有其困難，故孫先生贊同先由人民選舉代表組成國民大會代表國民行使4權。故而，國民大會乃屬於本書第二章所定義的「民意代表機構」，必須以忠實履行民意爲民喉舌爲職志。立法院在孫先生的規劃中，爲最高立法機構，屬於「有能」的治權機關。故無論是依五五憲草由國民大會選舉產生，或由人民直接選舉產生，立法院理論上應爲一個賢能薈萃的菁英機構，而非「民意機構」。國民大會與立法院既各有不同的屬性，職權也不互相重疊，因此構成了「兩個國會」的體制。

值得一提的是，某些西方國家國會所行使的調查權、彈劾權、同意權、與決算審核權，中華民國憲法乃交由監察院獨立行使。由於監察院採取合議制，監察委員雖是間接選舉產生，但仍具有一定的民意代表性。故大法官釋字第67號解釋文，明言國民大會、立法院、與監察院，均「相當於民主國家之國會。」依此憲法解釋，1991年憲法第二次增修前，中華民國的憲政體制可以視爲是「三個國會」制度，各自行使部分西方國會的功能。第二次憲法增修將監察委員改由總統提名經國民大會同意後任命，監察院成了準司法機構，不再具有國會的性質。由於民主國家甚少採取雙國會制度，本書不擬深入討論其優劣。

兩院制的國會中，兩院權責的大小亦因憲政體制的不同而有所差異。採取「國會主權」的內閣制國家，由於國會是政策的最高決策與執行機構，爲了避免政治僵局的出現，接近民意的下議院（或稱衆議院、國民議會、平民院）往往享有較大的決斷權，也是內閣負責的對象。上議院不僅

職權小於下議院，對下議院的決議就算不同意，最多也只能延擱一定時間而不具有否決權。在民主體制中，這類兩院制國會被稱之為「不平衡的兩院制」或「弱勢兩院制」（asymmetric or weak bicameral system）。根據學者李伯特的看法，這類弱勢兩院制其實與一院制國會僅有一步之遙，例如英國下議院若想廢除上議院，其實只要下議院的過半數通過便足夠，在沒有成文憲法的英國，上議院縱然反對最多也只能拖延一年。[2]

　　實施聯邦制度的國家，為了保障各州權益，往往會賦予代表州權的上議院較大的權力，甚至可以否決下議院所通過的法案。由於下議院代表民意，組成必須依據人口比例，但在一個幅員廣大的國家，人口的分布常不平均，故各州在下議院的影響力便不盡相同。為了讓人口少的州不必擔心人口多的州壟斷決策權，聯邦國家多會給予小州在上議院擴大的決策權，並要求上下兩院必須通過同樣內容的決議始能成為國會最後的定案。一般而言，這類兩院制國家上下兩院的職權內容幾乎大同小異，故被稱為「平衡的兩院制」或「強勢兩院制」（symmetrical or strong bicameral system）。美國國會的參眾兩院，便是這類強勢兩院制的典型代表。

 ## 貳、採取兩院制的考量

一、一院制接近人類的習慣思維

　　在人類文明的發展過程中，許多思想導師經常提示世人，若要尋求政府的效率及穩定，決策權只能集中於單一機構或個人。例如在《孟子》梁惠王篇中，王問孟子，如何安定天下？孟子回答說：「定於一」，亦即政治權力必須集中於一人之手。被譽為現代政治學之父的霍布士（Thomas Hobbes）亦有類似的意見，他認為生命安全與社會安定是所有人類共同的目標，而要實現該項目標便唯有將權力集中於單一主權者

---

[2] ArendLijphart, *Patterns of Democracy: Government Forms and Performance in Thirty-Six Countries*, 2nd ed., New Haven & London: Yale University Press, 2012, p. 18.

（sovereign）手中，至於主權者是君王、寡頭、或許多人則無關宏旨。

英國奉行霍布士思想，1688年光榮革命後便確立國會爲主權的所在。既然認定主權單一化，英國雖是兩院制的創始國，但最後仍發展爲平民院獨攬大權，貴族院只能扮演警示的角色。

法國在大革命前採取一院制的三級會議，由於一院制國會將利益分歧的貴族、主教、低層教士與平民代表齊聚一堂，歷史學者認爲是造成彼此衝突越演越烈的主因，最後導致大革命無可避免。革命後建立共和，標榜人民主權，並堅信人民爲不可分割的群體，故而在第一與第二共和均採一院制。但社會利益的分歧並不因國會採取一院制而自動消失，一院制國會既無法緩和社會對立，法國的民主也因此走得跌跌撞撞。

獨立時期的美國十三州中雖然有十個州議會均採取兩院制，但領導獨立戰爭的大陸會議（Continental Congress）卻採行一院制，獨立後所通過的《邦聯條款》也沒有主張建立兩院制的國會。顯然，當時的開國元勛雖然心儀英國的兩院制，但仍然認爲一院制的國會較適合領導一個戰爭中的年輕國家。

二、偶然機緣下創造出兩院制

若說追求單一權威屬於人類習慣性的思維，早期要將國會拆成兩院彼此牽制，便自然需要某些特殊條件的配合。故而，學者指出，英國出現兩院制的國會，其實純屬歷史的偶然。[3]但此一偶然，無疑爲未來的國會發展，創造了深遠的影響。

14世紀的英國國會已漸具雛型，由於當時貨幣經濟逐漸普遍，國王爲了充實府庫，允許城市的自由民可以選派代表進入國會，會議的討論大致也都環繞在財稅的分配議題。由於當時封建階級觀念仍然根深蒂固，平民代表要對抗貴族與高級教士當然備感吃力，於是自由民便與各郡選出的騎士代表結合，私下進行頻繁會談，商討彼此利益相關的共同策略。在當

---

[3] Preece, Alun A, "The Development of Bicameral Parliamentary Systems," *Murdoch University Electronic Journal of Law*, Vol. 9, No. 3, September 2002. 參見：http://classic.austlii.edu.au/au/journals/MurUEJL/2002/28.html，檢閱日期：2019年3月11日。中古末期的威尼斯也曾出現兩院制，但對後世的影響均不如英國。

時的氛圍下，與國王及貴族意見相左很可能惹來殺身之禍，故平民與騎士的集會均秘密進行，會中並選出膽子大的到大會上代表發言，稱之為發言者（speaker，後成為議長的稱號）。這將近十年的秘密溝通，培養了平民與騎士間的團隊默契，發言者也儼然成為群體的領袖，為往後有秩序的決裂奠下良好基礎。

西元1339年，已具組織型態的平民與騎士代表，終於決定脫離貴族及高級教士，另至坎特伯里（Cantebury）自行集會，跨出了兩院制度的第一步。但兩院制能夠成真，仍需天時地利的配合，否則很可能才出現就橫遭打壓。首先，市場經濟日趨成熟，掌握財富的平民與騎士具有讓君王與貴族不敢小覷的經濟實力，任何打壓自然投鼠忌器。其次，騎士雖然沒有可觀的封地，但身分上仍屬貴族，貴族院中也有不少騎士參與其中，多少緩和了貴族院與平民院的怒目相視，避免了前者可能訴諸暴力壓制。其三，英國貴族與歐陸貴族不同，他們和平民一般也需繳稅（如法國貴族便享有免稅特權），故樂得旁觀平民院走出自己的抗稅之路，因為平民能爭到的，貴族也可能分潤。最後，英王因拒絕教士階級的免稅請求，造成教士團體憤而退出國會，但如此一來反使得國會單純化，僅餘貴族與平民的抗衡讓後來分成兩院水到渠成。歐陸因教士未退出國會而形成三級會議，瑞典甚至還曾短暫出現四院制，這些複雜的格局讓歐陸的兩院制走來格外辛苦。

三、兩院制的理性思考

因歷史的偶然而出現的兩院制，如果沒有學理上或人性上的支持，恐怕也只如暗夜中的閃電——耀眼卻短暫。幸運的是，遠在兩院制正式成形前，歐洲已存在權力制衡的訴求，成為兩院制依附的基礎。且17世紀國家疆域擴大，社會組成比中古時期更為複雜，如行會組織勢力龐大，各團體均不願被排除在國會的議論之外，單一議會明顯無法包容這些多元勢力，兩院制也因而獲得立足的機會。

前述提及，追求一元化權威是人性的傾向，但西方世界在基督教兩元權威觀念的影響下，深信世俗的權力必須受到教會的監督始能減少腐敗。

文藝復興與宗教戰爭後，教會無法繼續扮演團結人心的角色，但權力必須制衡的觀念卻早已深植人心。歐洲人因此轉而希望讓議會扮演過去教會的角色，制衡大權獨攬的君王；同時也希望國會內部能形成自我的約束，以避免國會成為新的集體暴力。[4]

英國國會在1688年光榮革命後取得主權地位，但至高的權力應如何制衡，開始成為關注的課題。法國政治思想家孟德斯鳩（Montesquieu）是第一位明言將國會一分為二，一院代表貴族，另一院則代表貴族以外的平民，兩者相互制衡使國會免於濫權。由於英國早有貴族院與平民院的運作，孟氏的見解在英國人眼中不過是現狀的合理化而已。但對大西洋彼岸的美國殖民地而言，則頗具啟發，孟氏的觀點使得缺乏貴族傳統的美國，找到創造第二院的理性依據。

殖民時代的美國各州雖然沒有保障貴族參政的必要，但幾乎都採取兩院制，這是因為英國派來的行政長官為了統治上的必要，設立參議院協助治理並牽制眾議院。獨立戰爭後，有十州保留了兩院制。學者認為，權力的考量是一項重要的因素。因為殖民地人民所以追求獨立，乃因抗拒英國國會的專擅，獨立後各州議會趕走英國行政官員獨攬大權，殖民地人民轉而擔憂英國國會的專擅將複製於新大陸，於是除了喬治亞、賓夕法尼亞、佛蒙特三州，各州均保留了參議院用以制衡眾議院。

獨立戰爭伊始，領導各州抗英的「大陸會議」為了統一指揮調度改採一院制，但戰事和緩召開制憲會議時，兩院制的倡議又被搬上檯面。制憲會議中雖以「人民主權」為號召，但開國先賢卻沒有天真的認為，凡是多數民眾所主張都是對的。尤其在制憲會議進行時，麻州正好發生農民的貸款暴動，此一事件引發了制憲諸公的憂心：如果大權在握的國會只單一的向民意負責，必然對擁有財富的菁英階級形成威脅，獨立運動所強調的財產權保護又將如何落實？如漢米爾頓（Alexander Hamilton）所言，創建參院的目的，乃針對眾院的「偏見、縱情、及反覆無常，予以必要的矯

---

4 Frederick Watkins, *The Political Tradition of the West*，李豐斌譯，《西方政治傳統：近代自由主義之發展》，台北：聯經，1999年。

正、約束、與節制。」如果社會中資質與智慧優異者恆受民粹主義的壓抑，今天的美國或許也不可能成就世界超強吧！

　　根據稗官野史所載，制憲會議通過設置第二院後，因駐節法國而無法與會的傑弗遜（Thomas Jefferson），曾氣沖沖的兼程返國，當面向華盛頓力陳兩院制度的不當。華盛頓在聽完傑弗遜的慷慨陳詞後，氣定神閒的問道：「我注意到你剛剛喝咖啡時，特意把咖啡先倒入杯碟再倒回杯裡飲用，你為何這樣做？」傑弗遜答說：「因為咖啡太燙了，故而以此冷卻。」華盛頓莞爾的說：「是了，今天我們設立兩院制，目的也是希望把沸騰的民意倒在參院的杯碟中冷卻。」一語道出了設立第二院的必要性。

　　眾所皆知，傑佛遜是個堅強的民權主張者，為了讓人民的意志能完整的表達，自然反對國會設立第二院。但多數制憲者更擔心的是國會權力不受牽制，故傾向創立第二院。在「人民主權」與「權力制衡」的選項中，制憲者顯然認為制衡機制比民權表達更重要，因為若國會或政府不能專擅，民權也自然可以獲得較佳的保障。也因此，美國人不僅刻意的去設計兩院制，並且脫離英國範例，創造出一個職權近乎平等的兩院制。

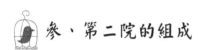 參、第二院的組成

　　第二院的產生如果是因為歷史的偶然，如何使其之產生符合民主原則，且又能適當區隔民意勇於向具有民意基礎的第一院說不，設計上的困難恐怕超過現代人的想像。學者因此觀察，在整個制憲會議中，有關參議院的組成與定位，是討論最激烈的單一議題。[5]但也由於美國是第一個仿效英國，透過人為設計成立第二院（參議院）的國家，制憲會議中的論辯對後世思考成立兩院制，提供了不少啟發。

---

[5]　Ross K. Baker, *House & Senate*, 4th ed., New York & London: W. W. Norton, 2008, p. 12.

一、由新貴族組成參議院

美國獨立時，多數知識分子仍然認為「民主」不利於社會安定，開明君主制反是較佳的政府體制，故當時領導革命的菁英，所倡議的均為「共和」而非「民主」。在這樣的一個時代氛圍下，某些菁英當然可能主張，在美國創造一個類似英國的貴族階級，由他們組成參議院制衡眾議院。既屬貴族階級，便可自外於民意的紛擾，故能以不同的高度審核眾議院的議案。但這些菁英已領導推翻英國的皇室權威，革命後若又要創造一個新的貴族體系，顯然有些難以啟齒。故而參議院的成立雖未明講目的是在創造新的貴族席位，但學者表示該機構行憲後的作風與表現，簡直就是英國貴族院的翻版。[6]

殖民地社群較少傳統的階級意識，且在平民參與所創建的共和體制中建立新貴族階級，也有違革命理想。制憲會議中藍道夫（Edmund Randolph）曾提議，由眾議院議員選舉參議員，企圖以此產生新的「類貴族」。但小州代表擔心，眾議員已依人口比例產生，人口眾多的州可以掌握主導權，參議員若又由眾議員選舉，小州權益將如何保障？此外，由人民選出的代表選舉參議員，又如何可能創造出氣質不同的參議院？紐澤西州代表後來提修正案，主張參議院中各州無論大小均享有同等的參議員名額，此一原則在制憲會議中以一票之差險勝。而為了使參議院與眾議院區隔，參議員也決議由各州議會自行決定。

二、州議會選舉參議員

美國憲法第1條第3項明訂，參議院由各州州議會選舉產生。不少人因此解釋，參議院是為維護州權而組成。這其實是個嚴重的誤解，因為各州若如此在意本身權利的維護，只要堅持原先鬆散的邦聯體制與大陸會議即可，又何必費勁透過修憲成立參議院？誠如美國立憲史學者唐諾·魯斯（Donald Lutz）所指出的，「兩院制雖然常出現在聯邦制國家，但上議

---

6 Elaine K. Swift, "The Making of an American House of Lords: The U.S. Senate in the Constitutional Convention of 1787," *Studies in American Political Development*, V. 7, Fall 1993, pp. 177-224.

院的存在並非是成爲聯邦國家的要件。」[7]設立參議院，正如前文所述，目的是爲了牽制具有民意基礎的衆議院；而爲了有效牽制，參議員與衆議員需各具不同的選民基礎；州議會選舉參議員乃爲了區隔民意，州權的凸顯只能視爲是附帶效果。

美國獨立的重要訴求之一是保障財產權，而富有者對財產權的重視往往高於一般民衆，國會已有一院反映民意，制憲者認爲由富人另組一院致力於財產權的保護應符建國的理想。而這些富人代表由州議會選舉產生似乎最佳，因爲「這個層級的領域較易於掌握富有者的訊息」，可以選出富有而聰慧的參議員。是故，州議會選舉參議員，主要目的並不在代表州權，而是因爲要產生一批與衆議員出生背景不同的國會議員，以利於避免國會專擅並有效保護私人財產權。

參議員既然從富裕階級中選出，其性質與風格當然與普羅大衆選出的衆議員不同，有利於落實制衡。此外，制憲者認爲富有者較具理性與智慧，故將條約審查權與人事同意權交給參議院行使，而衆議院親近民衆，則主導財稅權並避免富人圖利自己。創造富裕階級代表難免被質疑形成新的貴族階級，但不僅當時制憲者不以爲然，19世紀末的伍德羅‧威爾遜（Woodrow Wilson，1912年當選美國總統）也認爲不足爲慮。威爾遜表示，儘管參議院滿是百萬富豪，但彼此利益並不一致，不可能構成一致性的階級利益。[8]

三、第二院人數通常較少任期則較長

如果創設第二院的目的是爲制衡第一院，並爲少數族群，甚至富人，建構意見平台，則第二院與代表民意的第一院，便必須具有明顯的差異性，使得兩者因氣質不同而可以相互督促。要造成兩者的差異，最容易入手的便是兩者組成人數的不同與任期長短的不同。

美憲設計者麥迪遜曾表示國會人數衆多將易於遭到情緒綁架，做出不

[7] Donald S. Lutz, *The Origins of American Constitutionalism*, Baton Rouge & London: Louisiana State University Press, 1988, p. 65.
[8] Baker, p. 20.

利國計民生的決議：[9]

　　任何單一且人數眾多的議會，都有屈服於突發或激烈感情衝動的傾向，並且都可能受黨派領袖的操縱而通過一些放縱的或有害的決議；……參議院的存在既是為了糾正議會的弱點，本身就不應該有這種弱點，因此它的人數應該較少。再者，由於它應具有很大的穩定性，因此任期也應該相當長。

麥迪遜的這段道白，指出美國建國時參議院只有26席，並非因參加州數有限所造成的結果，而是透過理性設計刻意要以較少人數與眾議院產生區隔。

　　至於參議員任期較長，也是麥迪遜希望透過制度的安排，讓國會除了迎合民意，還能存在老成謀國的穩定性：[10]

　　議員大多數出身於私人事業，任期又很短，因此缺乏永久性動機，使它們在擔任公職期間去研究法律、國家事務和一般利益。倘使一切聽任他們去幹，在行使立法權時就難免犯下各種重要錯誤。……有缺點的法律對人民是種忠告，使人民知道一個組織良好的參議院在這方面的價值。

任期較長對民意的關注度當然與眾議院不同，任何勢力要想同時掌控參眾兩院，困難度也因此增加許多。

　　美國既是世上第一個根據英國模型設計兩院制度的國家，美國人對第二院的組成原則，當然也就成為其他國家成立第二院的重要參考指標。故而，民主國家的第二院，人數幾乎都沒有例外的少於第一院。英國貴族院雖然擁有近790名成員，但其中不乏世襲貴族或神職人員，這些人雖掛名為議員卻很少參加開會。根據了解，英國貴族院經常出席會議的人數約

9　James Madison, "The Federalist No. 62," in *The Federalist Papers*，謝淑斐譯，〈第62章：有關參議院的問題〉，《聯邦論》，台北：貓頭鷹，2000年，頁304。

10　Madison, p. 305.

在300名左右，2011年所公布的改革貴族院草案也主張將該院成員限縮到300人，仍不及平民院的半數。其他如德國下議院多達670餘席，但上議院卻僅有69席；日本眾議院有480席，參議院則只有近乎半數的242席；瑞士國民院（下院）有200席，聯邦院（上院）則爲46席；義大利眾議院630席，參議院則爲315席；法國國民議會有577席，參議院則僅有348席。可見代表民意的下議院擁有較多人數，已是民主國家的通則。

　　至於任期，按照英國曾提出的改革構想，貴族院議員的任期將設定爲15年，但該法案在2012年被宣告放棄。這個較長任期的構想，似乎也是參考美國參議院的原則。民主國家除了瑞士爲特例，上議院幾乎均享有比下議院更長的任期，並有利於專業人士貢獻所長，形成政府的穩定因素。

肆、兩院制的成長與停滯

　　美國人爲的創造兩院制後，由於制度上有利既得利益階級參與政府運作，近鄰的中南美洲國家立刻起而效尤，隨後更跨過大西洋彼岸，影響19世紀力爭民主的歐洲諸國。尤其，一些採取聯邦制度的國家，如瑞士，更視兩院制爲維護地區權益的重要設計。

一、二次戰後兩院制光彩不再

　　實施兩院制的國家在19世紀大幅成長，但缺點也因而顯著。由於兩院的爭議常會形成政治僵局，對廣土眾民的美國或許可以承受，但對幅員僅及美國一州的歐洲國家，這類僵局卻可能導致政府的癱瘓。此外，許多新興民主國家的人民引頸盼望政治改革，但傾向保守的第二院卻往往成爲改革阻力，造成民怨的累積。故而，20世紀後越來越多國家選擇放棄兩院制，甚至19世紀還盛行兩院制的美國市級政府，也在20世紀紛紛改採一院制（州政府雖也有不少改制的討論，但只有內布拉斯加州在1934年改制爲一院制）。

　　二次大戰後民主立憲蔚爲潮流，學者稱之爲「第二波民主潮」。這波

民主潮中，包括中華民國在內有不少國家已不再重視兩院制的制衡功能，轉而希望以一院制代表完整與直接的民意。曾行使兩院制的國家，如希臘、丹麥、瑞典、冰島、紐西蘭、秘魯等，均在戰後紛紛放棄兩院制，本世紀的挪威也在2009年放棄行之有年的「一個半國會制」改採一院制。這些發展顯示，兩院制的聲勢已明顯下滑。兩院制所以不再風光，或許因為近代媒體傳播發達，國會運作也日益透明，民主國家沒有必要再依賴傳統的兩院制衡提供民權保障。故而整個20世紀中，由兩院制改為一院制的案例所在多有，但由一院制轉為兩院制的則未曾聽聞。

二、非民主國家偏愛一院制

目前世界各國，採行一院制的國家占約三分之二，有140個左右，除人口不滿千萬的瑞典、芬蘭、丹麥、以色列、紐西蘭等5個民主國家外，其他大多是些共產和獨裁國家，如中共、古巴、北韓、越南、阿富汗、盧安達、蘇丹、柬埔寨、賴比瑞亞、安哥拉、利比亞、伊朗、沙地阿拉伯、緬甸等。其中道理不辯自明，因為國會若分成兩院，且成員出身背景、選舉方式、任期長短、選區範圍等皆不相同，便顯然不利於統治者進行控制及收買。故而，兩院制在獨裁統治者的國家不受青睞應不難想見。

相反的，根據學者的列舉，1996年採行民主制度的國家共有36個，而這些國家中實施兩院制的也正好占了三分之二。在這些民主國家中，有9個國家採行聯邦體制，而這9國也沒有例外的都採行兩院制度，故而一般人很容易結論，聯邦制度國家比較需要採行兩院制以便保留一院代表邦權。但在單一制的民主國家中雖有14國採取一院制，卻也有13國採取兩院制。這些國家如日本與法國，既無貴族也非聯邦體制，何以仍然堅持兩院制？如果透過制衡落實民權在現今社會已顯得多餘，這些國家堅持兩院制必然有其更現實的考量。

三、兩院制 —— 多元分歧社會的解方

學者李伯特在研究多個民主國家的運作後，注意到人口千萬以上卻堅持採行一院制的，僅有希臘與南韓兩國。根據李伯特的觀察，人口多的社會必然會在宗教、語言、血統、種族、地域、意識形態等議題上容易產生

多元分歧。一個社會如果非主流的族群占有人口的四分之一以上，社會安定便可能面臨威脅。面對這樣的分裂性社會，多數族群當然最好展開胸襟包容少數意見。但問題是，在一院制的政體下，遷就少數的主張便意謂著民主的多數原則必須被犧牲，不僅國會付出效率的代價，民眾更可能因厭惡少數族群的不妥協而對民主失去信心。

　　面對一個人口眾多的社會，李伯特主張應該採取兩院制，並允許上議院在席次分配上嘉惠少數族群。由於少數族群可能在上議院占有優勢，少數族群可以透過上議院杯葛下議院不利於該族群的法案；且由於上議院席次較少，議員有較自在的申訴空間，降低了少數族群訴諸不理性抗爭的可能性。當然在民主程序下，少數族群不可能完全阻擋意見堅強的多數，但上議院的設計至少讓少數族群有個喚醒關注的機會。

　　表7-1所示，即為11個聯邦或半聯邦國家中，上議院嘉惠少數族群席次的狀況。以美國為例，占人口比例10%的小州，在參議院可以獲得近四成的席次，基尼不平等指數為0.49，僅次於阿根廷的0.61。

◆表7-1　上議院嘉惠少數族群的狀況：11個聯邦或半聯邦國家比較

	10%樣本選民產生的席次百分比	基尼分配不平等指數 Gini Index of Inequality	Samuels-Snyder 不當分配指數 Index of Malapportionment
阿根廷	44.8	0.61	0.49
美　國	39.7	0.49	0.36
瑞　士	38.4	0.46	0.34
加拿大	33.4	0.34	---
澳　洲	28.7	0.36	0.30
德　國	24.0	0.32	0.24
西班牙	23.7	0.31	0.29
印　度	15.4	0.10	0.07

	10%樣本選民 產生的席次 百分比	基尼分配 不平等指數 Gini Index of Inequality	Samuels-Snyder 不當分配指數 Index of Malapportionment
奧地利	11.9	0.05	0.03
比利時	10.8	0.01	---
荷　蘭	10.0	0.00	0.00

資料來源：轉引自Lijphart, p. 195。

四、兩院制扮演實權國會的安全閥

　　國會在憲政體制中的決策地位，也應該是思考一院或兩院制時，不應忽略的重點。國會若擁有主要或最終的決策權，為了避免國會專擅或倉促決策，採行兩院制便等於加個安全閥，對人民權益自然較有保障。美國採行兩院制，便是由這個思考角度出發。歐洲某些國家，如英國，形式上國會雖然享有主權決策地位，但實際上卻聽命於政黨或內閣的領導。對於這些國家，國會既然不是真正的決策者，國會分割權力落實制衡，便較無必要，故而這些國家若非採行一院制，便是將第二院架空為僅具象徵地位的「不平衡兩院制」。

　　有些內閣制國家，雖然首相所領導的內閣可以完全掌控國會，但這些國家還是保留了第二院，如隔鄰的日本便是。根據學者分析，這類第二院具有兩個十分重要的功能，一是象徵人民對政府的監督，或人民主權的存在，並未因政府的改組或下議院的解散而中斷。民主國家國會必須定期改選，改選時議員們回到選區參選國會也會停會，但政府的運作不可能因選舉而停止，由於第二院無須同時改選，便可適時填補空檔，使監督政府的工作不致出現空窗期。以美國為例，眾議院每兩年均須全面改選，迄2019年已是第116屆的國會；但參議院每兩年只改選三分之一，既未全面換屆，立國以來迄今仍是第一屆參議院，象徵著國家與人民主權的延續性。

　　另一個重要的功能，便是提供實權國會或內閣一個民意的風向球。第

二院雖然沒有實質權力，其改選卻常被視為是對執政黨的信任投票，對總攬大權的內閣具有相當的警惕效果，隔鄰日本的參院選舉便常常被視為是國會大選的前哨戰。美國的參議院因每次只改選三分之一，有時也會提供執政黨一個可貴的緩衝。如美國執政黨若施政不得人心，便可能在期中選舉失去眾議院的多數，但由於參議院只改選三分之一，執政黨可能還有機會保住參議院的多數，使得總統不致完全成為跛鴨。

 伍、兩院爭議的解決

　　設立上議院目的既是為了制衡下議院，且兩院的人數、選舉方式、與任期又俱不相同，兩者的衝突便難以避免。20世紀若干國家將兩院制改為一院制，便為了避免兩院衝突影響政府效率。我國在本世紀前實施「兩個國會」制度，由於立法院與國民大會的權力各有不同法源，發生衝突時並沒有適當機制可以進行協調，不僅雙方互爭民意正統，最後還導致一方指責他方為「蟑螂」，另一方則以對方為「垃圾」回嗆。民主品質淪落至此，讓人搖頭嘆息。

　　在一個國會兩院制下，雙方既屬於統一體系，見解的不同便可以在體制內建立處理的途徑。審視各國兩院制的運作，兩院爭議的處理大約可以分為兩種方式，一是上議院只能對不同意的法案進行延擱，若下議院堅持維持原議，上議院便只能接受；另一則透過兩院協調機制，達成彼此都能接受的妥協方案，並成為國會的最後決議。

　　以首創兩院制的英國為例，雖然採取「不平衡的兩院制」限縮貴族院的權力，但在柴契爾夫人主政時期，貴族院仍有112次否決了政府的施政計劃，同時期的平民院則只有兩次跟首相唱反調，與大眾平常認知貴族院的「花瓶」角色大相逕庭，可見貴族院在決策過程中仍具有一定的功能。根據英國國會法規，平民院所通過的法案，貴族院若不同意可以擱置一年，但不得駁回。若是與金錢相關的法案，如預算、關稅等，貴族院則只

有一個月的延擱權。平民院在期限後，若再次表決維持原議，貴族院便必須接受是項結果使僵局得以化解。

日本雖也採取「不平衡的兩院制」，但參議院的權力比英國貴族院稍大。例如，日本參議院可以提出與眾議院不同的預算案，英國貴族院則不行；眾議院通過的法案若被參議院否決，眾議院必須以三分之二多數才得推翻參議院的決定，英國則只要過半數便可維持原議；理論上日本參議院甚至可以提名首相，只是行憲以來還從來沒有用過是項權利。此外，日本的參議員乃透過選舉產生，不似英國概由繼承或任命取得貴族院資格。有競選便自然有黨派，如果參議院的多數黨不同於眾議院，則眾議院的政務推動便將面臨不少的困擾。1989年以後日本參眾兩院常出現不同的多數黨（日文稱之為「扭曲國會」），眾議院的決議也因此常遭參議院杯葛。為了解決政治僵局，便得召開「兩院協議會」化解歧見，內閣為了避免政務遭受延宕，常不得不對在野黨做出重大的讓步。

有些國家在兩院出現爭議時，便規定必須召開兩院議員全體出席的聯合會進行審議，如印度、委內瑞拉、2009年以前的挪威等，均以這項機制解決紛爭。但正如前述所指出的，這些國家的上議院議員數遠少於下議院，故而除非多數黨議員倒戈，否則聯合會也必然由下議院的多數黨主導。

美國採取所謂的「平衡兩院制」，參議院與眾議院所掌握的決策權大體相同，根據憲法規定，兩院必須通過內容完全一致的議案，始能被視為國會的決議。換言之，任何一院均享有對議案的否決權。

根據美國國會的議事規則，兩院所通過的法案若出現差異，便須由兩院各自選派代表組成「聯席委員會」（Conference Committee），研商化解之道。聯席委員會達成共識後，代表們便將修正案帶回各自院會，以「通過」或「不通過」全案表決是否接受，若有一院未獲通過，法案便告胎死腹中。參加聯席會議的代表，眾議院由議長指派，參議院則由多數黨領袖指派，任何一院的代表如果堅持本位主義拒絕妥協，法案將因出不了聯席會大門而作廢。故而，聯席會代表的選派，便提供了眾院議長與參院多數黨領袖，一個權力運作的絕佳機會，使得行政體系不敢輕忽議長的決

策影響力。

 ## 陸、我國國會體制的省思

　　台灣在1996年召開「國家發展會議」，要求各界能對體制改革提供卓見以供政府作爲修憲參考。當時便有些與會者建議，將國民大會改制爲西方國家的「第二院」，使我國從「兩個國會制」轉爲「單一國會兩院制」。當時執政的國民黨上自李登輝總統，下至多數國代，也都明確表態支持此一主張。但由於輿論普遍認爲這是國大伺機擴權，且在野的民進黨也以「廢國大」作爲政治訴求，這項議題雖然在97年與99年的兩次修憲中被反覆提及，但最終都未能進入實質的修憲過程。

　　在兩院制的論辯中，反對者經常提出的理由是：世界各國採行兩院制皆有其特殊的背景與歷史因素，例如，有些國家採行「聯邦體制」，因各邦較爲獨立自主，爲尊重其地位乃設置國會第二院代表其利益，美、德、比、瑞皆是這類知名的例證。此外，由於民主演進歷程中，爲了緩和貴族階級的頑抗，允許他們繼續掌控國會的一院，成爲貴族院，但國會的實質立法工作仍交由平民代表組成的平民院。這些反對者認爲，我國既非聯邦制度國家，也不存在世襲的貴族階級，當然沒有必要刻意去創造兩院制的國會。反對者認爲，若爲了解決國民大會的定位，而勉強成立兩院制，將只會「治絲益棼」。

　　但本章的分析已指出，兩院制存在的功能，已由早先防範國會專擅或邦權保護，轉而成爲少數族群及多元意見的政治參與平台。故而，考量台灣是否需要兩院制，關切的重點應在於國會的權力是否大到足以威脅民權？台灣社會是否存在必須保護的少數意見或族群？以及地窄人稠的台灣，政策是否有足夠的討論空間？而不能以缺乏貴族階級或聯邦體制，便斷然否定兩院制的選項。

　　我國立院在憲政體制上所享有的權力其實相當可觀，尤其凍省之後，

立委可以參與的事項更是上下一把抓。過去由於政黨的強勢運作，再加上行政體制的個個擊破，單打獨鬥的立委並未能充分發揮體制上所賦予的權力。

其實就法理角度而言，我國立院在對抗行政權上所享有的優勢，應該大於美國國會。例如，美國總統如果否決國會的決議，美國國會必須以兩院同時的三分之二多數，才得推翻總統的覆議。但依台灣的憲法增修條文，立院只要以全體委員的二分之一多數，便可推翻總統的覆議。此外，美國行政官員基於權力分立原則，無須到國會接受議員質詢，但我國立院卻可對官員行使質詢權，且其運用的彈性更遠大於內閣制度國家。在國會享有強勢憲政地位的架構下，將國會分為兩院以避免草率立法，應該是一個值得探討的方向。

台灣人口超過2,300萬，「人多口雜」似乎是人類社會一個不變的定律，李伯特因此指出，人口多會導致社會利益多元化，政府應多闢管道允許多元聲音的參與。故而，人口超過千萬的民主國家，除希臘與南韓外，大多採行兩院制讓多元意見有更多參與的選擇。台灣有這麼頻繁的遊行示威，是否代表民眾的參與管道不足，是個值得深思的課題。

再說到社會的本質，無論就統獨對立、母語比例、族群認同等，台灣實在沒有條件被歸類為同質性高或和諧性的社會。自蔣經國推動民主化以來，多數黨對具有社會分裂性的少數意見，向來是在一院制的國會（包括國大）中儘量予以包容。造成過去的三十餘年間，立法院的言語、肢體暴力事件層出不窮，反對黨學者甚至指稱，以非常手段阻礙議事的正常運作，是少數黨對抗多數暴力的正當行為。但為了包容反對黨的杯葛，卻使得立院效率成為受害者，進一步造成民眾對代議制度的不滿，無形中削弱了台灣的民主根基。

國會是個合議制機構，國會能夠存在乃為了貫徹多數的意志。為了保障少數意見，而犧牲議事的效率及多數的決策，並不符合責任政治的精神。參酌西方國會的發展經驗，一院制國會行使多數決，常須在相當程度上，犧牲少數團體的權益。否則少數議員若癱瘓國會的多數決策，國會損失的將不僅只是效率而已，甚至削弱民眾對民主政府的信心。對一個存在

嚴重分裂議題的社會，似乎只有透過兩院制的設計，才可能使少數黨有機會將其主張轉化為政策，並使得政府取得決策的合法性。前述提及日本國會的反對黨雖然只是眾議院的少數黨，但卻可以藉由參議院的舞台，迫使多數政黨吸納少數黨的主張，此一經驗應該相當值得台灣借鏡。

第 **8** 章 ▶▶▶

沒有實權議長啥都不是

決斷、迅速的決斷，絕不要告訴議員你如此決斷的理由。只要你做了
決斷，院會自然會支持你，但如果你去談理由，則永遠有人跳出來質疑及
挑戰你的理由。[1]

—— 亨利‧克雷（Henry Clay，美國眾院議長）

 壹、吝於賦予權力，何必怨嘆國會亂象？

民主化以來，立院的亂象便一直為國人所垢病，早期常聽人說這是
民主轉型的「陣痛」，但轉型迄今已近30年，何以情況毫無好轉跡象？
也有人說，這得怪選民認識不清，選出太多不適任立委。但就算選民不會
選，何以那麼多的議場肢體動作，卻除了一個羅福助，也沒有看到其他委
員受到懲處？

希臘哲人修昔底德（Thucydides）在2,400年前有句名言：「正義標
準的建立，取決於是否有權力去強制他人（the power to compel）。」國
人在批評立院亂象之餘，是否檢討過我們曾否賦予立院這項執行正義的權
力？拒絕授予這項權力，就算立委減半亂象也不可能改善。不能執行正義
的國會，就算選出天大好人當議員，好人恐怕也難以長命，而這項「強
制」國會正義的權力，無疑落在議長身上。本章將探討，一般民主國家

---

1 Paul F. Boller, Jr., *Congressional Anecdotes*, New York: Oxford University Press, 1991, p. 226.
 Decide, decide promptly, and never give your reasons for the decision. The House will sustain your
 decisions, but there will always be men to cavil and quarrel about your reasons.

的國會議長究竟擁有那些強制正義的權力，使得他們的國會運作起來井然有序？議長究竟應扮演中立的會議主持人角色，或是國會政策的領導人角色？以及擔任議長必須具備哪些條件？

英國議會一有脫序演出，只要議長起身，甚至不用開口，脫序的議員便會立刻回座，因為在議長起身的時候，任何人是不得站立的。曾任兩次英國首相的迪斯瑞里（Benjamin Disraeli）描述：「單是議長袍服發出的婆娑聲，便足以讓那些失序的議員低頭坐下。」甚至議長不在的時候，一位學者觀察：「議員們會特別自愛，遵守秩序，好像老師出去，學生便須乖乖等待一般。」[2]

無獨有偶，美國議會也有類似的記述。在瑞德（Thomas Reed）擔任議長期間，某次因有事離席而由同僚代理主持會議，不久代理主席竟與議員發生爭執，議場因而陷入混亂。瑞德聞訊立刻趕回，一位旁聽者如此記載現場的變化：「瑞德出現的效果仿如電擊一般，整個議會就像是一所大型鄉村學校，當老師不在時，學生將一切校規拋諸腦後，老師回返時，學生登時便立刻回復平靜。」[3]法理上議員彼此平等，議長乃由議員互選產生，何以仰賴議員支持的議長竟能享有如同王爺（瑞德便常被稱為「沙皇」）的威儀？關鍵便在於，這兩個國家對議長角色的認知與我國不同。

貳、議長的就職儀典與國會中的尊崇地位

國會議長在英美稱為「說話者」（Speaker），我國立院院長的英譯，亦是採用相同的稱謂。由於議長的功能主要為主持會議，許多人也據此主張，議長應嚴守中立。但似乎很少人想過，如果議長的功能只是主持會議，何不乾脆稱之為「主席」，幹嘛還稱這位話講最少的人為「說話者」？本書第六章提到，這個名稱是14世紀平民與騎士階級為了害怕觸

2　木下廣居，《英國的國會》，陳鵬仁譯，台北：幼獅文化，1989年，頁32、34。
3　Boller, pp. 31-32.

怒國王，故選出一位膽大的人，代表大家向國王陳述意見。歷史也證明，擔任這項職務確實得冒生命的危險，光是都鐸王朝時期便有7位「說話者」，因觸犯龍顏而被送上斷頭台。悲壯的歷史回憶，造成英國人對「說話者」有著一份其他文明所無法仿效的尊敬。

　　17世紀以後代表發言的功能已不復見，但「說話者」的稱謂卻保留迄今，英國人無疑希望藉由對「說話者」的至上尊崇，緩和議會的針鋒相對，並在民主殿堂上有效的維持紀律。故而，英國的議長已不單純是個會議的主席，稱之為「說話者」等於在提醒各黨各派，英國的國會主權得之不易，有賴全體議員努力珍惜。因此，議長形同議會自主與尊嚴的象徵，議員對議長的任何侵犯，便等同傷害自己存在的基礎。在沒有這類傳統的其他國會，其實不妨就直接稱議長為「主席」，東施效顰冠以「說話者」稱謂等於汙衊了這個名詞背後所代表的嚴肅意涵。透過英國議長的就職儀典與程序，讀者可以對「說話者」的特殊地位，有更深的體會。

一、先議員而就職的議長

　　英國議長的就職儀典，宛如一齣意義深遠的活話劇。在選後的首次集會時，議長尚未選出，故而議會完整與秩序的象徵並不存在。在這次集會上，議員們會「循例」刻意喧鬧以凸顯沒有議長的議會是如何的脫序。不久，代表王權的上院使者蒞臨，通知議員到上院接受當選敕令。議員們你推我擠的奪門而出，跟跟蹌蹌的擁向貴族院。曾有議員的西服竟在推擠中被扯破，場面的紛亂可想而知。到了上院的柵欄外頭，5位負責接待的上院議員，既不起立迎接也不脫帽，只簡短的說：「我們奉聖上命令擔任委員，並以聖上之名被委任有關議會開會之事務，請下院議員諸君們回去下院，選舉適當的人為議長，明天中午再來此獲取聖上認可。」聽聞上院代表的口諭後，議員們於是轉頭回到下院。

　　議員回院坐定後，議會秘書長便手指一位資深議員請他推薦議長人選。由於此時議長尚未產生，秘書長乃以手勢而非言語敦請該議員推薦人選，避免僭越議長權威。該議員依事前政黨的幕後協商結果推薦議長候選人後，全體議員鼓掌通過，被提名的議長也在掌聲中由兩位資淺議員（後

排議員）陪同，入座議長席並發表接受演說，當天議程也在完成議長選舉後結束。

第二天，上院使者依然再度蒞臨邀請議員轉赴上院，此次在警衛高喊：「當選的議長來了！」聲中，議長率領全體議員，兩人並列有秩序的抵達上院。在柵欄外頭向上院委員行禮致意時，上院委員也一改昨天的倨傲，脫帽起身回敬。在上院議員代表英王進行簡短的敕封儀式，議長當選人致辭表達謝意與忠誠後，便率領議員返回下院。回到下院後，議長便依《國會議員宣誓法》的規定，主持與監督其他議員的宣誓就職典禮，議員們的身分地位也在此時正式確定。

這個歷史上被不斷重複的儀典，其實傳遞了幾個十分嚴肅的課題。（一）第一次集會（刻意造成）的紛亂，目的在凸顯一個沒有議長的議會，是不可能成就任何工作的（The House cannot conduct any business without a Speaker）；（二）上院委員既不起立也不脫帽迎接，等於在告訴新當選的議員：「儘管擁有民意基礎，但沒有議長便如同烏合之眾，不值得任何人尊敬。」；（三）議長當選人乃由資淺議員陪同入座議長席，象徵其未來職責乃在保障後排資淺議員的發言機會（前排國會領袖本就掌控議事程序無須議長特別關切）；（四）第二天在新議長率領下有秩序的再赴上院，代表議會已有完整與秩序的象徵，上院代表的態度也迥然不同。換言之，議員所以得到社會尊重，乃因為他們寄託於以議長為代表的有秩序議會，而非因為擁有民意的支持；（五）議長取得認可後返回主持議員的就職，一方面表示有了象徵議會的議長，議員才「有職可就」，議員乃依附議長而存在；再方面也表示議會的獨立性與自律性，無需假手議會以外的權威，如牧師或法官，主持或監督議員就職。

美國眾議員議長的就職不似英國繁複與隆重，但議長先於議員完成宣誓就職程序，則與英國並無二致。在1863年以前，眾院對於新國會是否應在開議首日選舉議長，仍有些不同的意見，但幾經討論後眾院最後通過決議，確認新國會產生後的第一項工作就是選舉新議長，並列入眾院議事規則中世代遵行。美國憲法明文規定：當選的國會議員均應宣誓擁護憲法，始能取得資格。議長若未能先完成就職程序，議員宣誓就職時將由何

人主持便顯得有些尷尬。美國國會強調獨立自主,且三權間相互制衡,若因無議長而需仰賴其他機構代表主持議員的宣誓就職典禮,邏輯上似乎顯得矛盾。

此一先議長而後議員的就職程序,與我國的法定程序正好相反。我國各級議會通常是議員先在法官或上級行政機構的主持下進行宣誓就職,議員取得法定地位後,再互選產生議長。由於議長乃議員「互選」產生,議長並無突出於議員的法理地位,議長的尊崇地位因此顯得薄弱。此外,議長若是因議員一票票支持而成爲議會的領袖,議長的尊崇地位便容易受到挑戰,若遇到議員或政黨以撤回支持威脅議長,議長又豈能挺起腰幹堅持議會的程序與尊嚴?

二、議長的特殊尊崇

議長在英國國會的傳統下既被視爲「國會的化身」[4],制度設計上便有必要予以特殊的尊榮;畢竟,尊重議長便是尊重整個議會。英國議長就職後,每天進出議場時均由議場警衛長(Serjeant at Arms)持金質權杖在前面開路,並由議會牧師與書記長跟隨其後,議員遇到此一行列,都必須恭敬的起立脫帽致敬。議長登上議長席時,全體議員都需起立致敬,退席時全體議員也必須向議長的方向鞠躬。議長在議場時,權杖置於會場長桌上,以示議長不容挑戰之地位。這些形式禮儀的背後,無疑是議員對議長尊崇的共識,使得議長甚至無須憑藉議事規則,便可順利維持議會的秩序。

2,000年前,中國漢朝的叔孫通便已懂得運用朝儀來襯托皇威,使得平民皇帝劉邦可以有效的壓制共同打天下的各路豪傑。今天經過民意洗禮的國會議員,顧盼自雄不亞於王朝權貴,議長若不能透過儀典建立威儀,很難不讓人擔心他將如何領導這個群雄並起的組合?台灣在民主化過程中常強調政治人物必須「平民化」、「接地氣」,但人類的權威心態自古迄今並沒有太大的改變,退掉了儀典的包裝,反而讓議長陷入被「食人族」

---

[4] Robert Rogers and Rhodri Walters, *How Parliament Works*,谷意譯,《英國國會》,台北:五南,2009年,頁68。

包圍的危機。[5]

　　為了維護議長的尊崇，英美兩國國會也一直有個傳統，禁止議員在議場內外對議會及議長進行人身攻擊。對於議長絕對中立且潔身自愛的英國，此一傳統不難理解；但美國議長是國會的多數黨領袖，若少數黨議員不能攻擊批判，國會又如何展現民主機鋒？美國史上最具傳奇性的民主黨議長山姆瑞苯（Sam Rayburn）說得好：「因為議長是眾議院的僕人和代表人，……，貶低議長職位的威望，也就大大貶低了眾議院本身的威望。公開或背後攻擊議長職位，必然都會為將來留下混亂及不良政府的劣跡，其理由並不是議長為神聖不可侵犯的職位，而是議長乃是眾議院權力與尊嚴的化身。」我們在怨嘆國會沉淪時，是否也應該自問，國人是否願意給予議長，類似的尊崇地位？

三、議長選舉的保障

　　在台灣長大的朋友，無人不知選舉對個人尊嚴所形成的傷害。選舉期間黑函滿天，甚至祖宗三代都必須受到嚴酷的檢討；縱然當選，一生經營的高尚形象恐怕早已傷痕累累。對於一般公職，這或許可以視為「陽光殺菌」的必要之惡；但對於代表議會，必須享有尊崇的議長，一場廝殺下來是否就是國家之福，恐怕值得冷靜三思。

　　英美兩國為了避免議長尊嚴受到選舉程序的傷害，均發展慣例保護議長，使議長不必被迫「放下身段」。由於兩國議長均由議員擔任，故而這類保護也多由競選議員階段開始，便已有所安排。美國議長由於享有許多政策參與權，對選區的俾益十分可觀，故除非表現讓選民極不認同，往往不需特意安排便可輕鬆當選連任。1994年的眾院大選，民主黨的佛利議長（Thomas S. Foley）馬前失蹄，竟然輸給了共和黨對手，成了南北戰爭以來首位落選的議長。這一方面代表了現代選民的自主性，也反映了民主議會議長權威的減弱，對於國會未來的發展是否產生質變，值得我們繼續觀察。

---

[5] 美國眾院議長萊特（Jim Wright）在1989年被迫辭去議長職時，便忿忿然指控眾議院宛如「沒有心肝的食人族」（mindless cannibalism）。

　　英國國會議員採「選賢與能」精神，議員可以在任何選區參選，故而議長所屬政黨爲了表示尊重，往往會挑選一個該黨的安全選區，經與他黨協商後，提名議長參選，而他黨也會禮讓議長同額當選。但這並不保證沒有例外，1935年及1945年時曾發生同選區的其他政黨提名參選，雖然仍然落敗，但這項行爲也立刻引起其他議員，包括同黨的領導階層，加以撻伐，故而迄今並未再有類似的案例。爲了使該選區的選民利益不致被犧牲，英國還在1939年通過特別辦法，由政府代爲進行選民服務，減少選民的委屈感受。

　　議員當選後選舉議長時，英國均透過政黨檯面下的協商，事先決定人選使選舉只徒具形式。若原任議長願意連任，無論他所屬政黨是否仍爲國會多數，通常兩黨均會同意由其續任。但若議長無續任意願，或因其他原因出缺，則概由多數黨提名該黨的後排資深議員參選。選舉雖然徒具形式，但1951年也曾發生少數黨不尊重協商，堅持提名競選，但這僅能視爲特例。

　　美國國會選舉議長雖然一直有競選的形式，但在該項投票中，兩黨黨員必然嚴守黨紀堅壁清野的支持黨提名人，絕少發生跑票的情況。美國政黨認同薄弱，議會的表決常常讓人嚇出冷汗，但議長的選舉卻是難得的例外。前議長歐尼爾（Tip O'neill）便說，議長選舉已是現今美國議會，唯一議員會依政黨立場投票的場合。而爲了使政黨提名人避開黨內激烈的競爭，美國兩黨自1911年以來便建立慣例，幾乎都由多數黨領袖自動成爲議長候選人，使得議長之爭在選舉多數黨領袖階段時便已底定；政黨若失去多數地位議長便自然下台，原先的少數黨領袖此時也自動遞升爲議長。是故，每屆議員選舉結果揭曉後，何人將接任議長一職，宣誓就職前便已人盡皆知。

　　美國議員願意捐棄私見，不以選舉議長作爲需索的工具，正是因爲瞭解議長對議會的重要性。議長選舉的公開競爭雖然體現民主，但卻難免折損當選者的尊崇，甚至傷害國會的形象。我國立院院長選舉雖然次數有限，但激烈的競爭早已使院長難以在行政體系與政黨的壓力下堅持應有的立場，立委收賄投票的傳聞也偶有出現，嚴重的斲傷了國會的形象。當民

主形式有損於議長功能的發揮時,若還堅持形式意義便顯得有些本末倒置,值得國人深思。

 參、沒有權力如何烘托尊崇

　　美國憲法將國會列於第一章並非偶然,制憲者刻意以此凸顯立法權爲政府三權的「第一權」(first branch)。由於美國總統乃透過間接選舉(選民選舉總統選舉人團由該團選舉總統)產生,參議員20世紀前則由州議會選舉,兩者皆無直接民意的基礎。眾議院如本書第三章所言,乃爲「全民化身」的象徵,在人民主權的理念下自然擁有最大的權力。美國的三權常被解讀爲「制衡關係」(check and balance),但若因此以爲三權「平衡」則爲嚴重誤解,因爲制憲者將大部分權力集中於眾議院,三權法理上並不平衡。[6]

　　眾議院既享有龐大的決策權,爲了避免濫權任期便設計爲兩年,短促的任期使議員必須經常奔波於議場與選區,難以累積充分的立法知識與技術。美國憲法的主要執筆者麥迪遜因此擬想,多數眾議員行使職權時,將會高度仰賴議會中經常連任的資深同僚,使得資深議員成了眾議院的掌舵者。[7]議長既是由國會最資深的議員間產生,其擁有的影響力當然也因而水漲船高,若說眾議院議長是美國最具權勢的政治領袖,應該不讓人覺得突兀。

　　民主國家的國會議長擁有十分廣泛的權力,來源也甚爲複雜,本章當然不可能一一盡舉。歐尼爾議長曾概括議長的主要權責爲:(一)安排議程;(二)指定議員發言權;(三)指定議員參加各特別委員會、程序委員會、與兩院聯席委員會;(四)統轄眾議院;(五)保護少數黨議員的

6　Donald S. Lutz, *The Origins of American Constitutionalism*, Baton Rouge & London: Louisiana State University Press, 1988, pp. 92-93.

7　James Madison, "The Federalist No. 53," in *The Federalist Papers*,謝淑斐譯,〈第53章:續前提,再論眾議員任期〉,《聯邦論》,台北:貓頭鷹,2000年,頁261-265。

權利；（六）國會大廈的行政官員和行政監督者；（七）國會最高領袖；
（八）代表眾議院參加各種慶典；（九）擁有繼副總統之後，第二順位繼
承總統職位的權利。歐尼爾在自己的回憶錄中還提及，議長另有項甚少使
用的重要職權，連他都是在上任後才知道：那就是身兼「首都地區最高警
察首長」。[8]大部分的這些權力，我國的立法院長都只能暗裡稱羨，茲將
這些權力及其衍生運作，擇其要者說明如下：

一、安排及掌控議程權

　　歐尼爾議長的一句名言是：「眾院議長的權力便是安排議程的權力」
（The power of the Speaker is the power of scheduling），很少學者能對此
加以質疑。美國眾議院議程分為「國事議程」（Union Calendar）、「院
會議程」（House Calendar）、「私法案議程」（Private Calendar）三
種普通議程，及「共識議程」（Consent Calendar）、「解除責任議程」
（Discharge Calendar）兩種特別議程。法案排入何種議程，往往關係審
查的遲速，甚至能否重見天日。名義上這是由議長、多數黨議場領袖和少
數黨領袖共同協商決定；但事實上，議長對於最後議程及時間的排定，擁
有獨占與權威的決定權。故而議長可以將他主觀認為重要的，或他所支持
的法案，安排在最有利的時間，反之，則安排在不利的時間，間接決定了
法案的生死。再桀驁不馴的議員總也會提出法案，面對議長的這項權力，
那個議員敢不收斂三分？

　　除了分類議程，議長另一影響議案的重要手段，便是透過法規委
員會（the Committee on Rules，有些中譯為「程序委員會」）決定法
案何時排入二讀會、二讀會應如何審查、與多少辯論時間等，由於掌
控院會案件的流量，故被媒體戲稱為「交通警察委員會」〔Traffic Cop
of Committee〕。為了使議長能有效運用法規委員會規範議事時程，
委員會的13位委員中，有9位委員乃由議長指定，少數黨領袖雖可選派
另外4位議員進入委員會，但由於人數過於懸殊完全無法牽制議長的立

---

[8]　William Novak, *Man of the House: The Life and Political Memoirs of Speaker Tip O'neill*, New York: St. Martins Press, 1987.

法計畫。議長牢牢掌控法規委員會，使委員會又被暱稱為「議長委員會」（Speaker's Committee），或「國會領袖的臂膀」（an Arm of the Leadership），可見其對議長掌控議程的重要性。

英國國會由執政黨掌控議事進程，議長難以置喙，故英國議長基本上只扮演一個中立的會議主持人角色。2019年3月底國會辯論脫歐協定時，議長以「一事不二議」拒絕將內閣提案排入議程，便曾引發一些爭論。但議長的自制並不代表毫無影響議事進程的權力，如決定中止討論並將法案交付表決，便完全屬於議長的裁量權。且議長有保護後排資淺議員表達意見的責任，故議長也可能拉長議案辯論，造成議案受到媒體關注，內閣首長常只能乾瞪眼維持風度。

二、指定發言權

英美兩國國會規定，議員開會時必須取得議長認肯（recognition），才得在會議上發言，相對於我國議長只能根據登記順序，機械式的唱名讓議員發言，英美議長的裁量權顯然大得多。英國議員為了吸引主席目光，以求在眾多同僚中獲得「關愛眼神」，有時甚至穿著鮮豔外衣、揮舞色彩亮麗的手帕、舉著特高的帽子等，可謂無所不用其極。在美國參院，由於主席目光會習慣直視議事堂中間走道，走道兩側位置也因此被視為是爭取發言權的黃金地段。

議長擁有指定發言權，當然也可能利用是項權力排斥不合作的議員。本書第六章便曾提及，眾議院議長如果不想讓你發言，議員縱然在議場上站死了也沒用。有則小故事便透露了議員對此的無奈：某次議會清點人數時，阿肯色州一位民主黨眾議員既不想幫多數的共和黨湊足法定人數，但也懶得走出會場，便乾脆窩到桌下佯裝不在場。議長瑞德眼見此一動作，便指示負責點名的秘書：「把藏在桌下的那位議員也計為出席。」該議員見計不可施，揮拳衝到主席台前抗議：「議長先生，這項裁示讓人感覺怪異，平常我爭取發言時，就算在座位上以最高分貝呼叫，但你從來卻無視於我的存在，何以現在我藏在桌下你卻可以看得見？我希望你瞭解，我既是個民主黨人，也是個（值得尊重的）士紳。」聽到抗議，瑞德往椅背上

一靠，不屑的回答：「如果你竟是這樣一個奇怪的組合，你又何須怪我（常常視而未見）？」故而，對英美議員而言，議會最嚴厲的處分，不是紀律處分，而是議長與同仁的「冷漠以對」（cold shoulder），處於此一境界的議員便等於被判政治死刑，提案出不了委員會發言又被封殺，很難在議會翻身。

　　主席的指定發言權幾乎是所有會議規範都認可的權利，但英國議長比美國議長還多了個允許接續發言的判斷權。英國議員在院會期間可以質詢官員，美國則因實施三權分立，官員無須到院會備詢。質詢內容雖依規定必須事先提供給官員，質詢順序更是事先排定，議長並不具備指定權。但有限時間內能允許多少議員質詢、質詢時間久暫、內容是否符合主題、議員能否追加質詢等，則完全由議長主觀掌控。議員質詢時間如果超過，議長可以裁定終止質詢；而議員質詢內容離題或形同政見發表時，議長也有權制止該議員繼續發言；至於使用「非議會語言」，如講髒話，議長當然有權依慣例予以制止；甚至閣員能否以書面答覆質詢，也都由議長裁定。

　　官員由於事先已接獲質詢內容，備詢時難免實問虛答閃避問題，這時議長便可判斷是否允許質詢議員進行接續發問。許多國會的觀察者常說接續問題才是國會的好戲上台，因精明的議員有時會以提交的質詢題目為掩飾，在官員以為可以輕鬆過關時，再出其不意的提出接續問題攻其不備。歷史上許多重大的醜聞，或政府的違法行為，常是在接續發問中被引爆。而是否允許議員在質詢後可以接續發問，便完全屬於議長的裁量權。讓英國議長代理主持我國立院，眼看立委質詢時貼海報、綁布條，耳聽散播謠言、講髒話、發表政見，但院長卻只能呆坐主席台絲毫不能有所作為，恐怕英國議長一天也做不下去。

　　議長除了運用指定發言權作為懲處議員的利器外，當然也可以積極的使討論更為生動豐富。例如英國議長便常利用這項權利使少數黨有陳述的機會。美國的歐尼爾議長於70年代中期，開始刻意交叉指定兩黨議員輪流發言，一方面保障少數黨的發言權，另方面也藉此造成議會一來一往的政策辯論，讓民眾與媒體更能了解兩黨在政策上的差異，歐尼爾的作法讓他博得了「民主議長」（Democratic Speakership）的雅號，也為多數黨

主控的國會增添不少活潑的意象，迄今已成為眾院的慣例。

三、介入委員會的選任

　　亨利·克雷（Henry Clay）是美國第一位雄才大略的議長，他於1811年第一次當選議員後，便機緣巧合的以34歲英年被擁戴為議長。在他之前，由於行政權長期掌控於革命元勳手中，基於「槍桿子出政權」的不變法則，國會根本無法發揮憲法所賦予的權力，宛如總統的「立法局」，絲毫不能有積極的作為。一位史家便形容克雷之前的議長：「除了名字，什麼也沒留下。」但這些情況到了克雷便有了徹底的改變，這個「獨立戰後的新生代」不僅將國會提振到與總統分庭抗禮的地位，甚至也為美國開啟了政黨政治的新頁。究竟這個國會的新鮮人是如何做到的？

　　克雷當選議長後，逐步將國會的常設委員會由9個擴充為28個，並大量指派其支持者掌握各委員會，連委員會主席也都由他指定。透過此一人事布局，克雷建立了他在國會中難以搖撼的主導地位。學者因此評論：「克雷不是強勢的政黨領袖，而是個聰明的制度政客（clever institutional politician），他以委員會任命編織起一層保護膜，屏障他當時還不甚穩固的權力基礎。」克雷的策略給了他後繼者極大的啟發，故而直到1910年，議長大體均以同樣的委員會派任權嚴密掌控國會。

　　議長擁有是項指派權，當然免不了專擅自大。1911年國會改革派利用復活節假期議長派議員返鄉度假時，無預警的提案變更國會內規，並驚險的獲得通過，史上稱為「國會叛變」（Congressional Revolt）。改革案剝奪了議長各委員會主席的派任權，從此參加委員會及主席選任便改以資深原則，使議長無法進行干預，但如此一來也使得國會因缺乏統一的領導而逐漸勢弱。水門事件後，國會驚覺立法機構因缺乏統一指揮而失去決策主導權，於是又進行了一連串的改革，其中最重要的一項，便是將議員參加委員會改由國會黨團安排，委員會主席亦由黨團提名。但黨團負責篩選的指導委員會（Steering Committee）中，有半數成員均由議長指派。換言之，議長又透過國會黨團，部分恢復了原有的指派權。

　　議長要領導國會，如前所述，須有效掌控法規（程序）委員會。但

1910年的改革中，不僅剝奪了議長擔任該委員會主席的資格，委員的選派也同樣依資深原則，議長少有置喙的餘地。50年代總統銳意推動黑白平權等政治革新，但卻苦於法規（程序）委員會被南方保守派民主黨議員與共和黨議員聯手掌控，改革方案根本進不了院會程序。美國人這時才深切體會，缺乏有效領導的國會，竟然可以如此阻絕公平正義的實現。於是，議長對法規（程序）委員會委員的專有任命權，自60年代又開始逐漸恢復，目前該委員會已成名實相符的「議長委員會」，國會多數意志也因而可以更完整負責的表達。

議長另一個重要的委員選任權，便是指派議員參加「兩院聯席委員會」（Conference Committee）。依美國憲法規定，參眾兩院必須就同一法案通過內容完全一致的版本，才算完成國會立法程序並送交總統簽署執行。但兩院任期與選區皆不相同，要兩院通過一致的版本似乎有些緣木求魚。故而，當兩院法案內容產生歧異時，兩院便各自選派代表舉行兩院聯席會議，化解彼此的差異。眾議院的聯席會代表向來都由議長指派，參議院則由多數黨領袖決定。此一選派權力，讓眾議院議長（與參院多數黨領袖）對法案的內容與成敗享有可觀的影響力。議長若不希望法案通過，便大可挑選頑固型議員參加，使得法案因協商不成而胎死腹中。反之，議長若希望法案通過，便可選擇妥協型的議員進入聯席會，使得聯席會的討論較為順利。當然，在委員的選派上，議長也可能指定思想與他接近的議員，使得自己的主觀價值能在立法的最後關頭被納入法案之中。對於桀驁不馴議員的提案，議長更可以透過委員的指定讓提案議員吃足苦頭，完全不必口出惡言。

國會為了處理跨委員會的議案，或是調查重大事件與社會關注議題，會組成「特別委員會」（select committee或special committee）。由於是臨時性的任務編組，委員成員往往授權由議長指派。如果特別委員會組成是針對行政體系的不當作為，議長若與總統分屬不同政黨，則議長便可能選派對總統存有成見的議員擔任委員，形成對總統的可觀壓力。70年代民主黨占多數的國會，為了調查共和黨總統涉入水門事件的程度，組成「總統競選特別委員會」（Select Committee on Presidential Campaign

Activities，又稱水門事件調查委員會），最後導致尼克森總統辭職便是顯例。行政體系難保沒有瑕疵，議長掌握了特別委員會的指派權，便等於擁有跟總統叫牌的本錢，有助於強化議長的權勢。[9]

我國立院向來強調平等的原則，立委以自由登記的方式選擇加入委員會，若人數超過上限則透過抽籤篩選登記者。1999年修訂「立院組織法」，模仿美國成例，將委員會的名單改由政黨提出（包括程序委員會）。然而，由於占立院多數的國民黨無法擺平黨內紛爭，實行一個會期後，又被改回原先的登記抽籤制。公平固然公平，但院長或政黨不能掌控委員會的指派，立院群龍無首的亂象只有更加糟糕。

四、決定法案的送審方式

議長雖然掌控委員會的指派，但在平等合議的精神下，難免還得尊重資深或專業等原則，這使得議長對委員會的掌控難以全面。但如果議長不但可以掌控部分委員會，且又可以主導法案進入這些委員會審查，議長的權威便無異如虎添翼，美國的議長便擁有這樣的權力。

英國議長可以裁定法案是否屬於金錢法案（money bill），一旦被裁定為金錢法案，該案便必須交付全院委員會審查，如此可以避免少數意見利用委員會進行抵制。再者，一旦列入金錢法案，貴族院也只有一個月的延擱權，對於法案的及早實施相當有利。

美國議長的權力則更甚於此，他有權在法案一讀後，選擇由特定委員會進行審查。例如類似核四的案子，交付經濟委員會或環保委員會審查，結果便可能完全不同。再者，議長一人也可以決定，一個法案是否由特定委員會全權審查，或將法案分割交由兩個以上委員會分別審查，或是兩個以上委員會進行全案接續審查，甚至兩個以上委員會聯席審查，有時議長甚至還可以要求審查必須在限時內完成。這些裁量權均屬於議長，除非有重大瑕疵否則議員不得異議。自19世紀末以來，眾院議長便經常以分

9　共和黨掌控的國會在90年代曾針對克林頓總統先前的房地產投資是否違法（俗稱白水案），組成特別委員會（Special Whitewater Committee）進行調查，當時曾有記者訪問尼克森，該案是否可能如同水門案導致總統下台？尼可森回答這看特別委員會的調查力度，若調查公聽會持續召開吸引媒體關注，任何總統也承受不了這「每日一爆」的壓力。

案的方式，扼殺不符其希望的法案，或製造「小鞋」讓特立獨行的議員難過。歷任議長中，歐尼爾被認為是最擅於運用此一分案手段，來達到政策目的的一位。

五、解釋議事規則權

英國洛伊德議長（Selwyn Lloyd）曾以「碧藍的晴空中，常會有突如其來的狂風暴雨出現」，來形容議場氣氛的氣象萬千與不可預測。面對千變萬化的議場現象，議長如果不能擁有解釋議場規則的權力，議長的威儀將如同紙老虎一戳即破。例如我國各級議會議員，常以「程序發言」巧取實質的發言機會，有時甚至因此癱瘓了整個會議的進度；在英美國會，是否「程序」，或是否允許「程序發言」，則完全由議長解釋，國內常見的伎倆根本無用武之地。

某次，北愛爾蘭的分離主義者刻意堅持以愛爾蘭語發言，藉以表彰對大英主權的抗議。議長當機立斷的表示，由於議長聽不懂愛爾蘭語，無從判斷發言是否違犯議事規則，故要求議員改用英語。此一處置，一方面避開了議長被曲解為具有特定政治立場的尷尬，另方面則維護了議會的尊嚴，展現了議長以解釋議事規則破解衝突的睿智。

幾年前呼叫器還甚為普遍時，英國議長曾將一位攜帶呼叫器的議員逐出議場。該議員嚴辭抗議，謂呼叫器是震動式，根本無虞干擾會議之進行。議長則解釋說，國會是個獨立問政的處所，攜帶任何能與外界互通聲息的工具進入議會，難免讓人懷疑議員問政是否配合外界指示進行。故而，癥結不在呼叫器是否干擾他人，而是議會無法忍受某些議員行使職權時可能有外在勢力的介入。反觀國內立院開會時，立委各持手機忙碌的高談闊論，甚至影響他人論政，議長卻因議事規則尚無明文，而不敢裁示禁止。殊不知議會的尊嚴已因議長無法彈性的解釋規則，而一點一滴的流失。

被稱為「沙皇瑞德」議長，曾有一則軼事便凸顯了議長解釋議事規則的專擅。瑞德擔任議長時，為了讓會議順利進行，曾自行編纂了一套議事規則奉行於議會，時稱「瑞德法則」（Reed Rules），內容明顯有利於議

長的擴權。某次,議長裁示少數黨人士所提的程序問題不成立,但所依據的論點卻恰好與「瑞德法則」中的規定牴觸。少數黨人士因此得意的將法則拿到主席台,請議長詳閱他自己所撰寫的條文。瑞德的反應卻冷靜得讓少數黨人士幾乎跳腳:「哦,法則的規定是錯誤的。」[10]換言之,有關議事規則的裁定,只有議長說了算。

批准或解釋議事規則,當然必須有所憑據。但就眾院而言,兩百餘年來所累積的規則及先例,至1940最後一次編纂時已多達11巨冊,議長在議會秘書的協助下,從來不必擔心找不到有利的根據。相對的,缺乏專業協助的議員,若要即席挑戰議長對規則的解釋,不僅成功機率渺茫,也得擔心被議長註記為搗蛋分子的後果。

六、首都最高警察首長

美國獨立戰爭時期,部分士兵因未領到薪餉,於1783年包圍當時國會開會的費城獨立廳(Independence Hall in Philadelphia)。為了逃避士兵的持槍威脅,國會只好狼狽的搬到普林斯頓。經過此次慘痛的教訓,1787年制憲時便明文規定:「為了保障國會獨享之立法權……國會有權在首都所在地行使相關權威,如建築要塞、軍火庫、兵工廠、船廠、及其他必要之建築物。」(美憲1條8項17款)。此一相關權威(like authority)便包括由議長兼任首都地區的最高警察首長,有權調動首都警力保護國會的順暢運作。由於立憲以來未再發生影響國會運作的重大事件,這項權力備而未用,歐尼爾擔任議長的10年內也只有為了載送卸任議長返鄉調派過警用直升機。但沒動用不代表權力不存在,這項議長權多少使得暴力杯葛受到壓制。

2007年元月,民進黨國會黨團為了阻擾在野多數聯盟通過《中選會組織法》,竟以大鎖鎖住議事廳大門,阻止立法院長王金平主持會議。王院長不僅未動用警察權捍衛議長尊嚴,還怯於民進黨威嚇將法延擱到次屆國會。面對同黨議員的不滿,王院長還援引英國國會名言:「除了公雞不能變母雞,什麼事都能做,唯獨不能讓軍隊、警察進國會。」並對同黨議

---

[10] Boller, pp. 240-241.

員在他被攻擊時袖手旁觀表示不滿。王院長的處理方式可以說完全誤解了
警察權的角色，議長代表議會召喚警察維持秩序，與議會外的力量指揮警
察進入，完全是不同的狀況。不敢動用警察捍衛議長尊嚴，卻希望同黨委
員為他打一架，議會領袖明顯失職。[11]

　　英國國會在脫離王權將近300年的歷史中，僅有一次因議員肢體衝突
而迫使議長必須召喚首都警察進入議場恢復秩序。但議長在次日便以自身
威信無法維持秩序有負議員託付，立即向全體議員道歉並請辭。前輩議長
的堅持風骨，應該是今天英國議長受到朝野尊崇，使得警察權得以備而不
用的主因吧。

 ## 肆、權力運用的意志與技巧

　　議長掌控議會的權力可謂相當廣泛，但何以歷史上多數議長仍然平
庸下台？如同任何領袖職務，議長能否成為真正的權力中心，關鍵還是在
他是否有運用這些權力的意志與技巧。學者彼得斯（Ronald Peters）便指
出：「一位議長的好壞，判斷的標準全在於權力的運用。有效運用權力的
議長必然是位強勢的議長，我們也通常認為是位好的議長。」[12]其中克雷
更是其中的佼佼者，他曾如此詮釋議長的責任：「（主持議會）須決斷、
迅速的決斷，絕不要告訴議員你如此決斷的理由。只要你做了決斷，院會
自然會支持你，但如果你去談理由，則永遠有人跳出來質疑及挑戰你的理
由（使會議沒完沒了）。」由這段剖白我們不難想像，克雷主持會議時的
強硬作風。但非如此，克雷又如何能凝聚當時還在摸索定位的年輕國會？
瑞苯（Sam Rayburn）擔任議長時權傾一時，他的同僚也曾如此評論：

---

[11] 2014年3月學生團體因立院不當立法，占領立院二十餘天表達抗議（太陽花學運），當時的
院長王金平未動用警察驅趕，同樣也可以視為議長怠忽職守。因為保衛議會，讓議員得以安
心問政，正是議長職責之所在。

[12] Ronald M. Peters, Jr., *The American Speakership: The Office in Historical Perspective*, 2nd ed.,
Baltimore & London: Johns Hopkins University Press, 1997, p. 1.

「瑞苯主觀認定他有這些權力，因為他如此認定，眾人便只好追隨。」顯然，議長的權力並非透過法條規定，而是存在於議長的意志。

　　美國立國以來，擔任過議長的已達55位之數，但依學者評斷，稱得上「國會山莊之王」的，也不過戔戔9位。[13]許多議長八面玲瓏處處想做濫好人，但後人卻嘲諷：「除了名字，什麼也沒留下。」那些令人懷念的議長又是如何運用權力的？或可由兩則議會插曲加以體會。

一、瑞德對議會出席人數的計算

　　如同任何會議規範，美國眾院規定，投票表決必須開會人數符合法定人數始為有效，美國眾院的法定人數則為過半議員的出席。1890年以前，國會唱名表決也視同清點人數，被呼叫的議員如果未答「贊成」、「反對」、或「棄權」，便習慣計為缺席。此一方式對少數黨派有利，因為議員被唱到名時可以噤不出聲，若再加上原本未出席的，或許有機會造成法定人數不足而流會。

　　瑞德擔任議長時，為了抵制少數黨這項策略，某次表決時便要求書記將在場未作聲者一律計為出席。少數黨議員因而大譁，高聲提出抗議，但瑞德完全不理會，命令書記繼續計票。點到肯塔基州眾議員時，該議員高呼：「我否定議長有這項權力將我列為出席！我請求議長查閱議事規則的相關規定！」議長則堅定的回覆：「主席將肯州這位議員列為出席，完全是根據事實，難道他能否認在場？」在反對黨的喧囂、叫罵、噓聲、口號聲中，人數終於清點完成，議長宣布出席者合於法定人數。清點完成後，瑞德向在場議員表示：「根據憲法規定，國會有權訂定規則迫使議員必須出席開會。如果議員明明在場，卻因拒絕履行職責而不被計為出席，那麼憲法的這項規定便如同具文。由於憲法只提到議員『必須出席』，故而只要人在便應列為出席人數，如果『出聲』才算出席是憲法的本意，那麼憲法必然早就如此明定。」

　　但抗議並未因此平息，議會為此持續大鬧了3天，一位南方議員甚至還因此跳上議事桌鬧場。在隨後的人數清點時，議員有的躲到桌下，有的

---

[13] Richard B. Cheney & Lynne V. Cheney, *Kings of the Hill*, New York: Simon & Schuster, 1996.

藏在布幔後，但都被瑞德列為出席。有些議員乾脆企圖走出議場造成實質的人數不足，未料，瑞德居然下令封閉議場各門，禁止議員離場。德州一位火爆議員因為無法離場而舉腳踹開門，使得門外的緬因州議員因此鼻樑受傷。這位議員從此以「大腳」著稱，當時媒體還嘲諷，該議員的問政聲譽，乃建立在「腳上」而非「腦袋」。

　　紐約論壇報對這次紛爭如此記述著：「國會完全就是個紛亂的煉獄，但身處紛亂中心的議長瑞德，卻異常平靜及沉著，未曾有任何一刻失去控制。他在最冷靜的情況下做出決定，宣示的音量也只剛好高過喧鬧聲。」儘管瑞德因此被醜化為沙皇、暴君、獨裁者、篡位者、惡棍、懦夫，但由於他的堅持與毅力，議會也因此改變出席的認定方式。少數黨議員後來將此事告到法院，但最高法院明白支持議長有解釋議事規則的權利。4年後，民主黨贏得多數並取得議長職位，但當該黨有能力改回議事規則時，卻也不能不承認，瑞德當時的裁決的確較有利於議事的推動。如果不是瑞德展現議長的意志與決心，這項良善的議事規範，又如何能成為眾院法則？

二、瑞苯力求人和的技巧

　　在美國歷任議長中，瑞苯被公認最懂得運用技巧以鞏固個人權力及強化議會的人和。事實上，由於議會人數在20世紀前後大量增加，議長職權在1910年又被大幅削弱，議長事實上已無法回復到20世紀以前的專擅作風。故而，在上個世紀20年代末期，議長龍沃慈（Nicholas Longworth）便在議會布置了個小房間，作為議會各領袖聚會密商議事的場所，這個聚會後來被戲稱為「教育委員會」（Board of Education）。所以有這個稱號，因為這個聚會也常邀請資淺議員參與，龍沃慈議長認為，聚會使他們學習新的知識，故而頗有「教育」的功能，幾杯小酒則是他們繳交的學費。瑞苯早期也是教育委員會的成員之一，在他擔任議長的十餘年間，又刻意將委員會的功能發揚光大，成為每天下午4點至5點間的定期集會，此一集會使得瑞苯得以更精準的掌握議場生態並培養議會未

來的領袖。[14]

　　瑞苯在1950年代的一則軼聞，可謂是議長權力運作的經典。[15]某位奧邦尼（Albany）地區的廣播節目主持人，因主持節目享有知名度，因此受到當地民主黨大老的提攜，順利當選眾議員。大老家族後來涉及逃稅疑雲，但國稅局並未公布懲處，一拖數年使得生意因案子未結而大受影響。大老於是透過該議員安排，晉見瑞苯請求協助，希望國稅局裁處能儘早公布。瑞苯在瞭解狀況後，答應幫忙並請大老下午5點再到辦公室聽取處理結果。

　　瑞苯隨後傳喚了國稅局局長到議長辦公室商談，當面要求局長親自監督該案的執行。末了，瑞苯甚至還建議局長，應以民事而非刑事處理該案。下午4點30分局長辦公室來電，稱該案已以民事罰金42,000元處結。當大老與議員於下午5點回到辦公室得知處理結果後，自然對議長心懷感謝。大老於是向議長承諾：「非常感激你今天為我所做的事，將來任何時候，如果你在議場上須需要支持，請把我這議員算成你的鐵票。」瑞苯則回應說：「這不是我的行事風格，我答應協助，乃因為國稅局的處理確有不當，我從未想過以此交換支持。」但大老仍然堅持必須回報。瑞苯於是說：「如果你真想回報，目前正好有件海上石油開探法案，屆時或許請你的議員支持。」大老立刻拍胸脯表示沒問題，並轉頭要議員承諾支持，議員則苦笑不發一語。

　　議員的尷尬是有理由的，因為選區民意早已清楚表達反對海上石油開採，當地報紙幾天後也報導議員為了清償大老人情債而出賣選區民意。此一情況使得該議員陷入兩難的處境，只好硬著頭皮見議長，希望議長能允許他撤回支持的承諾。瑞苯聞言不悅的表示：「本來我就告訴你，我的協助是從來不談交換的，但你卻自願承諾支持，既然承諾你就有遵守的責任，尤其我已把你這一票算在布局之中。但你的困難，我也能夠體會，這

---

[14] 副總統杜魯門（Harry Truman）也是這個小房間的常客（美國副總統為參院議長），他正是在此被通知羅斯福去世，並即刻趕往白宮宣誓繼位為總統。

[15] William Novak, *Man of the House: The Life and Political Memoirs of Speaker Tip O'Neill*, New York: St. Martin's Press, 1987, pp. 154-155.

樣吧，投票當天，請你坐在議場的第一排，眼睛盯著門警，如果我已有了足夠的勝算，門警將給你一個暗示，屆時你便可隨心所欲投票。」投票時，門警送出議員可自由投票的訊息，解決了議員的投票困境。但有趣的是，根據議員描述，當時坐在議場的第一排的還有13位議員，大家都目不轉睛注視著的門警。

這便是瑞苯的權力技巧：權力只是製造恩惠的工具，領導威勢乃透過恩惠的施與才得以產生。故而，在瑞苯擔任議長時，如果他聽說有議員準備發表他所不認同的激烈言論時，他絕少會以議長權勢予以壓制，而是透過長久建立的人情，使得該議員知難而退。瑞苯告誡新進議員的名言：「若希望政通人和，便須積極與人互動。」（If you want to get along, go along），迄今仍是流傳國會的至理名言。

美國眾議員每2年改選一次，選舉的頻繁當然使得經費的負擔成為所有議員的夢魘，故而競選經費的贊助也成了議長或國會領袖收攬人心的主要工具。在瑞苯的50年代，議長便常贊助每位議員2,000到10,000美元的政治獻金。今天由於法律的限制，這類贈款只能透過議長或議會領袖所支配的「領袖政治行動協會」（Leadership Political Action Committee, PAC）轉手。如同許多衛道人士所垢病的，這類捐款當然不無道德上的瑕疵，但在議員自主性日漸高張的今天，議長施以小惠換取議場上的支持，只要是透明而可被監督，似乎也可視為權力運作的一環。2002年4月報載立院前院長劉松藩曾以每位60萬，贈金百位立委，對原本缺乏權力基礎的我國立院院長而言，政治獻金似乎已是院長整合委員的最後工具。遺憾的是，我國選罷法明文禁止同類候選人相互捐贈，若這最後的工具都不能合法運用，便難怪我國國會議長無法有效領導立院。

伍、議長的道德形象

　　國會是個合議制的組合，各選區選出的議員，法理上應居於平等的地位。如上所述，英美議長雖握有羈縻議員的各項權力，但在合議制的架構下，議長若得不到多數議員的支持，權力的運作也會受到制約。如以下所舉連索議長（Lenthall）對抗英王的典範，當時若非英王派的議員也支持議長作爲，抗爭便很可能以議長被逮捕而落幕。故而，議長本身必須經得起高道德標準的檢驗，否則難以整合頭角崢嶸的各地議員。

　　此外，議會沒有強大的專業幕僚作後盾，也無法調動軍隊或警察威嚇官員，但議會在制衡行政體系時，後者卻不敢不配合。憲法與法律雖有明確授權，但法條是死的，若無民意的支持與對議會的信任將難以壓制紀律嚴明的行政體系。議長身爲議會的象徵，一舉一動均影響著民眾對議會的觀感，故而議長的操守與人格，不僅關係到個人能否有效的行使職權，也決定了議會能否發揮憲法上所賦予的功能。

一、捍衛議會尊嚴與自主的決心

　　1642年，英王查里一世率領衛士進入下議院，要求連索議長協助逮捕5位曾對他出言不遜的議員。連索議長勇敢的拒絕了具有生殺大權的英王，他說：「我個人沒有眼睛可看也沒有舌頭能說，我只聽從下院的指示，我是下院的僕人。」[16]議長的拒絕讓英王有些騎虎難下，但在場議員以高呼「尊重議會特權」（Privilege!）支持議長的立場，由於沒有料到議長的拒絕，查理一世並沒有足夠衛士壓制國會，因此只能憤然退出。當晚，倫敦市民還自動組織自衛隊，防範英王可能調派軍隊攻擊國會，所幸英王並未採取激烈行動，但自此而後也形成英王，或往後的政府，尊重國會獨立運作的傳統。

　　連索議長的發言點出了議長的地位與功能，往後每屆議長當選人，在

---

[16] 原文爲：I have either eyes to see nor tongue to speak in his place, but as the House do direct me, whose servant I am.

接受英王敕封後均須向英王發表聲明：「（下議院擁有）淵遠流長與不容置疑的權利與自主權，特別是議會辯論時享有的言論自由、免於逮捕的自由、……。」[17]儘管民主化後英王已不可能干預國會運作，但每屆的新議長仍然必須誦讀這些聲明，其意義無非提醒議長，只要坐在議長席上的一天，捍衛國會權利與自主便是他不能推卸的職責，也是贏得議會同仁支持的基本要件。

二、議長的行為規範

議長既肩負著議會形象的重責大任，議長的發言與行為便自然必須嚴守社會規範，不得損及大眾對議會的良好觀感。例如，許多男士朗朗上口的三字經、五字經，當然絕對不能出自議長之口。

眾院議長歐尼爾在1984年曾與共和黨議員產生爭執，激動之下，歐尼爾脫口而出斥責議員操弄議事規則的行為「極為低級」（the lowest）。此話一出，共和黨議員立刻指控歐尼爾發言失當，國會秘書也證實「the lowest」並非議會認可的用語，歐尼爾因此不得不對發言失當，公開向所有議員道歉，創下國會議政兩百餘年來議長首次道歉的例子。歐尼爾在回憶錄中不以為忤的表示：「在議會中，不管議長或議員，都必須嚴守發言規範，尊重其他議員的人格，否則在擁有435位人心各異的議會中，想要有效維持秩序，幾乎是不可能的。」[18]

但持平而論，「lowest」果真如此不堪嗎？至少在台灣便不認為如此，2019年蔡英文總統也曾用「有些low」來形容反對黨人士。顯然，對代表議會形象的議長，必須接受社會與議會最嚴格的標準檢驗。歐尼爾議長在1986年期中選舉後被迫交棒，但這並非因為他的領導能力出了問題，而是因為許多議員擔心，他肥胖的身軀與口嚼雪茄的習慣，可能誤導民眾以為腸肥腦滿、吃乾抹盡的利益代表還繼續控制著國會。可見，當議長形象不符社會的期待時，權傾一時的議長也隨時可能被冷血的更換。

全世界國會中，對議長行為舉止規範最嚴格的，當屬英國國會。對

---

[17] Rogers & Walters, p. 66.
[18] Novak, pp. 424-425.

外界而言，議長是下議院的化身，一言一行均影響著民眾對國會的觀感；對內，議長必須嚴守中立的角色，言詞舉止不能顯現任何對政策或政黨的偏好。學者觀察：「假如議長沒有辦法讓人感受到，在任何方面他都能超越於政黨爭鬥之上，他就無法勝任議長之職，也無法運用下議院賦予他的強大權能。」[19]為了避免引發立場上的揣測，議長不得有任何政治性的言行，除了不能出席任何性質的政黨集會，也不能跟任何議員有較親密的往來，甚至不能參加議員聯誼活動或外出看場電影。由於當選議長必須獲得多數議員支持，能夠登上大位想必人緣社交都不會太差，但一旦當選卻得過著宛如自我放逐般的生活，對多數政治人物而言應該算是個苦差事。[20]

三、清廉自持的操守

本章開始便強調，無論是嚴守中立的英國議長，或身居政黨領袖的美國議長，議長均握有可觀的權力，否則難以領導各方英豪群聚的國會。但握有權力，便難免可能被用於營私舞弊。任何這類相關傳聞的出現，必然都會影響議長的公信力，使得議長無法扮演公正的會議主持人或強勢的政黨領袖角色。若非英美議長多數清廉自持，這個職務恐怕早就被貶為政黨利益交換的籌碼，難以成為今天民主制度的典範。

瑞本是美國歷史上任期最久的議長，從1940到1961年逝於任上，共擔任議長17年，紀錄迄今無人能破。而瑞本的清廉美國政壇更是人盡皆知，他生前的助理與瑞本博物館館長杜蘭尼（H. G. Dulaney）描述瑞本為：「無人可以收買的人，遊說者就算想請他吃頓飯也不可能。他甚至拒絕外地演講的車馬費。」[21]曾是美國最有權勢的第二號人物，擔任眾議員將近50年，但去世時銀行存款卻僅有兩萬多美金，堪稱典型在夙昔。

美國國會運作兩百餘年，從來也沒有一位議長遭到錢財不明的指控，但此一紀錄在1989年萊特（James Wright）議長任內卻破了功。萊特在1987年接任議長後，共和黨議員金瑞契（Newt Gingrich）與民間國會監

[19] Rogers & Walters, p. 67.
[20] 木下廣居，前揭註2，頁32。
[21] 參見：http://archive.sltrib.com/article.php?id=3545640&itype=NGPSID，檢閱日期：2019年4月29日。

督團體「共同理想組織」（Common Cause）聯手指控他涉及多項利益輸送與違法斂財。眾院紀律委員會（The House Ethics Committee）在受理控訴後，萊特議長為了證明自己無所隱藏，還發表聲明歡迎委員會展開調查。委員會經初步蒐證，開了八個半小時的會，辯論是否應該進一步處理，最後決議有6項指控存在合理的懷疑。由於涉及位高權重的議長，委員會決定另組特別委員會調查，並延聘不具議員資格的芝加哥名律師擔任委員會主席。

在歷經10個月的調查後，委員會於1989年4月確認萊特接受房地產商提供免費住宿招待，折合為145,000美元的不當利益，其夫人則使用該公司所提供的車輛並支領每年18,000元年薪。另外，萊特使用政府支薪的助理編寫個人傳記，並抽取售價的五成五為版稅，高於市場行情有利益輸送之嫌。調查會並認為萊特為他投資的石油公司向政府關說，也違反利益迴避的原則。調查報告公布後，萊特在2個月內宣布同時辭去議長與議員職務，成為美國行憲史上第一位因醜聞而去職的議長。

委員會的調查報告並未提出萊特違法的具體事證，故而各項指控充其量也只是道德上的瑕疵。2015年5月萊特過世前，曾向友人表示後悔當初辭職的決定。但身為議會形象的代表，與國會優良傳統的傳承人，操守上確實也不能存在任何讓人質疑之處，萊特的辭職應該是求仁而得仁。

有趣的是，指控萊特的金瑞契在1995年當選議長後，民主黨並沒有忘記報這一箭之仇，開始翻天覆地的蒐集金瑞契各項不利事證。開始時民主黨總共提出議長的84項違失，但最後刪減到只剩一件。那就是金擔任議長時，設立公益基金會，既享受免稅的待遇，卻補貼金在喬治亞大學開設宣揚政黨理念的課程。1997年1月，國會以395票贊成，28票反對通過對議長的譴責案，並課以30萬美金的罰款，創下議長因操守問題被國會譴責的首例。但與萊特不同的是，金瑞契並沒有立刻辭去議長職，他一直熬到1998年共和黨在期中選舉大敗後，同黨議員意識到金的形象已經敗壞，繼續挺下去只會葬送黨的未來，故而透過高層會商迫使金必須下台。

金的案例說明，議長的職權乃是建立在議員的支持上，如果個人操守不保，同黨議員也會義無反顧的支持反對陣營的譴責案。議長就算有

心戀棧，黨內同僚與選民也不可能認同。金的迅起速落說明，議長職位已因美國政黨兩極化的發展，隱然成為政治鬥爭的犧牲品。正如萊特在下台時所抱怨的，美國眾議院已宛如「沒有心肝的食人族」（mindless cannibalism）；金瑞契辭職時也附和地說，他「已沒有意願繼續領導這群食人族」（not willing to preside over people who are cannibals）。

第 9 章 ▶▶▶
調查權──國會功能的關鍵

國會作為消息來源的作用，甚至比立法功能更重要。
　　　　　　── 伍德羅・威爾遜（Woodrow Wilson，美國總統）

 ## 壹、讓行政院芒刺在背的立院調查權

　　1993年1月，立法院三讀通過了《立法院組織法》第18條修正案，增列：「為確保立法權之行使，（立院）得設專案小組向行政院及其各部會調閱其所發布之命令及各種有關文件。」此一在其他民主國家稀鬆平常的國會職權，在國內卻引起了不小的波瀾。時任行政院研考會主委的馬英九，首先表示調查權屬準司法權，憲法既已將該權賦予了監察院，自應由監察院行使更為妥適。於是行政院立刻通過決議，提請總統覆議，總統也在次日完成了核可的程序。行政院移請覆議的理由有二：一是該決議案造成立院與監院職權重疊，將使行政部門左右為難，合屬窒礙難行；二則監院已是憲法規定國家最高監察機關，立監兩院職權既然各有分際，監院若已享有調查權，立院自不應再行使此權。

　　行政院的覆議理由相當程度上反映了許多憲政學者的見解，如當時任教政大法律系的蘇永欽（2010年出任司法院副院長）便附和說憲法既已明文賦予監察院調查權，依「明示其一排除其他」的法理原則，立法院便不應擁有調查權。[1]但這些學者忽略了，1992年第二次修憲後，監察院已由間接選舉的民意代表機構，蛻化為總統提名經國民大會同意後任命的

1　蘇永欽，〈被誤解的調查權〉，《聯合晚報》，1993年2月14日。

獨立機關,此時若還否定立法院擁有調查權,便無異拒絕民意機構有監督制衡行政權的能力。果然大法官會議隨後做出的第325號解釋文,明指修憲後監察院已非等同於國會的民意機構,監察院固然還可以繼續行使監察權,但立法院既為代表民意的機關,為了有效行使職權,當然有權要求相關機構提供資料,甚至調閱文件原本。被索取文件的機構,除非另有正當理由,否則不得拒絕。

根據此一解釋文,立院在1999年訂定《立法院職權行使法》,特闢專章將文件調閱權明列其中。這無疑為立法院爭取調查權跨出了一大步,但與其他民主國家國會比較起來,所爭得的權力仍然十分有限。因為,立法院所獲得的僅是「文件調閱權」,並不包括傳訊證人、調取民間資料、或舉行公聽會等其他民主國會的廣泛調查權。再者,調查的對象也只是向「行政院及其所屬部會」請求調閱資料之權,民間部門、或行政院以外機構,如考試院、監察院、司法院等,均非調閱資料的對象。

2004年台灣在總統大選前發生三一九槍擊案,藍營居多數的立法院為了瞭解真相,三讀通過《三一九槍擊事件真相調查特別委員會條例》授權成立特別委員會(真調會)進行調查。行政院認為條例破壞五權分立原則提請覆議,但被立院反覆議成功,陳水扁總統只好在加註意見後予以公布。孰料行政院仍堅持條例違憲,嚴令各部會不得配合,行使所謂之「抵抗權」,綠營立委並提請大法官會議釋憲。由於行政單位拒絕配合,真調會固然努力完成調查,但缺乏行政部門的資料,證據力難免不足,真相仍淪為各說各話的局面。此一案例顯示,在法治觀念薄弱又被意識形態割裂的台灣社會,國會調查權根本難以開展。

大法官會議於2004年12月完成釋字第585號解釋文,為立法院行使調查權提供了關鍵性的依據。解釋文中大法官表示:

立法院為有效行使憲法所賦予之立法職權,本其固有之權能自得享有一定之調查權,主動獲取行使職權所需之相關資訊,俾能充分思辯,審慎決定,以善盡民意機關之職責,發揮權力分立與制衡之機能。……立法院調查權行使之方式,並不以要求有關機關就立法院行使職權所涉及

事項提供參考資料或向有關機關調閱文件原本之文件調閱權為限，必要時並得經院會決議，要求與調查事項相關之人民或政府人員，陳述證言或表示意見，並得對違反協助調查義務者，於科處罰鍰之範圍內，施以合理之強制手段，本院釋字第325號解釋應予補充。

故而，第585號解釋文雖然做出真調會條例部分違憲的結論，但解釋文肯認立法院應該具有調查權，仍然讓不少學者感到振奮。有學者便指出，第585號解釋文等同贈送了立法院「一個國會調查權的大禮」。[2]

　　由於解釋文將真調會界定為立法院內的特別委員會，而非藍營立委所主張的，為「依特別法所成立的獨立機關」。既被界定為立法院內的特別委員會，大法官認為真調會在人員選任、文件索取、刑事提告、懲處偽證等便應受到立法院相關法規的節制；若立院無相關法規，便只能先待法規完備委員會才得行使職權。真調會召集委員施啟揚因此遺憾的說：「真調會被宣告不是獨立行使職權的機關，調查功能即喪失一大半。」副召集人王清峰更認為修法曠日費時，大法官的釋文等於宣判了真調會的結束。尤其，既為立院體制內的「特別委員會」，真調會委員的任期也須受到「屆期不連續」原則的限制，約詢人員或召開公聽會更應遵守權力分立原則，為調查權的行使平添不少限制。[3]

　　但第585號解釋文對立院調查權更致命的打擊，其實是否定真調會有權對不配合或「虛偽陳述」的機關首長或關係人，可以自主處以罰鍰。大法官認為，這類處分「有違正當法律程序及法律明確性原則」。甚至，被約詢官員若因偽造證據觸犯刑法第165條與第214條，大法官也不認為真調會可以逕行起訴，而主張「應由檢察機關依法偵查追訴，『並』由法院

2　廖元豪，〈論立法院調查權的界限與範圍—釋字第585號解釋與美國經驗的參照〉，《國會調查權的理論與實踐》，陳榮傳主編，台北：新台灣人文教基金會，2006年，頁81。
3　第325號解釋文僅排除司法、考試與監察三權的領域為立法院行使文件調閱權範圍，但第585號解釋文則擴充為：「可能影響或干預行政部門有效運作之資訊，均有決定不予公開之權力，乃屬行政權本質所具有之行政特權。立法院行使調查權如涉及此類事項，即應予以適當之尊重。」且一旦產生爭議，大法官主張須循「協商」或「司法審理」程序解決，相當程度上限縮了立院調查權的行使效率與範圍。

依法審判」。就連限制關係人出境,也被大法官認為「逾越立法院之調查權限,並違反比例原則」。但試問,國會行使調查權時,若沒有權力對虛偽陳述者自行施加處罰,誰又會真正在乎國會的調查?

其實,法律或大法官釋文是否明白肯認國會有行使調查之權,並非關鍵之所在。[4]世界上使用是項權力最為顯著與頻繁的美國國會,或是被譽為議會之母的英國國會,甚至20世紀的法國第五共和國會,它們的憲法也都沒有明文賦予國會擁有調查權。我國立院儘管有了大法官解釋文及職權行使法的依據,但調閱文件時,行政機關如果只選擇性的提供、或是謊稱遺失、或是故意誤解立院的要求,立院又將如何處理?否定立院對不配合的官員可以自主施以懲罰,便等於事實上否定了調查權的有效行使。

貳、不能辦人談什麼調查:國會調查權的存在條件

一、從銀行弊案管窺立委調查權

2001年3月,林姓立委召開記者會,指控交通銀行梁董事長指示所屬,違法貸款國產汽車集團8億元,該集團在取得款項後,第二天便立即宣告倒閉,貸得的款項則透過洗錢管道被移轉到瑞士。針對林立委的指控,梁董事長隨即發表書面聲明全盤否認,並表示將保留法律追訴權。聲明書中指出,交銀與國產集團往來多年,相關貸款均依規定程序辦理,「絕非董事長一人可以決定」。看了這則新聞,許多人或許認為又是立委誇大其實爭取曝光,整個事件也將一如往例,在彼此的口水飛濺中不了了之。

同年7月,財政部宣布撤換董事長,初步調查後證實銀行確有核貸不實的情事,且由於貸款均未償還,已造成鉅額的呆帳。台北地檢署獲訊,也主動簽分瀆職案交由檢察官偵辦,資料顯示,卸任的梁董事長的確涉及

---

[4] 大法官有關立法院調查權的釋憲文,另有釋字第633號與釋字第729號。但這兩文內容基本上著重加強第325號與第585號的解釋力,故本文略而不談。

不法。

　　整個事件有若干值得玩味的啓示：

　　首先，國會議員揭發弊案在國外都是不得了的大事，但在國內似乎都先被假設爲「無的放矢」。否則，涉及如此嚴重的罪行，梁董事長何以被允許繼續執行職務達4個月？長得足夠他湮滅一切證據。且地檢署何以未在第一時間採取行動，直到財政部認定有弊，才「主動」偵辦，難道立委講的不算話？

　　其次，在立委揭發罪行後，交銀發布聲明概予否認，但事後既然證實立委所言不虛，梁董事長的聲明便屬說謊。官員對立委說謊在國外被視爲蔑視國會罪，罪刑應加一等，但在台灣卻似乎稀鬆平常。此事雖非發生於國會殿堂，但類似的否認在議場上也並非罕見，同樣也未見任何當事人因此受罰。

　　再其次，發生弊案時，立委已然擁有文件調閱權，何以林姓立委未曾進行仔細的搜證？記者會的資料若僅是透過私下管道取得，當然怪不得民眾半信半疑。但立委不動用調閱文件權，是因調閱程序太過繁複？或對官員的配合毫無信心？或是調閱權對國營企業不適用？

　　這些現象，都同時指向一個事實：由於缺乏應有的權威，紙面上所賦予的調查權（或文件調閱權），根本無法產生預期的效果，立委發言也因此難以取得公信力。那麼，先進國家的國會調查權又是如何運作的？

二、懲戒權是國會調查權的活水

　　今天政府政策與行政程序的複雜及專業，早已不是立法通才能在短時間內盡窺堂奧。故而，行政人員在面對立法人員的詢問或索取資料時，若有意的隱瞞部分事實，調查方向便可能會被誤導。此外，在後工業社會的今天，政府已不再壟斷所有的公共政策及建設，決策流程處處可見民間的參與及影響。國會的調查權若依然只以政府或公職人員爲對象，國會也必然無法掌握事實的全貌。故而，國會調查的對象，不能只限於政府公部門，尤其對提供不實資訊之公務員或民眾，若無懲戒之權，國會調查權恐怕只會流於形式。對國內朋友來說，允許國會懲處官員及民眾似乎難以想

像，如上述第585號解釋文之見解，認爲允許國會懲處不配合調查的官員「有違正當法律程序及法律明確性原則」，但在英美等先進民主國家，這項權力卻早已被視爲理所當然。

英國貴族院原本就是司法體系的最高級終審單位，長久以來便一直被稱爲「國會的高等法庭」（the High Court of Parliament）。既然被視爲「法院」，對忤逆國會規定者，或是篾視國會權威者，施予逮捕及懲戒，並沒有法理上的疑義。平民院本不具備司法權威，開始時並未享有這類懲處權，經過不斷的爭取，直到16世紀的伊麗沙白女王時代，平民院才有行使懲戒權的記錄。1704年的「阿須比控告懷特」案（Ashby vs. White）中，詹姆士一世透過諭令確認平民院可以運用類似的懲戒權，平民院的懲戒權威自此獲得正式認可。

英國法院不但沒有認爲國會侵奪了它的權威，在1811年的一件判例中，還特意爲國會的懲戒權辯解，法院表示：「代議機構必須要有維護自身尊嚴的工具；如同法院一般，代議機構若無這些工具，它必會連續遭受各種運作的阻礙及侮辱。」至於國會做出的懲戒，當事人可否再尋求司法的救濟？法院在同一判例中明白表示，議會若對篾視國會行爲做了判決，任何法院都不應再進行翻案審理。如果允許受懲戒者可以上訴，甚至平反議會的決定，法官認爲國會的權力將受到限制。曾有受下院懲戒者試圖以貴族院爲上訴機構，但貴族院也明白的表示：「議會對篾視國會罪的宣判便是最後的定罪，沒有其他的法庭可以再對受控者提出釋放的要求或予以假釋……沒有法庭或其他民意代表機構，有資格扮演下議院的上訴機構。」[5]由於承認國會對不合作者可以進行懲處，且國會的裁判無需再由其他機構認可，國會的懲處權乃獲得確立。有了懲處權威，國會調查權才有了依附的基礎，因爲任何人若是欺瞞國會，或拒不提供國會所需的資料，都可以被視爲篾視國會並受到處分。

自1676年以來，英國國會便常有案例顯示，拒絕在誓言下提供證

5　David Lidderdale, *Erskine May's Treatise on the Law, Privileges and Usage of Parliament*, 19th ed., London: Butterworths, 1976, p. 118-122.

詞、拒絕回答議員問題、回答塘塞及支吾其辭、拒絕提供相關資料、偽造或破壞資料等，都曾被國會以「蔑視國會」課以輕重不同的處分。法院於1847年的「高涉控訴華爾特案」（Gossett vs. Howard）的案例中，便清楚的揭示：「國會有進行調查之權，乃國會無可爭議的特權。因為，第一，國會本就是國家最高的調查單位（The Great Inquest of Nation），它本來就有權主動進行調查及命令證人出席作證。其次，若證人因拒絕合作而構成了蔑視國會的罪名，國會還可以將其拘禁施以懲戒。最後，國會在運用這些權力時，本身便是終審機構，不必再依賴其他單位的支持以確定自身的權力地位。」19世紀初英國國會一個研究小組的報告中也附和指出：「『由國會執行』立即的懲處以昭炯戒，乃是免除國會遭逢可能侵犯的必要且有效的手段。國會如果對侵犯其尊嚴的行為，還必須提到法院，讓緩慢的司法程序進行處理，則效果便自然有限。」有了這些權威，國會便可以開立傳票（subpoena）、傳訊證人、並取得證人在宣誓下保證合作，否則調查權將宛如紙上談兵。

三、權力分立制下的國會調查權

　　美國承襲英國的傳統，故而基本上也允許國會擁有某種程度的懲戒權。然而，美國是三權分立的成文憲法國家，對於國會懲戒權的運用，自然比不成文憲法的英國多了些限制。

　　1791年底，美國一支軍隊遭到印地安人逆襲，士兵死亡逾半，國會為了解事件真相，特別組成委員會進行調查，為美國立國後國會行使調查權的首例。但調兵遣將乃為總統專屬的統帥權，且憲法上並未明文授權國會有權對行政措施進行調查，故而國會是否可以執行調查，當年曾引發國會的爭辯。支持調查權的議員最後引用憲法上「必要且適當」的條款（necessary and proper clause）為依據，主張調查權乃為國會的「隱含權」（implied authority），可以對行政體系的任何作為發動調查。由於時任總統的華盛頓並未對國會的行動表示異議，國會不僅成功的創下了行使調查權的先例，而且因為調查內容為專屬總統的統帥權，等於同時宣示

國會調查權可以「無遠弗屆」。[6]

由於英國國會早為國會調查權打下了堅實的基礎，美國國會發動首次的調查並未引發太大的反彈。眞正引發爭議的，應該是國會在1795年，首次的動用懲戒權。當時有兩位公民意圖賄賂議員，議長在國會授權下，指揮議會警長將兩人加以逮捕。次年年初，兩人均被國會判處蔑視國會及侵害國會特權兩項罪名，並分別處以短期拘禁。此一案例雖與國會調查權無直接關聯，但一旦肯定國會具有懲戒權，具有實質意義的調查權也就水到渠成。[7]

1812年國會曾針對外交事項召開了一場秘密會議，孰料第二天會議內容便被一家報社鉅細靡遺地披露。國會震驚之餘立刻展開洩密調查，但詢問報社編輯與記者時，兩者皆以新聞倫理為由，拒絕透露情報來源。國會於是以蔑視國會罪名，將兩人拘捕監禁。洩密的議員見狀心有不安，隨後便自行坦承。洩密過程既然曝光，被拘禁的編輯與記者便也表示願意配合國會的調查，並對蔑視國會的行為表示悔意，國會也因而將兩人釋放。[8]這個案例無異昭告世人，國會得以懲戒手段取得必要的資訊，而且，這項權力甚至可以凌駕專業倫理。

英國是尊奉國會主權的不成文憲法國家，故而國會就算擴權，也沒有違憲的疑慮。美國是成文憲法國家，允許國會逕行懲戒人民及官員，便有牴觸憲法第五修正案：「人民非經正當司法程序，不得被剝奪生命、自由及財產權」的爭議。因此，國會懲戒權是否侵害「正當司法程序」（due process of law）的精神，便需最高法院透過釋憲加以釐清。

1821年的「安德遜控訴旦恩案」（Anderson vs. Dunn），便提供了這樣一個釋憲的機會。法官在該案中表示，如果不承認議會有懲處蔑視行為的權力，那議會將隨時「暴露在各種激動情緒的威脅及使議程經常被議員的善變、粗魯、甚至陰謀行為所打斷」。法官因此認為，議會為了維護

---

[6] KalahAuchincloss, "Congressional Investigations and the Role of Privilege," in *The American Criminal Law Review*, Vol. 43, Issue 1, Winter 2006, pp. 168-169.

[7] Louis Fisher, *Constitutional Conflicts Between Congress and the President*, 3rd ed., Lawrence, Kansas, 1997, p. 163.

[8] Fisher, pp. 155-156.

自我尊嚴及憲法功能，跳越司法程序施行懲戒乃爲必要。[9]

但若任令此一懲戒權過分擴張，使得議會扮演法官的角色，動輒剝奪人民的自由，不但破壞了三權制衡的原則，也對人身保護精神造成傷害。故而，法官在同一判例中也保留的表示，美國國會不可能完全移植英國的成例，使議會享有無限的懲戒權。因此，國會在行使這項懲戒權時，須能「適當的配合其目的」，而刑期也不應超過國會的任期。換言之，若國會在閉會前一天發生了抗拒作證的情形，國會的懲戒最多便只能拘留當事人一天。而且，懲戒的目的既是爲了取得國會所需的資訊，那麼正如上述報社編輯的例子，一旦證人表示願意合作，懲戒便應立刻終止。

爲了防止有人利用會期限制踐踏國會尊嚴，同時也爲了表示對人身自由權的尊重，國會在1857年通過《刑事蔑視法》（the Criminal Contempt Act），明白將拒絕出席國會作證，或拒絕提供資訊等情事，列爲藐視國會的不檢行爲（misdemeanor），可以透過司法提起訴訟。一旦認定有罪，法院將可處以1個月以上1年以下的徒刑，或100至1,000元的罰款，國會不必再自行審判，刑期也不受國會任期的限制。但行使懲戒權的目的，畢竟是爲了取得立法所必須的資訊，而不在威嚇人民，故美國參議院在1978年，又採取了另一種變通作法。當參議院面對證人拒絕作證時，參院並不逕行懲戒也不提出控訴，而是先請求法院發佈命令，勒令證人遵守國會的要求。證人若仍然拒絕，法院便可以拒不服從法院指令，而施以適當的裁處。此一作法，既維護了國會行使調查權的尊嚴，也使得立法與司法間的分際更爲明確，不失爲權力分立國家可以參考的模式。

 ## 參、國會調查權的行使方式

在國會運作史上，調查權受到重視的時間並不算長。這是因爲在民主

---

[9] Fisher, pp. 156-157.

發展的初階，農業社會仍然相對單純，國會可以完整且自信的取得資訊進行決策，故而行使調查權顯得有些多餘。但在產業革命以後，社會分工日趨複雜，許多專業性議題已非民意代表所能掌握，國會的功能漸由參贊決策轉為監督制衡，調查權因而日漸突出。[10]調查權既因產業與社會結構的變化而受到重視，各個國家不同的憲政體制與內部程序，自然影響了調查權的運作形式與效果。主要民主國家的調查權運作，約有以下幾種主要方式：

一、質詢（question）

（一）英國的實施概況

質詢權為英國所發展的調查權行使方式，隨著英國成為國會之母，質詢權也被引介到許多國家的國會，為現今調查權普遍運用的形式之一。質詢權在我國立院也是堪稱最重要的職權，蘇永欽教授便曾以立法委員已享有質詢權，據以反對立法院主張其他形式的調查權。[11]

由於調查權受到重視的時間並不算長，質詢權在英國的廣泛運用也是1832年後的現象。[12]現今英國國會除了週五以外，每天均有約1小時為質詢時間，週三保留給首相親自答詢，其他天則由各內閣部長輪流上陣，一個部長平均約5個禮拜才輪到一次。遇到突發狀況，議長可以裁決是否另外安排緊急質詢。由於質詢是議員以個人的角色對官員提出詢問，被視為是議員個人運用的權利，因此也常成為議員爭取表現的重要舞台。

口頭質詢是國會當天「最活潑激昂」的部分，常能吸引媒體廣泛的報導。但因這是議員爭取露臉的最好表現機會，每天平均都有5、60位議員排定質詢，故而連追加質詢在內，每位議員大約只能分配到一分多鐘，就資訊的獲取而言，效果並不會太好。這使得缺乏鎂光燈的書面質詢，顯得更為重要。每天的書面質詢並沒有總量的限制，以2013-2014年會期為例，下院共提出4,000出頭的口頭質詢，但同期的書面質詢卻有10倍之

---

[10] 胡春惠，《我國立法院質詢權之研究》，台北：嘉新水泥公司文化基金會，1968年，頁1。

[11] 蘇永欽，〈被誤解的調查權〉，《聯合晚報》，1993年2月14日。

[12] 英國上議院在1721年便已有質詢權的運作紀錄。見Rogers & Walters, p. 272。

多。此外，口頭質詢時議會規定內容在同一會期不得重複，但書面質詢卻可無限制地往細節不斷追問，故而在資訊的獲取能力上，後者遠勝於前者。[13]

　　英國式的質詢並沒有台灣那種火藥味與戲劇性十足的言詞交鋒，但由於有懲戒權作後盾，政府不敢不確實作答，故而就算是書面質詢，議員往往也可以利用政府的答覆創造媒體關注的焦點。憲政理論學者傑寧斯（Ivor Jennings）因此稱許英國的質詢制度，在「憲政功能上極為重要」（the utmost constitutional importance）。但必須強調的是，若無防止官員閃躲問題的懲戒權，質詢恐怕只會淪為實問虛答的「鬥嘴鼓」。

（二）質詢權在台灣的運作情形

　　眾所皆知，台灣的憲政設計具有某些內閣制的精神，故而儘管行政與立法採行分權制衡的原則，憲法的第57條卻規定：「立法委員在開會時，有向行政院院長及行政院各部會首長質詢之權。」但立院雖擁有質詢權，對於不配合或實問虛答的官員，立院卻不見得擁有懲戒權。如前引釋字第585號的解釋文，行憲一甲子後大法官仍認為授予立院懲戒權，「逾越立法院之調查權限，並違反比例原則」。

　　台灣憲政體制長久以來習於行政權獨大，故壓制立院調查權並未引起輿論應有的關注，但台灣畢竟標榜民主，在民意覺醒的世代，代表民意的國會勢必不能缺乏權力運作的空間。於是在分權架構下，台灣立法院發展出了民主國家少見的強勢質詢權。相對於英國質詢必須在3天前提交題目、對答時間限定在1分鐘上下、題目與內容必須切題且不得取材傳言；台灣的立委則享有個人問答30分鐘、採取無限次即問即答、內容不必證實來源、且允許3人以下聯合質詢。[14]立院既無懲戒權可以保證獲得必要的資訊，個人運作的質詢權又幾乎不受任何實質的規範，可想而知不少立委會利用質詢的機會，進行政見的宣揚或作秀施壓官員，把質詢乃在「獲取資訊，或促使行動發生」的目的拋諸腦後。

---

[13] Rogers & Walters, p. 292.
[14] 《立法院職權行使法》，第18條。

二、質問（interpellation）

對許多後起民主國家而言，若英國的質詢制度目的著重資訊的取得，似乎無法體現民意凌駕行政的精神。於是部分歐陸國家便發展出「質問」制度，國內有學者譯為「正式質詢」，以別於英國的「普通質詢」。[15]「質問」與「質詢」的差別，在於前者允許議員將質詢的內容，轉為議案並進行政策論辯。這使得質問著重的常是隨後的公共議題論辯，資訊的取得反而成為次要。由於問題的提出者可能只是政黨攻防的一個棋子，隱身在後的政黨才是真正的影武者，不似英國將質詢視為純粹議員的個人表現。

透過論辯，質問可能伴隨著信任投票，故有可能引發政府危機或內閣改組，尤其對多黨聯合政府，質問更常是造成政治不穩的因素。法國為了避免重蹈過往政府不穩定的覆轍，在採行第五共和憲法時便廢止了質問制度，迄今德國與西班牙則仍然維持此一制度。

台灣在《立法院職權行使法》第27條規定：「質詢事項，不得作為討論之議題。」故而，台灣的質詢制度照理屬於「普通質詢」的範疇。但在同法第19條又規定，立委可以在總質詢時間進行「政黨詢答時間」，由各政黨黨團提出名單，以人數乘以30分鐘的時間詢答；換言之，若有10位立委參與，便可使用長達300分鐘的詢答。時間如此之長，任何議題幾乎都可列入討論或辯論，使得第27條的限制沒有太大的意義。但台灣立院迄今未曾發動過倒閣，行政體系並不擔心政黨詢答會演變成倒閣的結果，這使得台灣有了實質的「質問」，卻無倒閣權可以迫使行政官員認真看待。

三、委員會的公聽會

若說質詢是屬於議員個人運用的調查權，則國會委員會為了協助法案審查或了解事實真相所進行的公聽會，便可以歸類為團體運作的調查權，因為公聽會乃依委員會的決議才得舉行。美國對公聽會的倚重，在民主國家可謂無出其右者，這或因美國採取分權制度，官員不能到國會接受

---

[15] 林紀東，《比較憲法》，台北：五南，1989年。

質詢，故只有透過公聽會，國會議員才有機會與行政官員進行面對面的公開詢答。但美國對調查公聽會的重視不代表這類活動只能存在於分權的總統制國家，內閣制國家在過去半世紀也出現對這類調查權越來越廣泛的運用。

（一）總統制國家運用調查公聽會的情形

美國國會利用公聽會進行調查，其實在19世紀便不罕見，但公聽會成為國會建制中不可或缺的一環，其實是20世紀後的發展，學者認為這與全國性媒體的興起不無關聯。由於全國性媒體的緊盯報導，引發了議員們對運用公聽會的興趣，而在媒體的追蹤報導下，官員無法逃避公聽會詢答，更使得調查功效充分發揮。[16]電視媒體興起後，公聽會的效果更是驚人。1954年麥卡錫的共產黨調查公聽會（Army-McCarthy hearing）曾吸引2,000萬人同時間觀看電視轉播；之前參議院調查黑幫組織犯罪，電視觀眾人數甚至超過這數字，因為民眾對於黑社會人物坐上證人席有更大的興趣，從此公聽會的威力讓各界人士幾乎談之色變。[17]水門案發生時電視更為普及，戲劇性的轉折吸引了全國民眾的目光，由於公聽會驚天爆料，最後連號稱「帝王總統」的尼克森，也只能在輿論壓力下選擇辭職。

公聽會的性質分為兩類，一是與立法相關的公聽會，另一則為監督政府運作或為調查特定事件所進行的公聽會。前者由負責審查法案的常設委員會召開，後者則可能由常設委員會或國會針對事件所組成的特別調查委員會召開。

美國參議院司法委員會反壟斷小組委員會主席基法佛（Estes Kefauver），曾在審查《藥品管理法修正案》時，針對製藥工業舉行了數場公聽會，完成立法後他的一番話點出了立法公聽會的重要性：

若無調查權，立法機構將不可能在此一法案中，對問題提出具體的解決方法。國會的角色，決不是僅只通過行政機構所已經擬妥的法案，也

---

[16] Lance Cole & Stanley M. Brand, *Congressional Investigations and Oversight*, Durham, N. C.: Carolina Academic Press, 2011, p. 3.
[17] Cole & Brand, p. 63.

不是只就既有的法案進行應景式的修正。他必須有新的觀念和創意，……
（而此一新觀念和創意，卻只能由調查公聽會獲取）。

基法佛只是小組委員會（subcommittee）的主席，他的感想也說明了1970
年代以後，公聽會的召開幾乎都由小組委員會包辦，顯見立法分工更趨細
緻。委員會主席若對法案有興趣，也必須屈就出席他轄下小組委員會的公
聽會，鮮少將主辦權攔截到大委員會。[18]

　　小組委員會幾乎可以自主召開任何公聽會，甚至不見得與審議中的
法案有關。策略上小組委員也可能針對社會關心但卻非其職掌的議題召開
公聽會，因為有了公聽會記錄，未來一旦有人推動立法，小組委員會便可
名正言順承接審查。此一作法當然容易引起擁有法定審查職權的委員會不
滿，紛爭也常因此而起。[19]為了強化國會監督行政的能力，眾議院在90年
代還特別鼓勵各委員會設置專司調查的小組委員會，人員編制可以額外增
加。

　　對無直接立法目的、且無明顯的領域歸屬，但廣受大眾關心的事件或
現象，國會也可能另組特別委員會（ad hoc committee）進行調查並召開
公聽會。20世紀媒體關注的重大事件，如茶壺墩醜聞（Teapot Dome）、
1929年股市崩盤、共產黨滲透活動、水門事件、伊朗門事件、克林頓彈
劾案、九一一恐怖攻擊、卡翠納颶風政府處理失當、小布希政府的干預司
法案等，許多均因特別調查委員會召開公聽會為媒體提供豐富的報導素
材。但擁有可觀影響力的調查公聽會，難免也會發生濫權的情形，本章將
在下節申論這些現象。

（二）內閣制國家調查公聽會的運作情形

　　主權集中於國會是英國內閣體制的特色，任何政黨若贏得國會多數
議席，便有權組閣決定國家大政，學者因此稱這類憲政體制為「多數制民

[18] Steven S. Smith & Christopher J. Deering, *Committees in Congress*, 2nd ed., D.C.: CQ Press, 1990, pp. 141-143.
[19] Jeffery C. Talbert, Bryan D. Jones, & Frank R. Baumgartner, "Nonlegislative Hearings and Policy Change in Congress," in *The American Congress Reader*, 8th ed., Steven S. Smith, Jason M. Roberts, and Ryan J. Vander Wielen, eds., Cambridge: Cambridge University Press, 2009, p. 231.

主」（majoritarianism），有別於美國將權力分割爲三部分著重彼此間的制衡。但政府既是由國會的多數黨領導，期望國會運用調查權監督政府，在黨紀嚴明的英國便顯得有些矛盾。故而，19世紀中葉以前，英國國會行使調查權的情況並不多見。

　　英國在產業革命衝擊下，許多民主體制與社會結構問題日趨嚴重，這些問題均非多數黨單獨所能解決。故而，19世紀中葉以後，國會形成了各類跨黨派的「皇室委員會」（Royal Commission），以超然宏觀的立場研究調查英國所面臨的各項政治經濟問題。學者認爲，這些國會的專案委員會，對英國的成功轉型具有相當大的貢獻。[20]傳承此一模式，英國國會在20世紀均維持各種委員會，負責「調查政府所未能或不想去發現的問題」。儘管在多數黨主導的原則下，這些委員會沒有出現類似美國調查公聽會的戲劇性效果，但它們在「強化既定政策、事先防範及減緩批評、拖延某些政府行動、否決不良提案」的目的上，仍然達到一定的效果。[21]1979年英國國會通過議事規則修正，以特別委員會之名（Select Committee）設置類似美國常設委員會的14個專業委員會。根據英國國會「程序委員會」（the Procedure Committee）的說明，這些委員會的設置「乃在使國會能更有效的控制政府及部長，並使功能日趨擴大的行政體系，能對民意的需求保持適當的回應」。顯然美國透過委員會監督政府的功效，已在國會主權制的英國獲得肯定。

　　值得注意的是，美國爲三權制衡體制，國會調查權的過度膨脹必會受到行政與司法部門的牽制，且由於成文憲法的規範，調查權的運作空間仍然受到若干無形的限制。例如，聽證會上證人便常引用美憲第五修正案「可能造成對自身不利的指控」爲依據，拒絕回答參眾議員的問題。但英國爲不成文憲法的國會主權體制，證人並沒有太大的空間，以基本人權爲藉口拒絕回答議員的詢問。故而學者指出，英國證人在調查公聽會上所可能享有的保護，充其量也只是議員的良知與議員間的相互牽制。[22]故而，

---

[20] David R. Miers & Alan C. Page, *Legislation*, London: Sweet & Maxwell, 1990, p. 24.

[21] Miers & Page, pp. 24-25.

[22] David Lidderdale, *Erskine May's Treatise on the Law, Privilege, Proceedings and Usage of*

就法律的規範面來看，內閣制國會的調查權若充分發揮，其威力並不亞於總統制的國會。

針對內閣制國家國會行使調查權所可能潛藏的問題，同屬內閣體制的德國，對國會這項權力的行使進行了一些頗具意義的調整。首先，德國國會根據調查發動的目的，將調查委員會分為兩類：一為「調查委員會」（Untersuchungsausschuss），進行有關行政監督與醜聞調查的事項；另一為「調查特別委員會」（Enquete-Kommission），從事有關立法事項的調查。兩者均可經由國會多數議決成立，但為了避免多數黨議員官官相護，議事規則亦規定，經四分之一以上議員請求，調查委員會亦可成立，稱之為「少數調查」。為強化少數調查制衡多數黨政府的能力，第一類的少數調查聲請人可以決定證人邀請名單，多數黨議員不得否決或改變。而第二類調查特別委員會目的既是為使立法更為周延，委員會除了議員外，也可邀請外界學者專家為委員，以避免過度依賴政府資訊。[23]

德國國會保障少數黨證人的設計，在美國國會也有類似的措施。當國會的多數黨與總統的政黨一致時，分權的美國難免也會出現官官相護的現象，故議事規則規定少數黨有權要求多數黨主導的公聽會，保留一天給少數黨，專用於少數黨指定證人的詢答。[24]德國法制研究者陳淑芳表示：[25]

權力的分立與制衡在行政與立法之間，已不再是國會對抗政府，而是反對黨對抗執政黨。從而大部分監督行政的任務，已落在反對黨的身上，因此德國法制在監督行政的領域，廣泛的承認少數權。

此一對民主憲政演化的觀察，應該值得第585號解釋文的執筆大法官深思。

Parliament, 19th ed., London: Butterworths, 1976, pp. 692-694.

[23] 陳淑芳，〈德國之國會調查權〉，《國會調查權的理論與實踐》，頁3-25。

[24] Walter J. Oleszek, *Congressional Procedures and the Policy Process*, 8th ed., D.C.: CQ Press, 2011, pp. 116-17.

[25] 陳淑芳，前揭註23，頁21。

四、財務監督權

　　國會存在最重要的功能之一，便是為人民看緊錢包，故而對預決算的監督與調查權，是國會無可逃避的重要職能。有鑑於此，立法院除了施政總質詢外，也特別保留了預算總質詢與決算諮詢時間，讓立委可以透過詢答監督政府財政與施政效率。遺憾的是，生硬的數字往往不易吸引媒體關注，媒體沒興趣立法委員自然也就興趣缺缺。故而以2016年為例，僅有30位立委參與預算質詢，10位立委提出決算諮詢。[26]

　　政府財政支出與行政效率的監督，僅靠每年幾個小時的質詢，當然不可能產生實質的效果。美國國會透過「政府課責署」（General Accountability Office, GAO），達到的監督及調查成果，應該值得其他民主國家借鏡。

　　GAO於1921年成立，設審計長（Comptroller General）領導，名義上為獨立機關，但事實上被歸類為國會的幕僚機構，因該機構職員平均有四成以上時間用於國會協查業務，其他GAO經常性工作也都與監督行政效率與審核預決算有關。為保障GAO獨立性，審計長任期訂為15年，以避免受到總統更替的影響，為美國政府中除終身職法官外，任期最長的官員。審計長乃由國會提出建議名單供總統圈選，總統有權選擇名單外的人，但最後仍須經由參議院行使同意權。審計長出缺時，參議院組成10人的跨黨派特別委員會，負責研擬建議名單及審核總統提名人選，重視程度可見一斑。審計長就任後，國會只能透過彈劾或共同決議（joint resolution）迫使審計長去職，總統有權否決國會的撤職決議，但卻無權主動提議撤換審計長。GAO職員為免於受到行政體系干擾，還擁有自己的銓敘與俸給制度，不受行政機構人事局考核。

　　GAO有權檢視任何政府部門檔案，除了可以簽發傳票請相關人員作答，也可以對不配合的官員逕行提出司法訴訟。國會進行各項公聽會

---

[26] 決算之所以稱為「諮詢」而非「質詢」，乃因為我國採取五權平行的憲政制度設計，立法權僅能監督行政權，而不能監督監察權。決算編製既由監察院下轄的審計長負責，其赴立院僅是報告決算審核，並提出單位看法，而非對立法院負責，故審計長到立院是諮詢而非質詢。

時，GAO專業人員不僅常以證人身分提供意見，甚至借調到國會委員會直接協助專案評估與事件調查。GAO的運作大大強化了國會調查與監督行政的能力，故政壇人士多稱之為「國會的調查手臂」（investigative arm of congress）或「國會的看門狗」（congressional watchdog）。[27]但其超強的獨立性與審計功能，有時也不可避免的干預到行政部門的決策權，造成事實上的「政府決策的第四部門」（fourth branch of government policymakers），引起不少憲政上的討論。如1930年代，GAO強力反對羅斯福總統以赤字預算刺激經濟的作為，讓「新政」（New Deal）幾乎無法推動；60年代末期，GAO又以經費效率角度，反對國防部的武器採購計畫，被認為有干預政策之嫌。[28]但平心而論，GAO的表現瑕不掩瑜，它每年提交國會的上千件報告，使得國會的調查監督權免於淪為民主的花瓶。

五、行政監察使（Inspector General）

　　因為資訊的不平等，國會通常只能在事件發生後，才可能展開對行政弊端的調查。由於行政官員素來有團隊精神的職業倫理，國會縱然獲報可能有違法的情事，但外部調查難免曠日費時，待國會作出決定，弊案的傷害可能已無法彌補。故而，利用水門案後民眾對行政體系的不信任感，國會於1978年通過《行政監察使法》（the Inspector General Act），授權國會與總統，可以在預算龐大的重要部門設立行政監察使，如衛生福利部或國防部，監督政府經費的使用與政府工作的效率，希望在弊案傷害擴大前便可以在組織內部產生發奸摘伏的效果。

　　行政監察使的功能有類於GAO，但因辦公室直接設於各部會內，對部會運作的掌握自然勝於GAO，但也為了尊重部會主管的管理與領導權，監察使的獨立性不如GAO。重要部門的監察使由總統提名，經參院同意後任命；就任後總統若不滿意其表現，有權下令撤換，但採取此一行動時必須向國會提交理由。雷根政府時期，曾以工作效率不佳為由，將所

---

[27] 廖元豪，前揭註2，頁94。
[28] Arthur Maass, *Congress and the Common Good*, New York: Basic Books, 1983, pp. 221-28.

有監察使解職，國會最終也只能尊重。[29]由於行政部門對監察使的去留掌握決定權，有些報導指出部分監察使幾乎淪為行政主管打壓異己的工具。監察使開始設置時，行政單位曾強烈反彈，故初期只有12個聯邦部會設立IG辦公室，但時至今日，已有73個部會（包括國會所轄機構）設置監察使辦公室，顯見其功能與成果已逐漸獲得肯定。

　　行政監察使可以在部會內調取任何資料，若受到單位不當打壓，或刪減辦公室預算，有權直接向國會報告；國會相關委員會若質疑監察使遭受不當打壓或預算扣減，可以要求總統提出解釋。監察使每年須就部門運作的缺憾，提出檢討報告，敏感單位甚至縮短為季報告。若發現不當情事正在發生，監察使更被要求做出立即反應，並須在7天內知會國會。所有呈交主管的報告，均需抄送一份給國會相關委員會，且事先不得經過主管審核。國會委員會審查相關部會的授權法案或撥款案時，這份報告常是最重要的參考依據。

肆、國會調查權的限制

一、國會的規範
　　國會的權威有很大一部分乃建立在民眾的信賴上，而為了強化民眾的信賴感，國會要求議員問政時必須遵守若干規範，以避免民眾產生反感。但這些規範的存在，有時卻難免會影響議員探究真相的火力。

　　以內閣制國家廣泛運用的質詢權為例，議會對質詢的提出便有諸多的限制，如內容須與受詢者的主管業務相符、必須奠基於事實而非臆測或推論、不得引用媒體報導或傳聞為質詢的依據、不得重提同一會期回答過的問題、可以輕鬆獲知答案的題材不能成為質詢題目、質詢必須是「提問」不得置入政黨行銷或政見發表、不得使用道具或看板等。在這些限制下，

---

[29] Maass, p. 208.

議員想要藉由戲劇性表演營造聲勢，自然有些難以施展。

　　更重要的，質詢既是為了獲取資訊，議會規定質詢題目必須在3天前提交受詢單位，以利對方充分準備。由於質詢題目已提前繳交，輪到質詢時提問者只要起立唸出題目編號便算完成，然後由受詢者進行約1分鐘的說明。答覆若不夠完整，議長有時會允許進行追加質詢，但彼此對答也僅限於1、2分鐘之內。追加質詢時間雖短，由於內容不必事先提交，議員可以有較大空間展現機鋒，許多議員甚至因此嶄露頭角。但除非經過精心設計，質詢者想在不經意間套出受詢者不想說的真相，在這樣的制度安排下似乎不很容易。

　　比較起來，國會公聽會的問答便有較大的運作空間。但也因為如此，上個世紀50年代國會調查共產黨活動時，便曾出現議員濫權與侵害人權的不當詢問。為了平息輿論的批判，國會從此也要求公聽會的進行，必須接受一些程序上的規範。例如，公聽會進行前主席必須公開宣示公聽會主題，俾便證人可因詢問內容離題而拒答；證人有權請求律師陪同，對可能違憲的問題提供應答建議；委員會人數若未達法定人數（至少2人以上），公聽會不得進行詢問等。[30]但三權分立國家對調查權的限制，主要還是來自三權制衡的運作與憲法對基本人權的保障。

二、分權原則的限制

　　1880年的基爾本控訴湯姆笙案（Kilbourn vs. Thompson）被認為是美國法院首次以三權界限為理由，主張對國會調查權加以限制的案例。基爾本為政府投資的土地開發案負責人，由於經營不善導致破產，國會以造成國庫損失為由而展開調查，由於基爾本拒絕回答任何問題，國會乃以蔑視國會罪將其拘禁，基爾本於是一狀告進最高法院。

　　法院雖認為國會捍衛職權並未違法，但卻認為在這個特殊案例上，國會的作為已侵害了三權分立的原則。法院認為，國會行使調查權必須是為了「有效立法」（validly legislate），若調查不以立法目的為範圍，將可能導致國會對個人事務的「無意義調查」（fruitless investigation into the

---

[30] Cole & Brand, pp. 90-91.

personal affairs of individuals），進而傷害憲法上的行政與司法權。於是，調查是否與立法相關，成了限制國會調查權的的重要準則，憲法研究者稱之爲「基爾本檢驗」（Kilbourn Test）。

1897年參院審查海關稅則時，曾傳訊證劵商查普曼（Chapman）到委員會作證，由於查普曼拒絕回答問題，參院於是根據《刑事蔑視法》提起訴訟。在這個案件中，法院確認參院的確是爲了「有效立法」而進行調查，但就算啓動時未明確表明與立法目的的相關性，法院仍支持國會有權爲捍衛尊嚴而懲處蔑視者。此一案例等於宣示，只要能與立法沾上邊，國會還是擁有廣泛的調查權。研究者因此指出，權力分立的原則，其實只能「形式上」的限制（nominally restricting）國會調查權。[31]

國會爲了尊重三權分立的體制，有時會對行使調查權自我約束。通常一個案件若進入司法程序，國會便會自動停止調查行動，但這卻也並非必然。1920年代國會調查茶壺墩弊案（Teapot Dome）傳訊內政部長傅爾（Albert Fall）作證，傅爾及涉案廠商辛克萊（Harry Sinclair）皆以案件已進入司法程序而拒絕作答，國會因此控訴兩人蔑視國會罪。最高法院支持國會的立場，表示：[32]

國會對司法審判中的案件，無權爲協助司法訴訟而強迫取供，但國會爲了執行其憲法上的職權，行使調查事件眞相的權力，不得因調查結果可能被用於司法訴訟而受到減損。

換言之，只要立法上有需要，國會對審訊中的案件依然有權進行調查。但由於國會的調查行動會引發媒體的關注，易對當事人構成不必要的困擾，甚至影響司法的公正程序，法院反倒有時會延後審理，以保障當事人的權益。

在行政與立法的分際上，行政體系是否能以業務機密爲理由，拒絕

---

[31] Auchincloss, p. 176.
[32] McGrain v. Daugherty, 1927，轉引於Auchincloss, p. 175.

國會索取資料進行調查，亦爲調查權運作的一大灰色地帶。學者認爲，如果法院向行政體系索取資料，行政體系有權以國家機密爲理由加以拒絕。但此一理由對國會而言並不適用，因爲憲法明文規定國會擁有宣戰及支援武裝部隊之權，行政體系並無立場，以國家安全的理由，拒絕國會分享資訊。故而。在1966年通過的《資訊自由法》（Freedom of Information Act）中，行政體系列舉了9類可以不向外界公開的檔案，但卻特別聲明國會並不列爲保密的對象。

無可諱言的，由於國會成員複雜，能否有效保守業務機密，也的確是行政官員的疑慮。但無論如何，就過去的判例來看，法院並不認爲「可能洩密」是政府可以不提供資訊給國會的理由。正如美國最高法院的一位法官所說的，憲法既賦予國會有審核預算、武裝國防、監督外交的權力，行政體系便不應以國會人多口雜、不可信賴等理由，拒絕提供相關資訊。政府官員若拒不提供國會所要求的資訊，便有可能被控以藐視國會罪。1975年及1980年分別擔任商務部長的莫頓（Rogers Morton）及段肯（Charles Duncan, Jr.）、與1981年的能源部長愛德華（James Edwards）均曾在國會這項罪名的威脅下，被迫交出國會所要求的各項資訊。

爲了避免國會過度主張本身的調查權，進而傷害到立法與行政間的分際，最高法院在1959年曾強調：「專屬於政府其他部門的業務，則不應成爲國會調查權行使的對象。」然而，何謂「專屬」其他部門的業務？就慣例來看，例如，總統享有大赦、特赦之權，故除非總統請求國會撥款以行使此一權力，否則國會便無權要求調查總統宣示特赦的動機與背景。再如總統享有各項人事提名權，在總統未正式提出名單於國會前，一切業務均爲行政部門的內部作業，國會也不應就「可能」人選，主動進行預先調查。

同理，與國外談判訂約也是行政權的一部分，國會當然也沒有立場，在談判過程中主動進行相關調查。雖然有人認爲，行政機構在與外國政府談判訂約時，也可能涉及利益交換，故不應將國會的調查行動排除於外。但正如學者所指陳的：「政策的形成常須保密，故有賴國民對政府的信賴，國會沒有任何人有權要求取得談判間的各項準備文件。」故而，當卡

特總統在大衛營進行以埃談判，雷根總統談判售與沙地阿拉伯空中預警機時，國會均極為自制的未予介入。

三、基本人權的限制

對國會調查權最明確的限制，應該是來自憲法對基本人權的保障。因為國會懲戒權的行使，除了可能涉及違反「非依正當司法程序不得懲處人民」的憲法精神外；調查民間活動，也可能傷害人民的集會結社自由。

（一）私領域人權

二次戰後，美國國會為了調查共黨活動成立「非美活動委員會」（The House Un-American Activities Committee），希望透過公聽會，揭露共黨國際及其同路人在美國的活動情形。由於憲法第一修正案明文保障人民的集會結社自由，政府不能禁止人民參與非暴力的共黨活動。故而委員會調查的重心，並不在揭露不法或政策的違失，而是曝露某些公民與共黨組織之間的關聯，藉以提醒國人防範共黨的滲透。

問題是，由於二次戰後國際共黨勢力的大幅擴張，美國社會普遍存在「紅色恐懼」，國民若在公聽會上坦承參與共黨活動，各種有形或無形的迫害便會紛至沓來，成為對結社自由與個人隱私的一大傷害。尤其，參議員麥卡錫（Joseph McCarthy）在公聽會上，常以逼迫或恐嚇的誇張語氣詢問證人，將馬克思主義的同情者描繪成顛覆國家的叛徒。透過電視轉播，許多被傳訊者因承受不了壓力而家破人亡，不少甚至以自殺了斷生命，造成美國史上最嚴重的白色恐怖。

目睹國會這些過激的作為，瓦倫法官（Earl Warren）在「華特金控訴美國政府」一案（Watkins vs. U.S., 1957）中，便表示：

國會行使調查權是它在立法過程中，所不可或缺的一項權力。此一權力包含甚廣，它可以就目前與行政相關的法規，或未來可能需要立法的事項進行調查。它包含了對我們現今的社會、經濟、政治系統病態的調查，俾使國會未來可以立法改正。它同時也可以對政府各部門進行調查，以揭發可能的貪污、無效率、或浪費。這項權力是如此的寬廣，我們甚至可以

說它並沒有限制的存在……。但一項不容置疑的事實是，國會並沒有權力，只為了曝光的目的而進行調查。

換言之，國會如果沒有明確的立法標的而舉行公聽會，證人面對議員詢問時，便沒有回答的義務。證人如果質疑議員詢問的動機，法官認為，議員有義務將問題的適切性，說明得「無可辯駁的清楚」（undisputable clarity），否則證人有權拒絕回答。

　　然而，如前所述，誰也無法預測國會調查行動，最終是否會導向立法的結果。公開宣稱有立法目的的調查，最後可能無疾而終；反之，開端缺乏明確目的，但經由公聽會詢答也可能使被忽略的現象受到重視，甚至孕育出影響深遠的法案。瓦倫法官的見解，因此引發不少質疑，就連法界的觀點也並不一致。[33]法院後來在「巴倫布拉德控訴美國政府」（Barenblatt vs. U.S., 1959）案中，便試圖將上述的觀點略為修正。在該案中，多數法官表示，儘管憲法第一修正案保障人民參與社團的自由，人民也沒有義務向政府報告他們的活動情形，但此一保障，乃「建立在不違反國家利益的大前提上」。如果社團的活動有可能損及國家的整體利益，被調查者還是必須忠實的回答；當然，社團活動如果明顯與國家安全無關，憲法的原則便不容打折。1958年「全國有色人種協會」控訴阿拉巴馬州的案例便顯示，如果社團的活動無關國家安全，拒絕回答議員的調查，不應成為藐視國會的行為（NAACP vs. Alabama, 1958）。

　　由於難於以「立法目的」為判準限制調查權的行使，法院在華特金案後，便似乎完全放棄了這方面的嘗試。在1975年的判例（Eastland vs. U.S. Servicemen's Fund）中，法官乾脆爽快的表示：「要議會有效的運用其立法調查權，便不能限制它必須產生何種可以預測的結果。」但在法院放棄限制調查權範圍的努力後，國會反因輿論壓力，做了某些自我的約束。如前述所提，要求調查公聽會必須達到法定人數才得啟動，以避免個別議員操弄公聽會。而國會在進行調查前，也須由國會通過決議，事

---

[33] Maass, p. 214.

先確定調查範圍，有所逾越時，證人可以拒絕回答。此外，在調查過程中，證人若拒絕回答，議員也不得逕行懲處，而必須由院會做成正式議決。1972年的判例（Groppi vs. Leslie），甚至進一步要求院會在議決懲處前，還必須給予受指控者充分的答辯機會。這些自制的改革使學者對國會增加不少信心，他們認為，國會擁有完整的調查權，不僅不會造成國會擴權或公民權利受損，反而由於調查權的有效運用，使得行政濫權受到抑制，個人自由權也因此獲得更大保障。

（二）律師與當事人間的保密原則

　　美國最高法院所以支持國會擁有不容挑戰的調查權，基本上乃因國會公聽會與法院問案的目標類似，都是為了使事實能夠大白於天下讓真理得到伸張。故而，國會行使調查權時，被認可具備類似法庭的強制力，如簽發傳票、懲處偽證、調取資料、認罪協商、公開論辯等。但國會擁有這些「準司法權」（quasi-judicial power）後，某些法庭保護訴訟當事人的措施，卻又不見得可以必然移植於於國會，讓一位研究者感慨：「公聽會上的人權保障彷彿只是國會的恩典。」（leaving a witness at the mercy of Congress）[34]

　　「律師與訴訟人保密原則」（Attorney-Client Privilege），是西方司法體制長久存在的原則。根據此一原則，訴訟當事人與律師間的任何通訊，均不得提交法庭作為審判的依據，檢察官與法官也不得施壓律師，冀圖取得這些資訊達到定罪的目的。此一原則目的在保障訴訟當事人，可以在無後顧之憂下坦率的與律師溝通，從而得到應有的專業協助。由於被國會傳訊的證人，同樣可以事先諮詢律師或委請律師陪同，故而有些法界人士便認為，此一保密原則應同樣適用於國會的調查公聽會。但就國會行使調查權的案例觀察，國會是否尊重「律師與訴訟人保密原則」，完全取決於國會的判斷，法界對此也無一致性的看法。

　　主張國會不應受限保密原則的人士主張，美國採三權分立的憲政主義，三權各有所司，事務性質也不相同，故應尊重各部門自主獨立的程序

---

[34] Auchincloss, p. 186.

與規範。司法體系依循普通法傳統，尊重律師與訴訟人的保密原則，但不代表其他部門也只能學步。立法部門代表民意決定政策，既可透過立法改變傳統舊習，當然也可透過議會公決，取消保密原則。此外，法院所處理的爭執，多屬個人間的利益對立，保密原則有助法官維持審判中立，理應受到尊重。國會調查則不同，議員乃是代表民意探求事實真相，詢答雙方並非平等的兩造，而是公益與私利間的對峙，故而降低保密門檻有其合理性。

眾議院亞太事務小組委員會在1985年調查菲律賓馬可仕夫人的貪腐情事時，便曾明確表示，律師與訴訟人的保密原則，在國會公聽會上不適用。90年初，參院政府事務調查小組委員會調查健保運作時，保險公司也曾因調查過程違反保密原則請求法院簽發禁制令，但卻遭到法院拒絕。法院表示傳統保護訴訟人的保密原則，「對國會並不適用」，因為國會調查不是為了懲處犯罪，而是為了瞭解事實以利立法，具有公益性質。有學者因此指出，國會公聽會明確否定律師與訴訟人的保密原則，應該只是遲早的問題。[35]

（三）不得被迫自證其罪

「律師與訴訟人保密原則」畢竟只是習慣法的原則，國會可以藉由公益與隱私的衡平，決定證人是否有權拒絕回答問題。但政府部門不得迫使人民自證其罪，則是明載於憲法第五修正案的規定，[36]證人若依據此一條文拒絕回答國會議員問題時，國會顯然沒有立場進行懲戒威嚇。在「奎恩控訴美國政府」（Quinn vs. U.S., 1955）一案中，法院認為，就算國會的調查只有「間接模糊的傷害」到第五修正案的精神，證人都有權拒絕回答議員的問題。[37]

---

[35] Auchincloss, p. 186.

[36] 美國憲法第五修正案的規定原文為：「No person shall be held to answer for a capital, or otherwise infamous crime, ... nor shall be compelled in any criminal case to be a witness against himself, ...」

[37] 法院在奎恩案中允許證人可以引用第五修正案拒絕回答國會調查，其實是在國會多次濫權後才產生的觀點。1947年非美委員會調查共產黨滲透好萊塢電影圈的情事，10位被傳訊的電影工作者（Hollywood Ten）均拒絕回答他們參與共黨活動的過程，因而個被處以1,000美元罰金，與1年徒刑。隨後國會又對行政官員與共黨組織往來展開調查，曾任遠東事務顧問的希

　　根據司法正義的原則，嫌疑人應假設爲無罪，舉證有罪乃控訴方的責任，故從被逮捕的一刻起，嫌疑人便保有緘默（Miranda warnings）的權利，由法庭根據控訴方的舉證而非單獨的自白判決是否有罪。西方社會認爲，此一原則在防範政府濫權至關重要，故任何政府部門行使職權均應依循，尤其國會公聽會的聽證程序類似司法問訊，更是不得否定受詢者的這項權利。至於國會調查的內容是否可能涉及受詢者的違法情事，則完全由受詢者決定，就算答詢不見得顯示犯行，只要「可能」對受詢者不利，受詢者便可以根據修正案而表明拒絕回答。

　　美國社會並非從行憲開始便認知可以引用第五修正案拒絕配合國會的調查，畢竟這項修正案長久以來便被認爲是保護犯罪嫌疑人的條款，而非針對國會的調查權。但50年代的反共聽證會，由於透過電視轉播產生讓人震撼的效果，確實喚醒了法界的良知，而開始尋思以第五修正案約束國會調查權的可行性。1957年的瓦特金控訴美國政府案（Watkins vs. United States），法院認爲瓦特金有權拒絕回答，便是這類案件的首例。

　　但必須注意的是，國會聽證與法庭攻防畢竟存在著基本的差異，理論上國會是爲尋求事實眞相而行使調查權，目的具有隱含的公益性；但刑事審判乃追求以公平的方式解決紛爭，存在特定嫌疑人爲自身利益而奮鬥。故在接獲國會聽證會傳票後，證人既非被告，故無權拒絕出席，甚至針對無關個人犯罪的問題也不得拒絕回答；但刑事庭的被告則可以選擇不出庭聆判，就算出席也可以拒絕回答一切問題。[38]

　　國會調查既被認爲具有公益性，面對證人以第五修正案拒絕回答時，國會便可以衡量取得事實眞相與懲處犯罪者，何者對群體公益具有較大的貢獻？若答案是前者，國會便可以透過決議，給予證人「部份豁免權」（partial immunity），甚至更具保障的「處置豁免權」（transactional immunity），明令證人所做的陳述，不得轉爲呈堂證供。有了豁免權，誠實作證與第五修正案的衝突便自然不存在。

斯（Alger Hiss）便因證詞不實而被判4年監禁。

[38] 1959年巴倫布拉德控訴美國政府案（Barenblatt vs. U.S.），最高法院便認爲巴倫布拉德特拒絕回答的理由過於空泛，故不受第五修正案保護。

　　在1980年代的「伊朗門事件」（Irangate）中，國會為了取得雷根總統涉案的證據，對事件中的經手人便一律給予豁免承諾，換取他們敢於說出總統涉案的實情。結果最後的答案仍與總統無涉，但這些走法律邊緣的官員，反因此逃過被起訴的命運。其中，國安會的諾斯上校（Oliver North）甚至還藉由公聽會所營造的知名度與英雄形象，堂而皇之的參選參議員，意外成了國會調查的獲利者。

第 **10** 章 ▶▶▶
行政與立法的角力 —— 檢視美
國商貿主導權的移轉

堅信商貿活動應由國會規範，是造成美國革命發生與體制改革的主因。

—— 約翰·馬歇爾（John Marshall，首席大法官）

 ## 壹、美國憲法的規定

2018年3月，美國總統川普指控中國對美國進行不公平貿易，並聲稱情況若未獲改善，將對中國進口美國的1,333項總值500億美元的商品，加徵25%的關稅作為懲罰。隨後，川普表示，如果中國採取報復行動，未來還會提高另外2,000億美元進口商品的關稅。接觸這則新聞時，難免有些疑惑，美國憲法不是明定關稅稅率由國會決定，何以總統不必諮詢國會，便可以逕自宣布對主要貿易夥伴進行關稅懲罰？

眾人皆知，美國獨立革命的導火線乃因英國課徵茶葉進口稅。獨立先哲記取教訓，幾乎一致的主張，建國後的國際商貿管理權必須由代表民意的國會掌控，以避免政府濫權。19世紀初的首席大法官馬歇爾（John Marshall）因此指出：「堅信商貿活動應由國會規範，是造成革命發生與體制改革的主要緣由。」（Brown v. Maryland, 1827）

馬歇爾這句話乃是依據美國憲法第1條第8項第3款規定，國會有權「管理國際、州際與印地安部落之商務。」此處的「商務」（commerce）指涉甚廣，根據美國最高法院的判例，可以包括農業耕

作、河海航行、礦產開發等行為，如一位大法官所言：「除憲法外，本條文對國會的授權沒有界線。」（acknowledges no limitations other than are prescribed in the Constitution）（U.S. v. Wrightwood Dairy Co., 1942）

廣泛授權管理商貿之外，憲法第1條第8項第1款又授與國會「徵收稅捐、關稅、進口稅與國產稅……之權。」由於稅制與商貿管理密不可分，有了制定稅制的授權，商貿管理能力才算完整。前引判例中，法官因此指出：國會享有規範國際貿易的授權乃「全面及完整」（plenary and complete）。學者據此結論：「憲法所規定的各項政策決定權中，商貿政策由立法部門獨攬乃為至上原則，除非國會另行授權，國會享有制定商貿政策的『至高權力』（reign supreme）殆無疑義。」[1]

在憲法的完整授權下，20世紀前的美國國會確實掌控了對外商貿的運作，行政權只能扮演一個配合性或執行性的角色。學者觀察，20世紀前「總統在貿易方面多只在國會授權下，執行國會制定的貿易法」。[2]但究竟從何時開始，憲法的規定卻淪為具文，使得川普總統在未與國會事前諮商下，便能逕自發布對貿易夥伴的關稅制裁？

由於國會人多口雜，制憲者似乎擔心國會在處理涉外事務時，無法同聲一氣的代表美國，故而在憲法第2條第2項第2款規定：「美國總統有權與外國簽訂條約。」第3項第4款更規定：「總統應接見大使和公使。」蘇特蘭大法官（George Sutherland）引用這些規定，在United States V. Curtiss-Wright（1936）案中指出：「聯邦政府在涉外事務與內政事務的權力，無論就其起源與本質，均不相同。……總統作為聯邦政府處理涉外事務的唯一代表機構上（sole organ of the federal government in the field of international relations），應該擁有完整與排他的權力（plenary and exclusive power）。總統這項涉外權力的運用，除了不得違背憲法外，並不需國會透過立法來授予。」簡言之，在涉外事務上，就算是與商貿相關的事項，總統可以主導並無須仰賴國會給予特別授權。

---

[1] I. M. Destler, *American Trade Politics*, 2nd ed., Washington D. C.: Institute for International Economics, 1992, p. 14.
[2] 孫哲、李巍，《國會政治與美國對華經貿決策》，上海：人民出版社，2008年，頁12。

　　但殖民時代的經驗畢竟讓制憲者對行政權難以放心，故憲法第2條第2項第2款還加上一些軟性的限制，亦即總統在與外國簽訂條約前後，必須取得「參議院議員三分之二的建議與同意」。所謂軟性限制，乃因這個條文有些語焉不詳，憲法既規定參院有「建議權」，總統在談判條約時是否應邀請參議員參與？若參議員因未參與故不了解談判的來龍去脈，又將如何提供建議？

　　依制憲者的主張，談判權所以歸屬總統，乃因總統較能保守秘密。制憲代表約翰傑（John Jay）在聯邦主義論第64號文章（The Federalist Papers, No. 64）明言：與商務相關的協約至關重要，但談判只能委由可以保守秘密與具有效率的總統為之，再由人數較少的參議院審核談判所達成的結論。[3]循此邏輯，制憲者應該不贊同參議員可以介入談判，因為這將使得祕密難以保全。學者費雪（Louis Fisher）總結指出，「迄今（最高法院）判例顯示，參議員參與條約談判一般被排除在外」。故條約的起草與談判乃為總統的「壟斷之權」（presidential monopoly），參院所代表的立法權依理不得與聞。[4]

　　依上述的學理，對外談判權已由總統「壟斷」，而總統又為三軍統帥，擁有提名大使、公使、領事等人事權，對外政策由總統主導應無疑義。但是，憲法授權國會主導商貿與關稅政策也是白紙黑字，兩者間如何拿捏無疑考驗者總統與國會的智慧。對外政策與國際商貿政策自來難以切割，不少例證顯示，美國總統經常運用貿易關稅作為獎勵友邦或懲罰敵國的工具，總統若不能主導商貿政策，對外政策也必會失去靈活性。爬梳總統與國會在過去百年間競爭商貿主導權的歷程，現實的考量似乎比憲法規定的咬文嚼字更為重要，充分顯露出美國憲法的韌性。

---

[3]　Garry Wills, ed., *The Federalist Papers by Alexander Hamilton, James Madison and John Jay*, N.Y.: Bantam Books, 1982, pp. 325-330.

[4]　Louis Fisher, *Constitutional Conflicts between Congress and the President*, 4th ed., Lawrence, KS: University Press of Kansas, 1997, p. 226.

貳、模糊空間使憲法的適用展現韌性

　　憲法規定的模糊，固然可能引起行政與立法兩權的衝突，但卻也可能使憲法在環境變遷中，保存應有的伸縮空間，對外商貿談判權無疑是個最佳的例證。美國在1789年宣布行憲時，仍然處於經濟發展初階，在「日出而作日落而息，帝力於我何有哉」的農業社會，人民對政府的需求相對較低；且由於大西洋的天然阻隔，彼時的軍事與航海科技也讓美國不必太擔心外敵的入侵。由於外交與國防是總統主張權力的重要依據，美國在19世紀奉行的孤立主義，無疑削弱了總統擴權的依據。

　　故而，在美國行憲後的百年間，國會名符其實的主導了超過一世紀的國際商貿政策。在此百年內，國會共修訂了16次關稅法案，規定各項進口貨品的稅則。有鑒於歐洲各國與美國親疏有別，早年的國務卿傑佛遜（Thomas Jefferson）曾力主以差別稅率善待友邦，但並未被國會接受，足見國會在商貿政策上的主導性不容挑戰。[5] 南北戰爭前後，總統也曾嘗試與普魯士、夏威夷、墨西哥、和加拿大分別簽訂關稅互惠條約，但國會堅決抗拒總統透過雙邊協定分享國際商貿的決策權，這些互惠條約因而全遭國會否決。國會在1880年更公開宣示：行政體系與外國談判商貿條約並設定進口貨物的稅率，「乃為違憲作為，侵犯了眾議院最尊榮的權力」。[6]

　　孤立主義使得對外關係相對單純，國會勉強還能應付關稅制訂與商貿管理的決策；且19世紀年平均4%的經濟騰飛，也使得美國上下感受不到雙邊互惠稅率的重要性，減少了行政機構運籌帷幄的必要性。此外，當時政黨政治仍不夠鞏固，總統與外國政府談判條約，很難取得參院三分之二多數的支持。就算條約通過，國會願不願配合修改相關法規，總統也絲毫沒有把握。外在需求既不高，內在程序又頗為擾人，行政機構自然傾向不

---

[5] Alfred E.Eckes, Jr., *Opening America's Market: U.S. Foreign Trade Policy Since 1776*, Chapel Hill, NC: University of North Carolina Press, 1995, pp. 12-13.

[6] Fisher, p. 238.

作為，聽從國會主導經貿與關稅政策近一世紀。

　　一次大戰後，歐洲凋敝美國逐漸扮演世界領袖的角色，行政權開始轉趨積極。一旦行政權開始積極拓展對外關係，原先的模糊地帶便成了爭議的導火線。威爾遜總統（Woodrow Wilson）原為政治學者，對制憲者約翰傑的觀點了然於心，故堅信對外談判乃總統獨有的權力，參院只能在核可條約時才得與聞，因而主張排除參院參與談判。威爾遜甚至樂觀的認為，參院為了顧及國家顏面，對於總統的談判成果應該不至於刁難，故參院的條約核可權只為具文。

　　威爾遜的認知終於導致總統與參院的嚴重對立，最後造成參院拒不批准美國參加國際聯盟的條約，威爾遜也因此抑鬱而終。慘痛的教訓讓後世總統在處理參院關係上更為謹慎，但總統實質獨享對外關係的主導權，乃起因於行政決策權集中的特質（單一總統較能守密）而非制憲者的神來之筆，1、2位參院領導人雖可杯葛，但合議制的國會無法應付外交領域的瞬息萬變也是事實。故而，當美國與世界各國的互動日趨綿密後，現實的需求有利於行政擴權已非國會所能改變。

　　大環境的改變既然使得憲法的規範不合時宜，最理想的處理當然是透過修憲使行政權的角色能夠名實相符，再不然也可以透過最高法院釋憲，調整行政與立法間的關係。但前者讓遵奉三權制衡傳統的美國人難免感到疑慮，尤其修憲程序險阻不少，通過機率相當有限；後者則充滿不確定因素，獨立的大法官萬一做出有違現實的判決，屆時要再扭轉恐怕更加麻煩。故而，美國的政治人物似乎選擇讓現實主導一切，透過國會因應實際的需要，一點一滴的釋出憲法權力，使得行政權可以不必透過修憲而逐漸在實務上成為國際商貿的主導者。循此模式，行政權從20世紀初開始不斷的擴張，迄1970年代甚至被稱為「帝王總統」（imperial presidency），兩權間的消長早已超出了制憲者的想像。其實，行政部門擴奪立法部門的憲法權力，並非只限於商貿關稅議題，但此一領域的兩權消長，無疑最具有代表性。

參、國際商貿主導權：延續一世紀的兩權角力

一、兩權競合國際商貿主導權：1890-1930年

　　行政部門嘗試侵奪立法部門的關稅決策權，首例應該是1890年的《麥金萊關稅法》（McKinley Tariff Act）。當年參議院財政委員會一如往常通過決議拒絕給予行政體系任何關稅授權，國務卿布雷恩（James Blaine）想方設法，透過友好眾議員的協助，通過《麥金萊關稅法》。該法免除了糖、糖蜜、咖啡、茶等進口關稅，但輸出這些產品的國家，若以「不公平與不理性」的方式對待美國產品時，行政機構可以為了爭取互惠待遇而恢復上述產品的關稅。此一立法技巧性的將國會的銅牆鐵壁弄出了一個隙縫，允許總統若利用此一授權爭取到他國的關稅減讓，國會將不能對行政部門的調降關稅進行審查。國會這項有限的讓步立刻迎來少數黨議員的強烈抨擊，他們認為國會「懦弱的出讓了國會最尊榮的權力，授予總統連俄國沙皇都沒有的大權」（......was a cowardly surrender of the highest prerogative of the House. The bill gave the president power not exercised by the Czar of Russia）。[7]少數黨似乎言過其實，但從這段發言也不難感受，部分國會議員對總統介入商貿管理的氣憤難耐。

　　利用國會所賜予的蘿蔔與棒子，哈里森總統（Benjamin Harrison）在1891-1892年間成功促成10個商貿條約，迫使若干國家減讓美國產品的進口關稅。但好景不常，1892年政黨輪替，不僅《麥金萊關稅法》被廢止，10個條約也宣告失效。占有國會多數的民主黨在立法理由上表示：「我們不相信國會可以正當的授予總統權威或權力，讓他可以以宣示或其他方式取代國會的法律，對人民加稅或減稅。」[8]

　　1896年共和黨再度取得執政權，當初在國會提《麥金萊關稅法》的麥金萊（William McKinley）現在成了總統，為了平反舊法，他協調國會

---

[7] Lori Wallach, *The Rise and Fall of Fast Track Trade Authority*, Washington DC: Public Citizen's Global Trade Watch, 2013, p. 20.

[8] Eckes, p. 74.

通過《丁格理關稅法》（Dingley Tariff Act），並在1897年簽署生效。新法如同舊法，授權總統可以對某些指定產品與生產國片面減讓關稅，8個歐洲國家依該法與美國完成貿易協定的簽署。但新法還特別授權總統，可以在降稅20％範圍內，與任何國家談判廣泛的貿易互惠條約，不過這些條約仍須依憲法程序取得參院認可。遺憾的是，由於參院杯葛，這些條約並未生效。此一經驗讓華府官員體認，除非授權總統可以自主決定關稅減讓，否則總統無法展開對外貿易談判。如何讓總統與他國談判的協議，可以免除送交國會審查，成了美國在擴大國際經貿參與上的一大課題。

國會的杯葛讓19世紀末幾個雙邊關稅減讓協定因此胎死腹中，行政體系在20世紀初的關貿修法，便記取教訓盡力規避國會的事後審核。1909年的Payne-Aldrich Act授權總統對不公平貿易國家可以採取最高稅率（maximum tariff）；1922年的Fordney-McCumber Tariff Act授權總統可以為了平衡美國與外國的生產成本，逕行在50％範圍內決定關稅高低，這兩個法案授予總統一定程度的裁量權且事後均無須送國會核准。尤其哈丁總統（Warren Harding）任內與外國政府簽訂了四十餘個最惠國待遇協定（Most Favored Nation Treatment），卻無一送交國會追認。政府的理由是，這些最惠國稅率早已訂在國會所通過的法律中，行政體系只是給予「履行保證」（guaranteeing tariff treatment already codified in statute），故無需國會事後核可。[9]

國會對行政體系自19世紀末持續介入其憲法明定的商貿政策權當然不可能沉默，1892年廢止《麥金萊關稅法》與1898年拒絕核可11項互惠條約均可視為是國會的反撲。但由於法院在有關商貿決策權的官司上，總是採取對總統有利的觀點，國會的抗衡顯得微弱。如克拉克法官（Field

---

[9] LoriWallach, *The Rise and Fall of Fast Track Trade Authority*, Washington DC: Public Citizen's Global Trade Watch, 2013, p. 26.
「最惠國待遇協定」（Most Favored Nation Treatment, MFN）長久以來便存在於國與國間的經貿協定，近代的MFN則於18世紀後趨於普遍，如美國在1794年與英國簽訂條約時，便承認英國享有最惠國待遇。但早期MFN多出現於兩國間的互惠約定，二戰後多邊國家的MFN才逐漸普遍，如1995年世界貿易組織（World Trade Organization）成立時，便載明會員國彼此間同享最惠國待遇。

Clark）在判決書中（143 U.S. 649, 692, 1892）為總統緩頰：多數法官認為「國會不得將立法權讓渡給總統，舉世共知此乃維護憲政體制完整的重要原則……但『允許總統可以裁定關稅』並非立法授權，而是讓行政體系扮演立法部門的執行人（agent）」。在J. W. Hampton, Jr. & Co. v. U.S.案中（1928）法官也為行政權辯解，表示憲法雖規定州際貿易由國會規範，但由於內容複雜與多變，國會多委由行政體系處理技術問題，如果這方面可以授權何以國際商貿便不行？

　　一次戰後，美國本土未受戰火蹂躪，轉為世界產業重心。戰後的經濟發展使得國際貿易往來更為頻繁，為了保護本土產業各國紛紛採取關稅保護措施，國際商貿的複雜性已非國會的有限人才可以勝任。1930年，國會為了挽救飽受經濟大恐慌衝擊的美國產業，通過保護主義色彩濃厚的《斯穆特－霍立關稅法》（Smoot-Hawley Act），結果卻只有使得情況更糟。由於這個法案主張採取高稅率，造成國際貿易更為蕭條，也讓國會背負了不懂國際商貿的罵名，對國會恢復憲政權力的企圖形成重大打擊。[10]

　　當國會瀰漫著強烈的保護主義思維時，胡佛總統（Herbert Hoover）則努力尋求國會授權，希望建立具有彈性的客觀關稅政策，一方面平息外國政府對美國高關稅政策的不滿，另方面也可靈活協助國內產業取得公平競爭的機會。胡佛的作法是創建一獨立的稅務評估機構，名為「美國關稅委員會」（U.S. Tariff Commission），機構主管由總統提名參院同意後任命，負責調查產業狀況、接受產業申訴、並據以評估稅率。胡佛強調委員會的運作必須公開透明，必要時得召開類似法院詢答的公聽會，讓全民可以檢視決策過程。有些學者認為胡佛的創思失之天真，因為就算是獨立機構，國會也絕無可能出讓憲法所授予的關稅決策權。故而，在共和與民主兩黨的聯合杯葛下，關稅委員會雖然因總統的堅持而成立，但功能卻已有名無實，難以挽救經濟的崩盤。[11]

---

[10] Wallach, p. 26.

[11] Eckes, pp. 134-135。胡佛所倡議的關稅委員會雖未能成功運作，但成立獨立機構評估稅制仍不失為國會可以接受的作法，故該委員會於1974年以「美國國際貿易委員會」（U.S. International Trade Commission, ITC）名稱重新掛牌運作。ITC並不能決定稅率，但卻提供產業界一個解決稅制紛爭的準司法平台。

　　高關稅的保護主義導致經濟大恐慌的發生，胡佛總統因簽署《斯穆特—霍立關稅法》也承受了一些指責，但由於稅率是由國會決定，國會當然必須承擔大部分的責任。經濟的蕭條讓國會認知，關起門來擬定商貿政策的時代已走入歷史，唯有與其他工業國進行合作協商，美國的經濟才有可能走出蕭條的陰影。但合議制的國會顯然沒有能力進行商貿談判，於是自1930年代伊始，美國國會開始將貿易政策主導權大量的移轉給行政部門。

二、多邊貿易協定與行政霸權：1930-1974年

　　行政權攘奪國會在憲法上的商貿主導權，1930年代以前或可稱之「蠶食」，1930年代以後則是毫不掩飾的「鯨吞」。所以有如此的差別，乃因1930年代以後多邊貿易談判漸趨頻繁，美國此時又扮演世界強權的角色，無論就談判的複雜性或美國新角色的需求，國會似乎只有退居陪席。

　　1934年，爲了因應經濟復甦的緊急需求，國會通過了《貿易協定擴張法》（Trade Agreement Expansion Act），亦即一般人熟知的《互惠貿易協定法》（Reciprocal Trade Agreement Act, RTAA）。既爲處理緊急狀況而立法，國會免除了總統依法所完成的各項協定，必須送交國會核可的規定，而且國會也無權要求變更內容。該法同時也給了總統在談判範圍上前所未有的廣泛授權，除了可以逕行宣布50％範圍內的關稅升降外，談判互惠協定時也不像過往有指定項目的限制，尤其雙邊談判的結論是否擴及其他未參與的國家（即所謂的「最惠國待遇」），也被視爲是總統的裁量權。甚至一些非關稅事項，如配額，也同樣不需要國會的核可。

　　幕後運作此一立法的國務卿胡爾（Cordell Hull）坦言，他所以要求不受事後審核的廣泛授權，乃爲了讓美國政府領導人可與其他國會制（內閣制）領導人一般，在談判桌上具有完整的決定權。但此例一開，當總統往後要求更廣泛的授權時，國會已無立場抵擋。國會當然懂得，權力一旦授與，收回便如登天之難，故而對這廣泛授權訂下了3年的日落條款，時間一到不僅法律失效，依法簽署的協定也將在期滿後作廢。但在實際操作

上，3年期滿時法律卻被不斷的展延，吃下大力丸的總統豈有可能坐視武功被廢？

二次戰後，以國際多邊組織重建戰後秩序，成了西方國家重要的戰略思考。其中引發爭議最多的，殆爲「國際貿易組織」（International Trade Organization, ITO）的成立。由於ITO有權規範各國關稅，若干國會議員強力反對美國參加，認爲允許國際組織規範美國關稅將有損主權的完整。故而ITO草案雖經冗長討論，當時杜魯門總統（Harry Truman）自知無法取得國會支持，便不敢提請國會審核。

事實上，透過前述RTAA的廣泛授權，美國總統已可與他國進行各項優惠關稅談判，談判結果不必送交國會審核便可逕行公布，但杜魯門總統將這項授權擴大解釋爲包括多邊的商貿協定。故而，國會雖未通過ITO，但美國總統仍透過RTAA與將近23國達成實質的關稅減讓協定，且全未經國會審核便付諸實施。隨後杜魯門透過雙邊與多邊談判達成的《關稅與貿易總協定》（General Agreement on Tariffs and Trade, GATT），也成功的避開國會，取得類似ITO的實際效果。

國會對杜魯門的偷天換日當然不悅，參議員布里克（John Bricker）因此提出憲法修正案，規定總統與外國達成的任何行政協定（executive agreement），在總統卸任後1年，繼任者若未請求國會延長，便應自動廢止。布里克在提案說明中表示：「GATT是違法的行政協定，主要目的是在方便ITO獲得國會通過，現在ITO已胎死腹中，但GATT這違法的私生子卻仍然活躍。」可惜這憲法修正案以一票之差不能成案，標誌著國會在與總統爭奪商貿主導權上，遭到沉重的一擊。[12]

修憲雖然失敗，國會不滿的情緒已讓總統難以迴避，至甘迺迪總統（John F. Kennedy）時乃決定另訂新法修補與國會的關係。1962年，國會通過行政體系擬具的《貿易擴張法》（Trade Expansion Act, TEA），並廢止原先的RTAA。TEA仍然維持了RTAA的廣泛授權，但要求總統自參眾兩院的兩黨議員中，各選任一名參與談判團隊。總統府下設「特別貿易

---

[12] Eckes, p. 40.

代表」（U.S. Trade Representative，後改名美國貿易代表署）主導談判，並負責與國會溝通聯繫。總統與國外簽署協定後，宣布前應先將完整副本提交國會，國會則將授權期限由RTAA的3年放寬至5年。

但這些修補國會關係的努力，在詹森總統任內卻功虧一簣。國會指責詹森總統在免除加拿大汽車零組件的進口關稅，與停止行之有年的「美國售價準則」（American Selling Price, ASP），有違憲越權之虞。參院外交委員會主席傅爾布萊特（William Fullbright）在寫給國務卿的一封信上便抱怨：「越來越多的國會議員感覺，行政體系對提交國際商貿協定給國會審核，依據的是權宜（expediency）而非憲法。」

 ## 肆、非關稅因素的外溢與帝王總統的浮現

一、國會的反撲：《傑克森－瓦尼克修正案》Jackson-Vanik Amendment

行政體系在1930年代後持續的擴大商貿主導權，國會當然也曾設法反制。其中最著稱的，大概便是1974年國會通過《傑克森－瓦尼克修正案》，該案以人權條件約束總統的對外談判權。曾任美國貿易談判代表的史登（Paula Stern），稱此法案為國會用內政的考量約束總統對外談判的「主要案例」（prime example）。[13]

1972年尼克森總統（Richard Nixon）與季辛吉國務卿（Henry Kissinger）致力推動美蘇和解（détente），為顯示善意，該年的貿易法案將蘇聯納為最惠國待遇（MFN）的對象。但參議員傑克森（Henry Jackson）與眾議員瓦尼克（Charles Vanik）聯手主張，如果接受這項待遇的國家不能「保證」（assurances）給予公民移居外國的自由權利，美國政府便應將該國家剔除。修正案雖沒有明指蘇聯，但由於蘇聯當時限制猶太人移居國外，此一修正案的對象十分明確。但外交決策乃專屬行政

---

[13] Paula Stern, *Water's Edge: Domestic Politics and the Making of American Foreign Policy*, Westport, CT: Greenwood Press, 1979, p. 21.

權，國務院對此修正案的反彈不言可喻，季辛吉擔心本案一旦通過將嚴重影響美蘇間的和解政策。

　　儘管尼克森政府威脅動用否決權，在傑克森與瓦尼克堅持下，修正案還是以懸殊比例在國會兩院通過，成為國內政治因素影響總統外交政策的重要案例。但正如參院外交委員會主席傅爾布萊特所說，這個修正案陳義過高（idealistic meddling）難以落實。有學者表示，行政體系私下運作也許反而會讓蘇聯開放更多猶太人離境，國會透過經貿手段介入外交操作，只會激怒俄國政府，造成修正案實施績效不彰。[14]此一國會介入外交操作的案例顯示，國會往往因選區利益而介入國際經貿談判，但選區考量卻不見得符合國家整體利益。或許因為《傑克森—瓦尼克修正案》的經驗，在中國永久正常貿易關係（Permanent Normal Trade Relation, PNTR）的議題上，國會便顯現得較為克制。

二、時勢造英雄：1970年代的美國經濟衰退

　　RTAA給予總統廣泛的授權後，照理這場百年爭戰的勝負已決，行政體系掌握關稅的議定權已成事實。但行政體系並未以此為已足，時勢也的確為行政體系進一步擴權創造了新的契機。

　　1970年代前後，美國面臨了經濟上的嚴重衰退，不僅政府赤字大幅增加，還出現了立國以來首次的貿易逆差，連帶影響失業率的快速攀升。1968年共和黨尼克森以有限差距當選總統，所屬政黨甚至在國會兩院淪為少數黨。有感於自己權力的脆弱，尼克森將挽救失業視為收攬人心的重要施政，而要挽救失業，外國產品的不公平競爭便成為關注焦點。

　　工會傳統上並不支持共和黨，但總統既將施政重心放在挽救失業，工會只能支持執政的共和黨。尼克森也確實沒讓工會失望，在第一個任期內便嚴格督導既有經貿法規的執行，希望透過這些法規對抗外國產品的低價競爭。這些作為讓尼克森被譽為「歷來最認真執行經貿法規的總統」，工

---

[14] New York Times的社論指出，修正案通過前蘇聯便曾允許32,000猶太人離境，修正案通過的1974年卻降到21,000人，再次年更只有13,000人（"Remember the Refuseniks?" *The New York Times*, December 14, 1990。轉引自Levin, 2015: 78）。

會因此大受感動，故在1972年大選中全力支持尼克森連任。有了工會撐腰，尼克森在第二任期便開始尋思，以新的政策藥方挽救美國經濟，此一新的藥方便是透過非關稅手段抵銷外國產品的競爭優勢。[15]

尼克森幕僚主張，過去進行商貿談判時，政府官員往往受到「馬歇爾計畫心態」（Marshall Plan's psychology）的作祟，認為美國有責任幫助各國發展，故談判時多以軍事和政治考量為優先，相對忽略了貿易的公平性與互惠性，使得美國經貿政策宛如另類的援外工具。為導正錯誤，尼克森於1973年4月宣布推出《貿易改革法》（the Trade Reform Act, 1973），以非關稅貿易議題作為平衡對外貿易的策略重心。但正如《華盛頓郵報》社論一針見血的指出：「過往尼克森擅長於將國會排除在國際事務之外，現在為了新的重要商貿議題要與外國進行談判，尼克森將需要新的權力，而這只有國會才能授予。」

非關稅貿易議題包括：政府採購、勞工處遇、產品傾銷、安全標準、匯率操縱、政府補貼、環境保護等林林總總，而這些議題傳統上都由嚴守領域觀念的國會各專業委員會負責，與過往關稅議題全交由眾院籌款委員會及參院財政委員會審核不同。換言之，總統要將非關稅領域規範納入與外國的商貿談判，便勢必處理更複雜的國會生態。尤其，許多上述議題均牽扯到國內現有法規，甚至各州的地方法規，總統如何保證在與外國達成商貿協定後，這些法規能在短時間內配合修法，在在都影響到美國的談判能力與外國參與談判的意願。舉例而言，要求外國政府採購美國產品，美國便須互惠承諾購買外國貨，但如此一來便與各地普遍實施的《愛用國貨法》（Buy American Laws）衝突；再如，世貿組織（WTO）延長藥品的專利期限，也會直接影響美國病患多出86億美金的開銷。如果沒有國會大量且明確的授權，行政體系想要包山包海的與外國政府談判非關稅經貿議題，必然寸步難行。

尼克森向來不尊重行政與立法的分際，也常恣意侵犯國會權責，但國會為何沒有全力抵禦？關鍵便在傳統支持民主黨的工會，為了挽救失業

---

[15] Eckes, pp. 211-212.

而強力支持尼克森的改革理念，使得民主黨議員陷於兩難。[16]加上向來堅強悍衛國會職權的共和黨議員，在經濟蕭條的陰影下選擇保持沉默，與RTAA立法時高調倡議憲政分際的表現完全不同。在這樣的大環境下，嚴重侵奪國會權限的《貿易改革法》，竟於參眾兩院獲得高票通過。

三、國會全面棄守憲法職權

非關稅議題牽涉廣泛，行政權要以國際商貿談判為理由將主導權納入囊中，便必須瓦解國會各委員會對自身職權範圍的堅持。於是《改革法》中便授權總統，由總統任命一個為數700人，由工商界代表組成的顧問委員會，提供商貿談判時的各種意見並接受諮詢。顧問委員會如國會委員會般，可以召開公聽會廣徵各方意見，也必須針對談判協定擬具審查報告供談判代表參考。但這既為憲政體制外的權宜措施，約束力當然不如國會委員會的審查報告。且顧問委員會公聽會只聽取意見，不如國會委員會可以進行調查與質詢，故稱之為「模擬公聽會」（mock hearing）。但就算顧問委員會只具諮詢功能，國會議員的參與仍受到許多限制，且總統任命民間代表時也常有主觀上的取捨，如消費者、環保、公衛的意見領袖便很少受到任命。

由於有這個顧問委員會的建制，《改革法》明正言順的要求，國際商貿協定與附帶的施行立法一旦提交國會，將自動歸給眾院籌款委員會與參院財政委員會審查。眾所周知，該兩委員會的專業在於財稅，對非關稅領域的議題並不熟悉，此一設計相對減少了行政體系可能承受的壓力。不僅如此，為了避免國會延宕協定的審查，《改革法》還規定：總統在商貿談判結束，將施行法規提交國會審查時，兩院的多數黨領袖無論是否與總統為同一政黨，在收到法案的第一天，便應立即排入議程不得延誤。相關委員會審查不得超過45天，期滿無論審查是否完竣便須立刻送交院會二讀。兩院院會在法案離開委員會後的15天內，便須全案交付表決，

[16] AFL-CIO的Nathaniel Goldfinger於1973年3月4日在《紐約時報》投書指出：「許多國家紛紛採取直接或間接的進口障礙，以及各種的輸出補貼。美國是工業國家中市場最開放的，結果便造成許多進口商品湧入龐大的美國市場。美國也想擴充外銷，但卻被外國政府的政策所挫折或阻絕。」

不得對內容加以修正。院會審查期間，兩院最多只能安排20小時辯論時間。參院少數黨所慣用的「冗長辯論程序」，在這類的商貿法案上完全不適用。且商貿協定雖屬憲法上的對外條約，但根據《改革法》規定，這類條約被視為「國會與行政協定」（congressional-executive agreements, CEAs），故以過半數決定是否通過，而非憲法上規定的「參院議員三分之二同意」。

　　由於《貿易改革法》的變革重點乃在減少國會的掣肘，俾使貿易談判代表能自信的面對談判對手，並使談判結果迅速完成立法程序付諸實行，該法因此被慣稱為「快軌」（Fast Track）。在法的授權下，總統權力已大如帝王，眾議員柏克（James Burke）因此批評：「（這個法案）無疑已使美國總統成為這個國家的『國際商貿沙皇』（the foreign trade czar of this nation）。」茲將該法對國會職權的侵奪與程序的破壞列表呈現如下：

◆表10-1　《貿易改革法》凍結國會職權與程序

內容	國會正常程序	FT的程序	妥協設計	經驗檢證
談判前的國會授權	憲法規定國際商貿由國會管理，故總統與外國談判商貿協定應取得國會授權。	行政體系無須國會決議批准，可主動選定國家與內容，逕行簽署商貿協定。	行政體系須於簽約前90天知會國會談判意向。	
設定談判範圍	國會可通過決議，為談判中的協定設定範圍與目標。	總統是否依循這些預設的範圍與目標進行談判，並無監督機制。		行政體系通常不會遵循國會設定的範圍與目標。
國會能否擱置拒審	國會有權拒絕表決送審議案，如委員會將法案擱置便形同實質否決。	協定送到國會，國會不得拒絕舉行表決。		1967年國會便拒絕對GATT談判結論中的非關稅議題進行表決，使之失效。

內容	國會正常程序	FT的程序	妥協設計	經驗檢證
一讀會後的送審期限	法案一讀後國會審查無天期限定。	協定一旦提出國會，國會須在90天內完成表決。		總統簽署協定不受國會程序限制，國會表決通過時通常生米已成熟飯。
限定委員會審查	國會提案應依性質送不同委員會審查，議長可決定單獨審查、聯合審查、切割審查、與接續審查。	商貿協定與附隨的施行立法，一律只送眾院籌款委員會及參院財政委員會審查。	總統任命各界代表組成700人顧問委員會審查商貿協定，並可召開公聽會廣徵各方意見及擬具審查報告供談判代表參考。	國會議員與助理參加顧問委員會的空間被嚴重限縮。顧問會公聽會無約束力、成員由總統主觀任命，常排除特定領域意見。2008年Bush總統對顧問委員會就美國與哥倫比亞自由貿易協定的修正建議置之不顧。
能否修正內容	法案審查時國會委員會可加以修正。	無論是協定或施行立法，國會均不得修正。		
委員會審查時限	委員會審查法案無天期規定，若要求逕提院會表決需三分之二議員支持。	兩委員會須在45天內提交審查報告給院會，審查未畢也將自動提交院會表決。	參院財政委員會可在眾院提交院會後有額外15天審查。	
院會表決時限	眾院議程由程序委員會決定。	協定離開委員會後，院會視之為第一優先法案，應在15天內進行可否表決。		

內容	國會正常程序	FT的程序	妥協設計	經驗檢證
辯論時間限制	眾院院會審查時間由程序委員會規定，參院甚至可以冗長發言抵制法案。	只允許20小時辯論時間，並不得提任何修正案。參院冗長發言、共識決、及停止討論議皆不得行使。		
二讀可否提修正案	國會可就修正案或替代案進行表決。	只得就總統提出的商貿協定進行整案可否表決。		
是否適用屆期不連續	法案超過屆期或被否決即失效，必須重新提案。國會的FT授權亦失效。	重提法案，仍繼續適用FT的特別程序。		法界人士認為協定被否決後，新提的協定便不得享有FT程序。2007授權期滿後，已啟動的協定談判仍可以依FT程序送交國會，迄2011還有協定依FT表決。

資料來源：作者整理。

　　授讓原本屬於自己的權力，國會當然有些掙扎，故而如同往例國會也對Fast Track訂有落日條款，但比起RTAA最初只有3年的授權，Fast Track卻大方給予5年的期限。1979年期滿前，又再度延展8年。從1975到1995的20年間，行政體系在Fast Track所創造的有利條件下，的確也達成了若干重要的國際商貿談判，如美以、美加自由貿易協定、北美自由貿易協定（NAFTA）、GATT的烏拉圭回合談判等。但1995年時效屆滿時，國會終於體認到憲法職權受到踐踏，首度拒絕展延。惟2000年小布希（George W. Bush）競選總統時，將Fast Track的延展納入政見主張，使得國會感受

強大壓力。小布希上台後，挾政見承諾強力遊說，眾議院最終勉強以3票之差通過2002年版的《貿易法》（Trade Act），並易名為《貿易促進授權法》（Trade Promotion Authority, TPA），給予5年的施行期限。這個新版本的TPA增加了一項規定，即總統在談判發動前90天應先知會國會，使得國會不致完全置身事外；但該法仍允許總統可以決定施行細則提出的時間表，讓行政體系掌握條約施行的主動權。利用這延長的5年，小布希政府又完成了美澳、美智、美星、美韓等近十國的自由貿易談判。

國會做出巨大的讓步與授權，當然會要求行政體系做出一些承諾。如Fast Track法案中，國會要求總統的談判代表在商貿談判前、中、與結束時，均須與眾院籌款委員會及參院財政委員會進行密集商議。貿易談判署還得設置「首席透明官」（Chief Transparency Officer），與國會各單位保持經常接觸。總統亦須在國際貿易委員會（International Trade Commission, ITC）協助下，就貿易協定對美國經濟的可能影響，發表公開評估報告。但任何熟悉商貿談判的人都心知肚明，這些林林總總的「諮商」、「通知」與「報告」，根本只是國會尋求下台階的表面文章。非關稅因素的商貿談判牽涉廣泛，一旦開啟程序，相關資訊就會立刻充斥雙方媒體，有心人想要瞭解內容根本不必煩勞官方告知。

四、剎不住的快軌列車：2007-迄今

國會對憲法職權的棄守當然不會無感，2007年TPA期滿後，國會便拒絕再度延展。但正如學者所指出的，當初為了挽救失業而坐視總統擴權的歷史背景，迄今已沒有多少國會議員記得。而新一代的國會議員乃成長於行政主導的商貿政策下，又有多少懂得，國會應如何在沒有快軌機制下，發揮其憲法上的職權？故而，快軌機制宛如已成美國在談判與審核貿易協定上的必要程序，缺乏這套程序美國人已是手足無措。[17]

故而，歐巴馬（Barack Obama）在爭取民主黨總統提名時，曾一度抨擊快軌機制的合憲性，並允諾當選後將建立新的行政與立法協商機制。但2008年就職後，反而積極運作恢復此一機制，2012年還公開稱許該機

---

[17] Wallach, p. 66.

制的必要性，認為唯有如此，擬議中的《跨太平洋夥伴協定》（Trans-Pacific Partnership, TPP）才可能推動。政治的現實迫使歐巴馬總統不得不做髮夾彎的轉變，但不少國會議員仍然擔心，由於快軌機制的決策形同黑箱，可能對現行的薪資法、作業安全法、環境保護法等造成傷害，且外國的匯率操控、國營企業、網路銷售等對美國企業所形成不公平競爭，也看不到行政部門有適當的處理。

2015年6月，參眾兩院通過《兩黨國會貿易優先及責任法》（Bipartisan Congressional Trade Priorities and Accountability Act）與《貿易偏好延續法》（Trade Preferences Extension Act）延續了快軌機制。雖有議員以「透明度不足」與「責任歸屬不明」加以責難，但提案者則反覆強調這個便捷的審議機制，是美國與環太平洋國家及歐盟談判自由貿易的「重要工具」。由於歐巴馬總統的強力遊說，法案最終由眾院以218：208票，參院以62：38票通過。照理有了國會授與的這把尚方寶劍，2016年新當選總統的川普將可游刃有餘的持續推動後冷戰時期的全球化政策。但川普是個「非典型的政治素人」，能夠入主白宮，憑恃的並非傳統的政黨理念，而是勞工階層對產業外移與全球化分工的不滿。故而，當選後幾乎在第一時間便明言反對TPP、美韓自貿協定、北美自由貿易協定等過去幾任總統所戮力推動的全球化政策。一個高唱「美國第一」，反對全球化分工的總統，究竟將如何運用歐巴馬總統為他爭取的快軌機制，將是未來值得觀察的重點。

 伍、商貿政策主導權的競合評議

學者指出，就憲法所列舉的職權比較，國會在處理涉外商貿的權力上，顯然遠大於總統（undoubtedly greater）。但在兩百餘年的兩權競合過程，卻只看到總統的權力不斷擴大，令人感嘆：「總統有限的權力能膨

脹到如此之大，不能不讓人驚異。」[18]常識告訴我們，總統常因對外戰爭而膨脹權力。但事實正好相反，總統商貿主導權力的擴張主要都出現在承平時期，箇中除了總統的個人野心，相信也與經貿議題過於複雜，合議制的國會難以主導有關。

快軌機制的出現，目的顯然是在幫助總統擴權，而非如有些觀察者所言，在為國會參與對外經貿談判舖墊。例如，雷根總統時代曾利用總統所掌握的對外經貿權，先達成國際商貿協定後，再轉而迫使國內的反對勢力，為了顧全大局而必須接受雷根的某些國內政策。GATT的烏拉圭回合談判中，這類「出口轉內銷」的現象便經常可見，舉例而言，涉及本國金融投資的規範，便是先完成國際商貿談判，再轉而要求修國內法以配合國際規範。

總而言之，觀察百年來的兩權在經貿議題上的競合，可以歸納以下現象，供我人檢討國會在未來民主運作中的機制與功能：

一、外交凌駕商貿提升行政權優勢

國會若依憲法規定，堅持有權主導「管理國際、州際與印地安部落之商務」，勢必會面臨兩個困境：一是依據憲法分權原則，政策之執行乃由行政負責，國會如何確保自己通過的政策不會被扭曲執行？二是當美國的對外關係日形重要，國會的商貿決策若與總統主導的對外關係產生扞格時，兩權將孰輕孰重？經過兩百年的憲政實踐，這兩個問題的答案應已確定，也就是：政策的執行可以實質定義法律的範圍與效力，而外交的重要性更是凌駕於商貿的考量，兩者皆有助於行政權的擴張。

當國會還能實質主導商貿政策時，國會為了保護本土產業，曾在上個世紀初通過兩個《反傾銷法》（Antidumping Act），但這些法案的通過正逢美國開始扮演世界領袖角色之時。由於必須考慮盟邦的內政困難與基地使用等因素，這些法案最後均只被選擇性的執行。類似的狀況也出現在後來的反補貼等公平交易規定，由於這些法案常被外交人員視為是拓展外

---

[18] Robert J. Spitzer, *President & Congress: Executive Hegemony at the Crossroads of American Government*, New York: McGraw-Hill, 1993, pp. 140-141.

交的障礙,而被執行者刻意凍結。一位學者因此指出:「美國的(對外)政治利益通常高於保護美國產業的利益。」[19]這些政治與外交的考量,顯然註定了國會在兩權競爭中居於下風。

二、兩黨異曲同工營造總統擴權

民主政治中,國會的反對黨經常扮演提醒者或剎車者的角色,使得行政權難以隨心所欲。但在兩權的百年角力過程中,國會雖輪流由兩黨掌控,卻對行政權的擴張,出現兩黨共同棄守的現象。但進一步探討,兩黨坐視總統擴權的出發點卻有些不同。基本而言,共和黨掌控的國會較重視捍衛憲法職權,這是為何在共和黨長期居於多數的第一個百年中,行政權幾乎無法越雷池一步。20世紀後共和黨所以選擇讓步,出發點則多著眼於企業經營與美國的國際地位,例如小布希所以能在2002年克服自己黨團的反對而成功延續快軌機制,主要便得力於企業界的遊說。至於民主黨,則常從勞工福祉與環境保護角度,決定支持總統的擴權。如尼克森在1974年的突破,便歸功於工會與民主黨領袖,認為快軌授權有利於增加美國的就業機會。

三、國會的宿命與行政的堅持

單一領導的行政體系面對分權化國會的競爭,似乎從開始便註定是不平衡的賽局。由於總統的集權傾向,一旦權利抓到手中便很少釋放回去;但分權化的國會則因委員會的不同考量與選區利益的差異等,讓總統享有各個擊破的機會。例如尼克森能在快軌機制上突破民主黨國會的抵制,便得力於該黨內部勞工陣營的倒戈支持,而猶太同情者也希望給予尼克森更多籌碼,以利爭取蘇聯開放猶太人移民。合議制國會所存在的內部矛盾,使得國會在面對意志堅定且目標明確的總統時,難以堅持憲政的分際;行政體系則代代相傳累積成果,最後取得商貿政策上的主導權。

四、民眾對經貿議題的生疏助長總統擴權

依美國的憲政設計,行政與立法本來就存在競爭關係,制憲者希望透

---

[19] Ecks, pp. 257-277.

過「以野心制衡野心」，達到保障民權的功效。由於所有的權力皆由人民所授予，制憲者期待，兩權若因競爭而產生僵局，握有主權的人民便可以扮演最後仲裁者的角色。遺憾的是，民眾對涉外事務向來比較漠然，尤其對國際經貿更是感到生疏，故而當總統藉由國際經貿議題侵奪國會的決策權時，國會議員就算聲嘶力竭的提醒民眾，卻很難贏得民心做後盾。常在商貿協議中被犧牲的勞工，竟會支持傾向企業的共和黨總統擴權，便證明民眾往往只追求短期目標，而分權制衡著眼的則為國家的長期利益。缺乏民眾作後盾，國會這場戰當然打得格外辛苦。

五、行政權主導商貿決策有利貿易自由化提升

如前文所述，國會在1930年代前為美國商貿政策的實際主導者，行政權取而代之迄今仍不滿百年。值得關切的是，無論是國會主導或總統主導，兩者是否對政策內涵與政策方向有所影響？

理論上，贊成與反對自由貿易的人數，應該勢均力敵，因為各有因此獲利或受害的團體。但根據學者分析，由於國內生產者是議員競選經費的重要貢獻者，且企業運作也關係到選區的就業率，故國會議員往往傾向提高進口關稅以支持產業界。因此之故，在國會主導商貿的年代中，進口關稅也節節升高，最終還導致1930年代的全球性經濟大恐慌。

行政主導下的商貿政策則有不同考量，如前述二戰後美國甚至還出現所謂「馬歇爾計畫心態」，以商貿政策作為穩定國際政治的手段。故而，在行政體系主導美國國際商貿政策的時期，進口關稅多呈現整體下降的趨勢。名政治學者下特史奈德（E. E. Schattschneider）在其1935年的著作便曾憂心，若國會持續主導商貿政策，美國必將走向高關稅的未來。[20]此一預言所以未能成真，正因為該書出版時商貿政策的主導權已悄悄移轉到行政體系，而行政體系以其傾向開放的國際視野，適時修正了舊有的政策走向。

---

[20] E. E. Schattschneider, *Politics, Pressures and the Tariff*, New York: Prentice-Hall, 1935, p. 283.

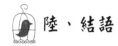 **陸、結語**

　　工業革命後政府政策與民眾生活的關聯性越來越緊密，而國與國距離的縮短，也使得內政與外交難以斷然區隔，這些客觀條件的改變，讓越來越多的學者開始質疑，透過三權分立保障人民權益的憲政構想，是否已無法配合現今全球化與數位化社會的發展需求？美國國會研究服務處（Congressional Research Service）的研究員格拉斯曼（Matthew E. Glassman）曾在論文中指出：[21]

　　那些主張分權制度的政治哲學家事實上均成長於非民主的政府體系下，或缺乏分權設計的有限民主體系下，這使得他們僅能從理想面（normative），或根據非民主結構，擬想分權運作的狀況。故而，因此而衍生的憲政設計，常忽略了分權運作在民主體系下所可能面臨的現實問題，尤其美國獨立時期的制憲者，更是長於說理而昧於現實。

如本文所述，這個理想面與現實面的衝突，在國際商貿決策權的消長上，呈現得最是突出。

　　殖民地人民因為抗爭英國的關稅政策點燃了美國的獨立戰火，為了證明「造反有理」，美國憲法將「徵收稅捐、關稅、進口稅與國產稅……之權」，單獨劃歸給國會。理想上，國會的集體審議功能，將有助於人民避免受到政府獨斷的傷害。立意固然良善，但制憲者始料所未的是，工商產業高度發達以後，稅捐已成了政府在處理國際關係、公共補貼、勞工處遇、產品傾銷、安全標準、環境保護等面向的政策工具。如果堅持關稅與商貿政策的管理權盡歸國會，則立法權將無可避免的入侵行政權的管轄領域。這不僅將造成三權分立的名存實亡，也會實質影響政府運作的效率。

　　導正制憲者的疏忽，最直接的作法當然便是修憲。但修憲茲事體大，

---

[21] Matthew E. Glassman, "Separation of Powers: An Overview," CRS Report, 7-5700. Congressional Research Service, Washington D.C. 2016, p. 3.

尤其牽扯到兩權的職權規劃，政治上的代價必將難以掌控。所幸，如格拉斯曼所言：「美憲的授權不僅多處重疊，而且界線模糊，使得政府的各項關鍵功能成了行政與立法間的權力競逐。」藉由這些「重疊」且「模糊」的界線，美國的決策者得以智巧的在不修憲，甚至不釋憲，的前提下，將國會原先所獨享的決策權，透過兩權的合作，逐步移轉到行政體系。此一移轉使美國可以勝任20世紀世界強權的新角色，也使美國能夠從容應付全球化浪潮與多邊談判的新趨勢。

國會的讓權當然不是心甘情願，若非1930年代國會通過不當政策引發全球性的經濟大災難，國會應該也不會認可行政權避開國會直接與外國進行商貿談判。故而，1960年代的《貿易擴張法》，1970年代的《貿易改革法》，與千禧年後的《貿易促進授權法》允許國會有限度的參與商貿談判，均可視爲是安撫國會的象徵性安排，無礙於行政體系獨攬國際商貿談判的大權。至於國會對各項授權所加註的落日條款，也只是國會保持顏面的妝點，因爲在日趨複雜的多邊商貿關係下，國會已很難拒絕行政體系延長授權的請求。

我國的憲政體制採取類似美國的行政與立法分立設計，美國兩權在商貿管理權上的競逐過程，應該可以與我國的狀況略做比較。迥異於美國的是，我國憲法並未明言國會擁有商貿管理與徵收國稅之權。憲法第63條僅明訂：「立法院有議決法律案、預算案……條約案及國家其他重要事項之權。」牽強的說，關稅與對外商貿協定雖然可以包含在廣義的「預算案」或「條約案」中，爲立法院參與相關政策制定留下伏筆。但憲法第58條也規定：「提出於立法院之法律案、預算案……條約案及其他重要事項……提出於行政院會議決議之。」顯然這些相關決策主要在行政院的內部程序中完成，行政體系沒有義務在送交立法院議決前知會立法院或邀請立委參與談判。與美國憲法中，國會「有權管理」及「授與國會徵收稅捐……之權」的用語比較，我國憲法所授與立法院的參與空間，顯然相對薄弱。

我國憲法既未提供立法院參與行政體系對外商貿談判的法理依據，而對外談判與交涉又被中外學者認爲是行政體系的傳統專屬權；故而，美

國兩權對國際商貿權力的競逐，依理不可能發生於台灣的憲政體制下。但美國國會所提出的交換條件，要求在讓出憲法所授予的商貿主導權時，行政體系也必須在談判的各階段，適度邀請立法機構參與，卻被國內部分學者視為是尊重民意的先進立法，並據以要求行政院應仿效提出「兩岸協議監督條例」明定民意機構的參與權。在本書出版之前，「兩岸協議監督條例」已在立法院討論經年卻遲遲無法出樓，推敲箇中困難，或許便因立法要旨與我國的憲法授權有所扞格。

第 11 章 ▶▶▶
國會是庇護犯罪的天堂？

國會不是，也不應該，成爲抗拒法律的天堂。[1]

—— 英國國會特權聯合委員會1999年報告

 ## 壹、媒體常見的立院場景

場景一：秦姓立委在記者會上展示總統與中共國家主席江澤民的往來書信，指控總統接受中共500萬美金選舉捐款，並與中共簽下「合作協議書」，保證2004年促成兩岸統一。總統府秘書長則在立院備詢時強調，上述指控絕對是子虛烏有，內容違反常理，連國中生、高中生都不會相信。

場景二：羅姓立委在立委開會時涉及毆打立院同仁，被打的委員聲明將提出傷害告訴。羅姓立委一臉不屑地說：「想告什麼？立法院到現在，從來沒有誰打人而被判刑的案例。」

場景三：簡姓立委聲明放棄言論免責權，指控副總統連戰違法逃稅。朱姓委員則爲連戰澄清，表示指控不實，並遺憾的說，立法院已經成了「造謠院」。

場景四：簡姓立委公開指控行政院趙秘書長，藉由親戚介入中二高工程。被指控的官員除嚴詞否認外，並遺憾的表示，希望立委不要利用在立院的言論免責權，隨意破壞或傷害公務員的名譽、人格和尊嚴。

---

[1] The precincts of the House are not and should not be a haven from the law. The Joint Committee on Parliamentary Privilege, Report 1999.

場景五：馮姓立委在總質詢時，以侮辱性的態度，建議行政院長蕭萬長應改名爲「蕭萬短」。次日，支持蕭院長的許姓立院，則在「國是論壇」上，痛批馮委員所屬政黨爲「共產黨的走狗」，並說馮委員與該黨「有奶可吸就叫阿娘，無奶可吸就〇伊娘」。

這些場景，可謂是立法院幾乎每天上演的戲碼。一位《工商時報》記者評論：「立法委員質詢擁有言論免責權，不僅行政官員畏懼，一般企業界擔心商譽受到傷害，同樣避之唯恐不及，……（立委和助理）因此藉此向政府單位威脅包攬工程、非法關說、索取廣告等，若有不從，即藉機報復；至於企業界方面，則選定某些知名公司，蒐集對其不利的資料，並以質詢作要脅，最終達到勒索金錢的目的。」如果言論免責權可以被運用到如此「境界」，國會政治無異正製造另類的「土豪劣紳」，讓人疑惑這樣的民主有何值得稱頌之處。

但過去反對黨大鬧議場時，國內一位知名教授在報上爲文表示：「少數黨強力運作『議事妨礙』以爲對抗，庶幾能阻止『多數決』之強橫。從而，國會議員相互間，每每會有齟齬爭吵或喧嘩叫罵，甚至扭扯推擠或動手毆打，以國會殿堂之議員吵架，替代或吸收多元階層之民眾街頭對抗，這原就是議會民主政治體制中預見或難免之現象。」言下之意，國會存在的目的只爲了宣洩民間積怨，而不是爲了理性問政。果然如此，國會打架謾罵又何必大驚小怪？

1997年8月1日，大法官會議以全體一致的決議，作出釋字第435號解釋，將「與行使職權無關的行爲」，例如蓄意之肢體動作，排除在立委言論免責的範圍之外。而立委在院外所爲之言論，如召開記者會發表看法、或媒體訪談中的陳述，一旦涉及誹謗，將如同其他的平民百姓，必須接受法律之處分與約束。大法官對言論免責的範圍作出解釋後，迄今便有多位委員，因發言誹謗或涉及傷害而被法院定罪。

但此一解釋文，對於立委在會議時，所爲之不當言論，包括毀謗性、猥褻性、暴力性的言詞，仍然不具有約束的能力。有法界人士堅持，這類言論本應受到絕對的保障，就算立委事先聲明放棄，受害者也不得向立委尋求救濟。但如此一來，國會的議論（包括肢體語言），豈不享有道德與

法律的治外法權？所謂「民主櫥窗」又如何扮演民眾表率的角色？

　　解釋文固然使得立委言行受到一定程度的約束，但約束的方式仍寄託於國會以外的機關，如檢察官的提告或受害立委的自訴，身為最高民意代表機關的國會，言行表現居然還得受到其他機關的監督，代議制度的設計便委實讓人缺乏信心。再者，官員和檢察官原本是立委監督及審查預算的對象，現在居然擔負起維護立院運作秩序與監督言論尺度的功能，法理邏輯讓人感覺矛盾。但國外究竟又是如何運作，使得理性問政成為國會的常態？

 ## 貳、國會議員特權的緣起與法理

　　國會議員在國會所為之言論對外不必負責，包括不受到法律追訴；早期治安機關在會議期間甚至不能逮捕議員，這些給予議員的特殊待遇，統稱為「國會特權」（parliamentary privilege）。但國會是民主運作的櫥窗，民主的基本價值是法律之前人人平等，何以反容許國會議員可以毀謗他人而不必受罰，甚至犯了罪也不能逮捕？要瞭解此一制度的本質，便須探討其歷史背景與法理依據，並以此檢討其繼續存在的意義。

一、議員特權的緣起

　　所謂「議會特權」，指的是「某些提供給國會議員的法律豁免權，目的在使立法工作能順利推動，並使國會作為一個整體得以實現憲法所交付的功能。」[2]但我們所習知的「特權」，通常指涉一個個人或團體，享有他人所無的特別權利或豁免權，如「特權階級」（privilege class）的用語，其特權的享有並不因其社會貢獻而獲得。議會特權的概念與此不同，此一特權乃為順利執行憲法功能而存在，若行為內容與此無關，或行為

---

[2]　Terry Moore & James Robertson, "An Introduction to Parliamentary Privilege," in *Canadian Parliamentary Review*, Vol. 24, No. 3, Autumn 2001, p. 19.

者失去授權，則所謂的「特權」便不復存在。故有些學者對「議會特權」喊冤，認爲「特權」兩字有誤導之嫌，較適當的用語應是「工作的特別條件」（special advantages）。[3]

許多人認爲，特權制度乃因封建時期爲了保障議員放心問政，避免遭受君王隨興干預而建立的傳統。此一說法部分屬實，但特權制度的法制化，其實是在1688年光榮革命以後，當時國會已可完全免除英王的干預，此時若再建立制度避免英王干政，似乎顯得多餘。革命後國會通過《權利法案》（the Bill of Rights），其中第9條明文：「國會的言論與論辯自由，或相關程序，不應成爲任何法庭或國會以外場合，彈劾或質問的目標。」[4]英王既已無力干政，國會將此傳統明文化，目的爲何？

英國國會在1999年曾組成特別委員會深入探討國會特權的內涵與範圍，委員會在報告序言中便明言：「國會特權仔細分析起來是個複雜、專業、甚至有些神祕的課題。因爲它的形成部分是歷史傳承的結果，但另一部分則爲配合國會多重功能所必須。」[5]對非西方傳統的民主國家而言，似乎應更專注於特權對執行國會功能的必要性，而非視特權爲不可侵犯的民主圖騰。

二、議員特權的內涵

光榮革命後英王勢弱，國會主掌大權，但英國人民並不願見到，所謂革命也只是將統治權由國王個人，移轉到同樣專橫的另一群貴族。或許受到洛克思想的啓發，英國人開始構思「粗糙的分權體制」（rough doctrine of the separation of powers），國會仍負責政策制定與法律審議，但法律的執行與裁判，則交由國會外的行政與司法機構。[6]英國人企盼，在法律

---

[3] Moore & Robertson, p. 19.

[4] Article 9: That the freedom of speech and debates or proceedings in Parliament ought not to be impeached or questioned in any court or place out of Parliament.

[5] Joint Committee on Parliamentary Privilege, *Report Volume 1-Report and Proceedings of the Committee*, UK Parliament, Session 1998-99, HL Paper 43-1, HC 214-1, Ch. 1.

[6] Gareth Griffith, "Parliamentary Privilege: First Principles and Recent Applications," NSW Parliamentary Library Research Service, Briefing Paper, No. 1/2009, New South Wales, Australia, 2009, p. 7.

至上的原則下，國會行事也必須受到法律的制約。

　　問題是，指導國會運作的法規也是法，運作產生爭議時，依法治原則，當然必須由司法體系裁判。但如果國會內部運作是否得當，竟然是由國會以外的機構判斷，所謂「國會主權」豈非有些自欺欺人？學者高芝沃斯（J. Goldsworthy）因此表示：[7]

　　如果國會與其成員不能享有某些豁免權以避免外界干預，例如沒有完全的言論自由，國會的立法主權便可能面臨危機。一個真正具有主權的機構，它的組成部分應不該受到外部個人或機構的威脅或壓迫。如果不允許國會享有豁免權，將迫使國會立法時難以客觀，最終受害仍為全民。

故而，國會特權並非國會的固有權（inherent rights），而是國會為了實現其憲政地位與功能，所採取的適當措施。換言之，若非執行憲政功能，或特權造成國會失格敗行，這些特權還是可以透過國會程序予以凍結。

　　國會為執行憲政功能所需的特權保障，原則上可區分為屬於個人的特權與屬於國會整體的特權。屬於個人的特權共有三種，一是議會內的言論自由，如中華民國憲法本文第73條：「立法委員在院內所為之言論及表決，對院外不負責任。」故國會議員在國會內部發言，就算涉及對他人的誹謗，也可免於法律的懲處。

　　第二個屬於個人也具有相當爭議性的國會特權，為議員的「免受逮捕特權」。此一特權顯然與法律之前人人平等的法治精神相衝突，故而先進民主國家均已不再適用，或僅免除民法爭議所可能導致的逮捕。但我國憲法增修條文第4條卻還規定：「立法委員除現行犯外，在會期中，非經立法院許可，不得逮捕或拘禁。」似乎與現行的民主國會規範有些脫節。近代英國國會紀錄便顯示，警察持拘票到國會逮捕議員，如果事先通知議長保持對國會的尊重，仍然可以被允許。

　　第三個特權則與非英美法系的國家較為無關，此即議員免於被法庭選

---

[7]　轉引自Griffith, p. 10。

任陪審員的特權。由於英美法系國家擔任法庭陪審員為公民的重要義務，一旦被抽中均不得以任何理由推辭，但國會議員可以自動免除此一義務。

　　國會的集體特權則均與維持國會的尊嚴與獨立有關，如可以擱置正當司法程序，使國會對破壞國會秩序或蔑視國會行為施以包括剝奪議員資格或監禁罰金等處分。英國國會在歷史上原本就是大不列顛的最高法院，擁有這項特權不足為怪，其他無此傳統的國家便須透過立法或修憲賦予國會這項特權。[8]

　　如美國憲法第一章第2條第5項規定：「（國會）兩院應分別決定其議事程序、成員不當行為之處分，及以三分之二多數開除成員之規定。」美國最高法院在1880年的「基爾本控訴湯姆笙案」（Kilbourn v. Thompson, 1880）中，對憲法的規定表示認可。法院認為憲法明文授權兩院處分議員，甚至可包括監禁；而憲法既允許兩院可判斷其成員之資格及選舉結果，自亦可以要求議員履行其開會之義務，並懲處不配合議員。在1897年的「查普曼案」（In re Chapman, 166 U.S. 661）最高法院再度肯定，國會擁有自保的「固有權」（inherent power of self-protection），故當議員的脫序行為造成議員的純正性（the integrity and purity）受到質疑，導致民眾對國會失去信任，國會將可譴責違規的議員，甚至將之逐出國會（censure or explusion）。

　　國會的集體特權還包括國會院區的自主管理權、國會內部事務的自主權、發起調查及招換證人與文件調閱權、印發包含毀謗文字的文件等。有些集體特權與前述的議員個人特權存在密切相關，因為國會若無集體特權可以有效約束議員，國會將失去立場要求社會認可議員享有議會內的個人特權。至於此一特權是否適用於非國會議員，本書第九章已有說明，本章不再贅述。

---

[8]　Griffith, p. 2.

參、議會有比社會更嚴苛的言行規範

集體特權賦予國會可以懲處議會內議員的脫序言行，而且受懲處的議員通常不得尋求議會外的機構，如法院，進行平反。在國會的強勢集體特權下，國會建立起較外界更嚴格的言行規範，一方面使得議員們享有絕對的言論自由，但同時又讓議會可以井然有序的運作。檢視西方國家的國會運作，很難不讓人訝異的發現，越是民主的國家，議員的言論尺度反而越是嚴格，但限制並非來自國會外的機構，而是國會自身。創始言論免責制度的英美兩國，有些議會的言論規範甚至被認為陳議太高。但國會若不能運用集體特權，證明國會有自律的能力，類似像台灣立法院的爭鬧場景，恐怕早已激發國民反對議員特權的風潮。誠如前英國首相阿特禮（Clement Attlee）所言：「民主為透過討論形成政策，但此一定義所以為真，首先要能停止眾人發言。」[9]亦即國會必須要有獨立能力，掌控會議的進行。

在國會集體特權的運用下，無論是否透過立法，國會對議員言行有以下的約制：

一、使用語言的限制

我國立委為了凸顯個人的「本土化」，常在議會中堅持使用方言發表意見，其中以閩南語為普遍，偶然也有客語及山地語。固然，聽不懂閩南語的民眾在台灣已是少數，但問題是，只要未被宣布為官方語言，國會議事便不應允許使用。立委若認為閩南語是「吃台灣米」所必須瞭解的語言，大可立法將之列為官方語言；但在法律通過之前，立委並無特權可以堅持使用方言。

英美國會便規定英語為議會的官方語言，使用其他語言均為違反議事規則。曾有北愛爾蘭分離主義分子，為了凸顯立場，而堅持在英國國會

---

[9] "Democracy means Government by discussion, but it is only effective if you can stop people talking."轉引自David Davis, *BBC's Viewer's Guide to Parliament*, London: BBC Books, 1990, p. 87,

中使用愛爾蘭語發表意見。議長立即裁示，使用議長聽不懂的愛爾蘭語，將無從判斷發言是否有違議事規則，故而要求發言者只能使用英語。發言者顯然欲藉方言引發抗議，撩撥受迫害的情結；而議長以無法執行功能為由，既迴避挑釁又能堅守原則，充分展現出主持會議的睿智。

二、不得以不敬言詞批評議會及其他機構

　　立委與國代過去曾互批對方為「蟑螂」及「垃圾」，類似對另一民意機構的攻擊，在其他民主國家可謂難得一見。批判其他議會不僅被認為欠缺應有的尊重，英國議會甚至規定，除了部會首長的發言，上議院的討論及發言均不得於下議院轉述。其目的，無非避免有心人士，藉以挑撥兩院關係。

　　除了避免批評其他議會，英美議員甚至也不得攻擊自己的議會。學者便曾經指出，「效忠機構」（institutional patriotism）是美國議員四項未見諸文字，但卻相當重要的言行法則之一，議員不僅不得批評自己國會（選舉期間例外），甚至還得積極的為國會辯護。不僅影射攻擊國會的議案，議員不得提出；在議場發言中，議員也絕對禁止朗讀外界對議會的書面指責或批評。畢竟，身為國會議員還以批評國會而自命清高，皮之不存毛將焉附？

　　議員發言若指涉元首或其他政府機構，便更須謹慎，畢竟這些均是國家權威的象徵。在專制時期，英國議員發言侮辱王室，將受到監禁倫敦塔的處分。民主時代雖無此顧慮，但尊敬元首及國家機構對維持民主穩定仍然同屬重要。

　　為了維護司法的獨立及公正，正在審訊中的訴訟案件，議員也被禁止評論，如台灣曾有監察委員批評「核心的司法官都是不學無術」，並對檢察官起訴個案進行彈劾，在民主國家的運作中相當罕見。二次大戰後，英國議會有將近2、30例，因為指控部會首長說謊、首相收買法官、法院是保守黨開的、財務大臣行事不義等，而被議長認定發言不當。這些案例經指正後，多數議員均虛心接受而收回發言，但也有少數議員因拒絕認錯而遭到驅逐的處分。

三、議員間的互重

議會同仁間若習於以言語挑釁攻訐，議會又如何保留理性討論的空間？為了避免同仁因觀點對立，而演化為情緒性的杯葛，英美國會均要求議員發言必須依循嚴格的法則，否則將被議長勒令中止發言。首先，所有的發言均須以議長，而非任何同仁為對象，故在取得發言權後，議員的第一句話必然是：「議長先生，我認為……」，被指涉的議員反而成了第三者。所以如此，無非希望將彼此的言語刺激，儘量的降低。

其次，發言若指涉議會同仁，也絕對不許直呼對方的名諱。在英國必須稱：代表○○選區的榮耀朋友（the honorable friend for ○○，用於指涉同黨議員）、代表○○選區的榮耀士紳或女士（the honorable gentleman/lady for ○○，用於指涉他黨議員）、代表○○選區的榮耀勇敢朋友（the honorable gallant friend for ○○，用於指涉軍人轉職的議員）、代表○○選區的榮耀飽學朋友（the honorable learned friend for ○○，用於指涉學者從政的議員），若被指涉者同時兼任政府職務，還必須再加上「正直的」敬語（the right honorable）。故而，若指涉某位來自軍中的學者，且目前還擔任內閣職位的議員，合於議事規則的稱呼便是：代表○○選區，正直、榮耀、飽學、而又勇敢的朋友（the right、honorable、learned、and gallant friend, the member for ○○）。在這樣冗長的敬語之後，任憑議員有再大的火氣，恐怕最後也消退一半。[10]美國的規矩與英國大同小異，僅是將「榮耀的朋友」換成「傑出的士紳」（the distinguished gentleman）。未依此規定發言，將被議長裁定為違反議事規則而取消其發言權。

四、遣詞用句的限制

除了稱謂上的繁文褥節，英美議會對議員發言時的遣詞用句，也有許多的限制。議長一旦聽到所謂之「非國會用語」（unparliamentary language），必然勒令發言者立即收回並向議會道歉，抗拒者甚至可能

---

[10] 這些尊稱的詞彙近年來已因曲高和寡而少用，但此一慣習對理性討論的影響仍然值得重視。木下廣居，《英國的國會》，陳鵬仁譯，台北：幼獅，1989年，頁46-47。

會被逐出會場。這些限制使用的詞彙有：儒夫（cowardly、poltroon）、邪惡的（wicked）、腐化（corrupt）、虛偽者（hypocrite）、頑固者（bigot）、豬狗（swine、dog）、說謊者（liar、mendacious）、沒信用（not credible）、卑下的言詞（disgraceful statement）、厚顏無恥的年輕人（cheeky young pup）、邪惡及粗俗（vicious and vulgar）、流氓（hooligan）、白痴（idiot）等。這些禁止用語往往隨著社會變遷與道德意識改變而有所調整，比如在愛爾蘭或紐西蘭，說人家是共產黨或共黨同路人也屬於非國會用語，但在其他國家則非必然。一個詞彙是否為非國會用語，議長擁有相當的裁量權，但基本原則是抹黑同仁的誠實及正直等用字均不得出現。

　　身為裁判者的議長，當然也同樣受到發言規範的約束。第八章提到議長歐尼爾，主持會議時曾因激動而指責少數黨議員行為「最低級」（the lowest），而被認定發言不當，首開議長向國會公開道歉的例子。平心而論，「the lowest」並非嚴重不雅的字眼，台灣的蔡英文總統也曾以「有點low」批評在野黨政治人物。但在國會這個字既被列入非國會用語，就算貴為議長，說了便還是得道歉。此一例證說明，許多民眾朗朗上口的日常用語，到了國會反而成為禁忌，議員的言論絕非外人想像的自由放縱。

五、言必有據

　　在國內發生重大事件的次日，國人幾乎很少例外的，可以看到一位位立委拿著報紙質詢官員，有人因此戲稱立院為「讀報大會」。

　　每隔一段時間，立院也總有一些委員，根據行政體系所流出的「密件」，不辨真偽的大揭政府內幕。

　　更有甚者，有些委員還根據無法透露的消息來源，在免責權保護下大揭官員私密，如指稱官員20年前曾擁有小老婆。有的甚至以先夫托夢為藉口，質疑官員是否有隱瞞的內部會議。

　　但在英美國會，上述的發言都會立刻遭到制止。根據英國國會的議事規則，報章記載、街談巷議、乃至傳聞，都不得作為議會發言的根據。在「假新聞」迅速傳播的今天，禁止「風聞言事」應該已是維護國會聲譽的

必要原則。英國議員若依據政府官文書進行評論，則發言時議場上的與會者，便應人手一份副本。但如此一來，被政府列為機密的文件，或是無法廣泛傳閱的私人信函，便可能因無法事先提供與會者，而不得在發言中被引述。這些要求當然使得議會發言少了許多驚悚，但也因為言必有據，讓人對議會言論多了一份信賴。

六、不得指涉旁聽者

在我國立院及地方議會中，每每見到議員的支持者或陳情人到場旁聽時，議員便藉機發言與這些旁聽者上下呼應；遇到明星人物或外國政要參觀，甚至有議員要求同僚起立鼓掌表達歡迎。但在英美國會中，無論旁聽席上的來賓是如何位高權重，議員發言是絕對不得指涉旁聽席上的來賓，甚至不能在發言中介紹或提請議會注意。美國眾院議事規則還進一步明文規定，就算全院一致通過，議長也不得宣布解除此一規定。畢竟，議會有其尊嚴與要務，若得與旁聽來賓上下呼應，議會與秀場又有何差異？

 肆、國會集體特權的行使：脫序的處置

徒法不足以自行，針對脫序的言行，議會若不能明快而迅速的處置，國會秩序與尊嚴將難以維繫。英國羅德爾議長在回憶錄中便指出，議場失序的主要根源，多因議員不敬的言語挑撥和人身攻擊，這種現象在他50年的議場經驗中有日漸增加的趨勢，若不能有效遏止後果將難以收拾。依英國國會的實務經驗，大多數違規的處置均由議長現場決斷；美國在三權分立的原則下，則有更嚴謹的懲處程序。

一、英國國會議場的紀律維護

在英國國會中，議員違犯規範情節並不嚴重時，議長初步只會要求議員公開聲明收回不當言論，並向議會致歉。若情節嚴重並引發其他議員的鼓譟，議長便會勒令該議員離開議場，當天也不得再參加開會。二次戰後

的50年間，議長如此處置也只有三十餘次。

若是議員拒絕離場，或拒絕收回不當言論，甚至在議長制止後仍堅持繼續發言，此時議長便會直呼議員姓名（I name Mr. ......），這是議員名諱在議場會被高唱的唯一時機。議長唱出議員姓名後，議場的政黨領袖便會立刻提案，建議中止該議員的職權行使。成案後不得修正也不得討論，必須立即逕付表決，一旦通過，議員便須立刻離場。議員第一次被呼名時，將被停權5個議事日；同一會期若第二次再犯，則停權20個議事日；若第三次又犯，則剩餘的會期都將不得回來開會，除非院會做出復權的決議。被停權的議員，在處分期間將完全不得踏入國會的建築範圍，包括議員自己的辦公場所。議員被議長呼叫名諱後，議場警衛長與該議員的政黨黨鞭便會趨前至議員身旁，伴隨議員離開議場以示對議長的尊重。如果議員有意頑抗，議會便可能使用強制力，但在過去的百年間，並沒有任何議員在被呼叫姓名後，卻還拒絕離開議場的。

一般而言，英國議長常儘量避免動用唱名處分，因為一旦動用便得進行表決，如果發生多數議員不支持議長的處分，議長的權威將遭無情的打擊。幸運的是，在英國戰後超過30次的出場表決中，議員都毫無例外的支持議長的處分。尤其令議長欣慰的是，被處分議員的政黨黨鞭、議場領袖、及前排議員，除了極少例外，大多會選擇「大義滅親」。因為這些資深議員清楚知道，如果不支持議長的權威，議會的混亂將使得全體受害。

二、美國國會的內部規範

英國為行政與立法融合的憲政體制，國會領袖實際上是掌管行政權的內閣團隊，而非國會議長。對內閣而言，嚴格的國會紀律有利於法案的順利通過，自然願意配合提升議長維持會議秩序的能力，國會的集體特權因而可以在行政權的支持下獲得充分發揮。美國則不然，三權分立的憲政體制使國會對行政權與司法權的介入戒慎恐懼，故而國會要建立有效的集體特權，便必須依賴國會內部的共識與議員信服的程序，而不能如英國寄託於議長的威信。

美國憲法第1條第5項第2款明白的授權國會有懲戒成員的權利：「兩

院均得自行決定其運作規範（the Rules of its Proceedings）、對成員脫序行為的懲處、與經三分之二議員同意開除特定議員。」在此一授權下，國會對議員的不當行為訂出了，開除（expulsion）、譴責（censure）、與批判（reprimand）三種正式懲戒方式；此外還有非正式的懲戒，包括罰金、剝奪資深、取消權益、與紀律委員會書面警告等。議員若觸犯法律，在接受國會懲戒後仍然必須面對司法的追訴，國會的懲戒目的不在懲罰議員，而是展現議會維護聲譽與尊嚴的決心。[11]

開除為最嚴厲的一種懲罰，故須獲得出席議員的三分之二的多數支持始能成立。其功能類似彈劾，目的在使不適任的人員迅速去職，避免司法程序曠日費時造成國會形象的持續傷害。但彈劾針對的是行政與司法人員，成案需同時獲得國會兩院支持；「開除」則只針對議員，通過也僅需所屬院出席議員的三分之二以上同意即可。根據美國最高法院在前述查普曼案中的意見：「只要議員的行為被該院判斷不符選民託付與議員職責，議會即可啟動開除程序。至於這些行為是否觸犯法條，或是否與公務執行有關，或是否發生於會期中，或是否發生於政府機關，均與開除案的成立與否無關。」由於開除等於扼殺議員的政治生命，議會通常只針對重大違規才啟動此一程序。故立國以來僅有5位眾議員遭到開除，其中3位涉及南北戰爭時的叛亂罪，2位為收賄與不當得利。[12]許多議員自知犯行明確，故在國會準備啟動程序前便自行請辭，這是歷史上開除案例僅有個位數的主因。

國會可以開除成員乃明定於憲法中，但「譴責」與「批判」則未有明文，為依據憲法「兩院均得自行決定……對成員脫序行為的懲處」，所衍生出來的處理方式。根據國會內規，國會須以正式提案，並經在場議員過半數支持，始得執行對議員的譴責。譴責案通過後，受譴責議員須站立於議長席前，在眾目睽睽下，聆聽議長宣讀十來分鐘的譴責決議文。對一個

[11] Congressional Research Service, "Expulsion, Censure, Reprimand, and Fine: Legislative Discipline in the House of Representatives," CRS Report, RL31382, June 27, 2016, p. 1.
[12] 一是Michael Myers於1980年涉及「阿巴醜聞」（Abscam）收賄案；一是James Traficant於2002年被控不當得利等10項罪名遭法院定罪。

講究公眾形象的政治人物而言，這樣的程序當然相當難堪，故有不少議員在議會通過譴責案前便自行辭職。

迄今通過的23件譴責案中，多數均針對議員的不當言行或肢體行為，但也有少數因議員虛報助理薪資或不當取財而提起譴責。50年代麥卡錫參議員（Joseph McCarthy）濫用委員會公聽會，掀起一波白色恐怖使不少人家破人亡，國會亦是透過譴責案還給受害者一個公道。譴責案除了懲罰脫序議員，更重要的是向社會宣告議會的原則與立場，如上述麥卡錫案便為顯例。也因此有案例顯示，議員雖已離職但陳年往事也都可能成為譴責對象。[13]對於還在職的議員，譴責案通過也絕非一時難堪而已，根據兩黨內規，受譴責的議員均不得擔任委員會主席等領導職，對議員政治生涯有可觀的影響。

1970年代以後，國會衍生了以「批判」作為新的懲戒方式。「批判」乃針對一些較不嚴重的違規，如不當挪用競選捐款、競選經費申報不實、利用國會資源圖利個人、刻意誤導國會調查、使用公費助理於競選活動、代替缺席議員投票等。如同譴責案，批判也需在場議員過半同意才成立；但執行上不同於譴責，議員無須站立主席台前接受訓斥，只要在座位上起立聆聽批判內容即可，議會甚至常免除口頭程序只以書面告知。批判採用迄今只有10個案例，其中值得一提的是，2009年因議員在總統發表國情咨文演說時發言打斷，議會通過批判，表示議會「不認同」（disapproves）該議員的插話（interrupting），認為該行為「破壞議會禮儀」（a breach of decorum），使兩院議事蒙羞（degraded the proceedings of the joint session）。

除了以上正規的懲戒程序，議會規章也允許透過議決，對違規議員課以罰款。此一權限在「基爾本控訴湯普森案」（Kilbourn v. Thompson, 1880）中，獲得美國最高法院釋憲認可。法官表示：「在憲法明文授權國會兩院可以懲戒議員脫序言行的範圍內，國會有權對議員施以『罰款與

---

[13] 此一狀況曾迫使議會修改議事規則，規定三屆國會以前（6年）的往事，不得再為譴責案題材（Congressional Research Service, p. 11.）。

監禁』」。但歷史上國會甚少動用此一權力，且動用也都伴隨其他的懲處。如1979年要求一位被譴責的議員同時支付4萬美金罰款，以弭平其不當得利；2012年要求一位被批判的議員交付1萬美金罰款，以補償國會因他非法使用公家資源所造成的損失。

　　除上述懲戒方式外，國會另可使用停權、取消資深、紀律委員會發函告誡等手段，維持國會的基本尊嚴與秩序運作。地方俊彥齊聚的議會，何以竟要立下這許多嚴格且具彈性的規範，並以明快的執行產生對議員言行的限制？其實，這正是國會主權建立300年來，還能屹立不搖的主因。行政體系擁有軍隊、警察、階層倫理、技術官僚、乃至於金錢的支持，在這些因素的支撐下，就算行事不得人心，整個體系也不致於立即瓦解。國會體系則不然，它的成員不僅成長背景、階層地位、年齡教育存在差異，彼此間甚至沒有任何協同工作的經驗。以這樣一個組合要對抗紀律嚴明的行政團隊，國會最大的資產無它，唯有人民的信賴而已。而要贏取人民的信賴，議員的行為舉止當然必須符合最嚴格的檢驗尺度。英美的國會領袖無不深知此理，是故在同僚違犯規章時，鮮少有重量級議員願意為了護短而傷害議長的權威或議會的規範。

　　我國的議場上，曾發生議員掌摑官員或議長的場景，動手的人事後不僅沒有悔意，甚至大言不慚的表示，乃為「台灣人民」而動手，這些人後來果然也在政壇上平步青雲。但「人民」是個空洞的名詞，作賤了代表人民的機構，「人民主權」又將如何實現？

 ## 伍、免受逮捕的「治外法權」？

一、台灣對免受逮捕特權的誤解

　　北縣一黃姓議員因犯案而逃避警方通緝，直到議會召開臨時會時，失蹤將近百日的他卻又公開露面。由於議員在會期間享有「免受逮捕特權」，檢警對他完全莫可奈何。更諷刺的是，如果黃議員依照他原先透露

的計畫，在會期內登記參選立委，那麼警方不僅不能逮捕他，甚至因為政府對立委候選人有加以保護的責任，警方還得派隨扈為黃嫌看家。法治尊嚴所受的凌辱，真莫此為甚。

省議員選舉時，某王姓候選人因發動抗爭與警方產生衝突，結果被控以妨礙公務罪名。當選省議員後，法院雖屢次傳喚，但王姓議員卻完全置之不理。法院為了尊重議員特權，在議會開會期間根本不敢加以拘提；議會休會時檢警雖然採取行動，但正巧該議員又參加立委選舉，為了擔心逮捕行動間接為候選人造勢，警方也只有按兵不動。王議員更因此順勢打出「當選過關，落選被關」的文宣，利用「政治受害者」形象吸引特定選票，後來果然也順利當選立委。

嘉義縣議會議長蕭登標因超貸、背信等案件，於1997年被警方列為治平掃黑對象，應受逮捕管訓。但地檢署去函議會要求同意逮捕，卻遭到副議長拒絕，警方礙於「民意代表會期內免受逮捕」的規定無法採取行動。警方預計會期結束後便將進行逮捕，孰料議會為了讓議長多享受幾周法外假期，竟在正式會期結束前又決議續開半個月以上的臨時會，使得警方只能持續監控。臨時會結束前，議會竟又史無前例的向下半年度再「借」8天會期，正在各界一片錯愕時，蕭議長也在警方監控下「失蹤」。1998年縣議會改選，逃亡中的蕭議長也登記參選，在候選人「失蹤」的情況下，蕭議長竟又以第一高票當選連任。眼看蕭議長在新會期開始後，又可以「會期中免受逮捕」逍遙法外，警方於是動員兩萬人次警力，計劃在議員就職典禮時進行逮捕。經過請教法律專家後，警方認為就職典禮不等同於議會開會，議員不能享有「免受逮捕特權」，但若錯過這「黃金時間」，待正式會期開始警方恐怕又得大費周章。所幸，鬧劇最後因蕭先生主動投案而告終。

任何稍具法治常識的人，看了這些事例恐怕都會覺得匪夷所思。民主與法治本是一體之兩面，在強調法律之前人人平等的社會中，何以竟然有部分人口，可以因取得民意代表身分，而享有類似殖民時代的「治外法權」？更令人難以置信的是，在這個教育極為普及的後工業社會中，許多擁有權力的決策者竟然都認為，承認這類「治外法權」乃「民主價值」的

體現。

　　允許民代享有治外法權，當然使得黑道趨之若鶩，莫不處心積慮以取得這項身分做護身符。「黑金政治」也因此在90年代後，成了台灣社會的突出表徵。爲了遏止黑道勢力滲透議會，造成對公權威信的威脅，法務部特別在1997年擬定一份說帖，建議政府修訂「地方自治法」時，將地方民代免受逮捕的特權予以排除。然而，這項有限的變革，卻被內政部批爲「開民主倒車」，並回函法務部表示，該主張僅能「留供參考」。

　　民代「免受逮捕特權」早就是西方民主國家的「歷史遺跡」，法務部抱殘守缺，小心翼翼的只敢拿地方議會作爲「回歸正道」的對象；偏偏遇到一個內政部更是顢頇，自以爲懂得民主眞義，還批評法務部「開民主倒車」，硬是將這第一步推回原點。官員如此無知還自以爲得計，便難怪國大在1997年修憲時，僅將憲法第74條：「立法委員，除現行犯外，非經立法院許可，不得逮捕或拘禁。」加上「在會期中」四個字，便已令社會大爲雀躍。[14]彷彿將「免受逮捕特權」限制於會期間，便已足夠伸張正義與法治。殊不知，民代原本便不存在此一特權，就算只給一天，也無異是民主的侮辱。

二、免受逮捕特權的發展

　　在國會議員所享有的各項特權中，歷史最悠久的，便是議員免受逮捕的特權。英國議會發展初期，議員可能因違約或賴債等民事案件而繫獄，也可能因些微糾紛而無法出席國會，影響國會的正常運作，故而給予特權免除以利國會順利運行。最早的案例或許出現在1340年，當時英王爲了讓會議能順利召開，而下令釋放一位因欠債而被監禁的會議成員。自此而後，授予議員會期內免受逮捕的特權便不時的被討論。從其源起而言，此一特權的目的十分明確：「所以認可這些特權，因爲它們對國會的正常運作有其絕對的必要性（absolutely necessary）。」故而，特權的給予乃是爲了保障「國會的正常運作」，而不是一種伴隨議員身分而來的「權

---

[14] 憲法增修條文第4條：「立法委員除現行犯外，在會期中，非經立法院許可，不得逮捕或拘禁。憲法第七十四條之規定，停止適用。」

益」。

　　故而，當英王在17世紀初認可議員這項特權時，便反覆強調，若因「叛亂、重罪、及破壞和平」（treason, felony, and breach of the peace）而導致逮捕，此一豁免權並不能適用；此外，既是爲了保障議員能出席議會，故特權也僅限於議會開會期間，以及議員往返議會的途中。[15]「重罪」是指非民事案件類的罪行，而「破壞和平」甚至可以包括一切違反社會秩序的行爲，故而根據英國行之久遠的傳統，免受逮捕特權可適用的範圍相當狹隘，僅只涵蓋會期間因民事案件所導致的拘捕。

　　民主化後，議員不用再擔心被濫權逮捕的威脅，但日趨複雜的選區關係，卻讓這項特權有繼續維持的必要。19世紀以前，民事訴訟案件仍可能導致當事人被監禁的結果，如台灣直到二十餘年前支票跳票仍會被監禁6個月一般，議員身爲公眾人物難免容易涉及這類的民事糾紛。爲了避免議員因民事案件而無法出席議會，此一免受逮捕的特權乃在光榮革命後被繼續保留下來。

　　美國獨立建國時，民事案件導致監禁的案例仍然普遍，立憲者難免擔心民事案件可能影響新國會的正常進行，於是便一字不漏的，將英國長久存在的原則寫入憲法第1條第6項第1款：「參議員與眾議員若非犯下叛亂、重罪、與迫害和平之罪，在出席國會開會期間以及往返國會途中，均享有免受逮捕的特權。」法律學者表示，條文既是一字不漏的照抄英國文件，當然便等於完全承襲了英國的立法精神，亦即免受逮捕的特權目的是爲保障議員的出席會議權，故只限於會期間與往返國會所涉及的民事案件。

三、免受逮捕特權形同廢止

　　免受逮捕特權若只限於民事案件的逮捕，當英國在1870年廢除監禁民事當事人的法條後，此一特權便幾乎形同廢止。故而，英國一個檢討議員特權的共同委員會（joint committee），在1999年的報告中便具體建

---

[15] Keith A. T. Stapylton, *The Parliamentary Privilege of Freedom from Arrest, 1603-1629*. Ph.D. Dissertation, UCL, 2016, p. 250.

議，英國國會應通過立法明文廢止此一歷史殘留的規定。[16]

成文憲法的美國，則透過最高法院的判例，實質宣告憲法第1條第6項第1款的規定無效。在1908年的「威廉遜控訴美國政府案」（Williamson v. U.S., 1908）與1934年的「隆恩控訴安瑟爾案」（Long v. Ansell, 1934）中，法院均清楚表達，由於民事監禁已很少發生，憲法的規定事實上「名存實亡」（virtually obsolete and has little application today）。故1976年7月，美國司法部在答覆警方詢問時，便據此明文說明：「國會議員與各級民意代表在違犯刑事案件時，警方得視同一般民眾加以逮捕。」

儘管國會議員可以免除因民事糾紛而導致的逮捕，但此一豁免並不包括「民事程序」（civil process）的參與義務。美國最高法院在上述的「隆恩控訴安瑟爾案」中，便清楚指出免受逮捕特權只涵蓋「監禁的免除」，國會議員若涉及民事糾紛，仍有出庭辯護的責任，不得因議員身分而豁免。就算在會議期間，國會議員若接到法院作證傳票，無論是民事案件或刑事案件，也沒有拒不出庭的權利。

四、英美國會議員的逮捕案例

再多的法理論述也抵不過實例的證明，18世紀以來英美兩國確實也發生過不少國會議員被逮捕的案例，證明英國的慣習與美國的憲法，並沒有賦予國會議員「治外法權」。

（一）英國的案例

從1815年英國的一個案例觀察，不僅議員個人不能享有免受逮捕的特權，國會的建築也不能成為阻礙司法的庇護所。當時有個國會議員便是坐在議會政府席上等待開會時，由治安人員進入會場加以逮捕。

1940年英國國會議員阿企博・藍塞（Archibald Ramsay）涉及一項美國大使館的機密竊盜案，被依《國防規範18B》（Defense Regulation 18B）而遭到逮捕。當時有數位議會同僚向國會特權委員會反映，羈押藍塞有侵害議員特權之嫌。但委員會審議後認為，羈押於法有據並無侵害特

---

[16] Joint Committee on Parliamentary Privilege, para 327.

權之虞。羈押4年後,國會仍未改選藍塞因此還被允許復職,但當時有議員以退席表達抗議。

儘管豁免的傳統包含「往返國會開會的路途」,但若涉案的性質非屬民事,國會議員仍然不得享有特權。1965年有位國會議員因在國會外違反交通法規遭到拘留,有議員質疑警察的行動侵害議員特權,議長裁示交由特權委員會審議。經過約一個月的討論,特權委員會結論表示,警方的行動並未侵害國會特權。

2008年達米安‧葛林(Damian Green)以利用公職「策劃及協助不當行為」(aiding and abetting misconduct in public office)而受到逮捕,國會辦公室並同時遭到搜索。本案最大的爭議點在於警方搜索時並未出示搜索狀,也未宣讀嫌疑人應有的權益。由於採取行動前有獲得國會警衛長簽署同意狀,議長基本上支持警方的行動,並稱「國會建築不應也不能成為犯罪者的庇護天堂。」

1987-1991年間,由於參與北愛爾蘭的抗爭,有15位議員遭到政府罰款,但這些議員均拒繳罰款,最後也因此受到監禁的處分。

(二)美國的案例

根據華盛頓郵報2015年7月29日的調查報導,美國國會自1980年以迄見報日,共有超過24位國會因各項罪名而遭逮捕或起訴,其中大部分均涉及賄賂或不當挪用競選經費。茲列舉部分案例,證明美國國會議員確實無法享有免受逮捕的特權。

2015年,賓夕法尼亞州眾議員查克‧法塔(Chaka Fattah)被控29項罪名,指他在2007年競選市長時,藉勢藉端獲取不法利益。起訴後法塔隨即辭議員職,地方法院於2016年判以10年徒刑。此一案例說明,台灣常聽說的「當選過關,落選被關」在美國並不見得適用。

2007年,路易斯安那州眾議員威廉‧傑佛遜(William Jefferson)被控收賄,聯邦調查局調查員在他的冰箱內起出贓款9萬美金。傑佛遜後被判13年徒刑。

2001年,俄亥俄州眾議員傑姆士‧特拉費肯(James Traficant)被控收賄、逃稅,與藉勢藉端,最後被判8年徒刑。

　　1996年，奧勒岡州眾議員威斯・庫利（Wes Cooley）被控選舉時以造假的服役紀錄刊載於選舉公報。此案因認罪協商而躲過牢獄之災，但造成庫利爭取連任時的失利。

　　1994年，伊利諾州眾議員梅爾・雷諾（Mel Reynolds）被控性侵未成年少女及持有兒童色情圖片等20項罪名，入監服刑7年。

　　1994年，權傾一時的伊利諾州眾議員丹・羅斯坦高斯基（Dan Rostenkowski）因被控使用人頭助理盜取公款以及非法使用眾院郵遞優惠，被控以14項罪名，最後入監服刑15個月。羅氏長期擔任眾院籌款委員會主席，曾被譽為20世紀芝加哥的6位偉大貢獻者之一，但仍因違法而下台，證明美國法制基礎的堅實。

　　1989年，俄亥俄州眾議員唐納・盧肯斯（Donald Lukens），因與未成年少女性交被控行為不檢（misdemeanor），入監服刑30天，出獄後隨即辭去議員職。

　　1983年，愛達荷州眾議員喬治・韓生（George Hansen）因個人財務申報不實，服刑15個月。

　　1980年，聯邦調查局探員設下陷阱，假扮阿拉伯商人與1位參議員及5位眾議員接觸，假意要藉由他們的影響力取得美國居留證並支付酬勞，全程均由聯調局錄影作為呈堂證供，史稱「阿巴醜聞」（Abascam）。涉案所有民代均獲得起訴，並因此結束政治生涯。聯調局採用釣魚手法辦案，雖曾引發甚大的爭議，但涉案者也未因議員身分而豁免逮捕。

 ## 陸、立法院的搜索事件

　　2000年8月，立法委員廖福本因涉及假股票案，檢察官在未知會國會議長的情況下，對廖委員的國會研究室與住宿的大安會館實施搜索，引發立院與社會的高度關切。王金平院長除向法務部表達強烈抗議，也召開記者會，認為檢方的行動侵犯國會的獨立自主與尊嚴。法務部則發表聲明，

認為依刑事訴訟法第149條，檢方搜索「政府機關」僅需「通知該機關長官或可為其代表之人在場，並不以經同意為搜索要件。」法務部認為，搜索時有國會大樓的區主任在場陪同，符合法條要件，故「踐行之程序應無不法。」至於是否應該通知立法院院長或經其同意，法務部認為此「屬修憲層次的問題」，法務部不予置評。

　　雖然台灣沒有必要奉國外的經驗為圭臬，但論斷事件必須依據法理，本章所討論的英美國會特權，提供了許多檢驗立院搜索事件的法理依據，正好可藉此事件檢驗台灣的處理方式是否侵害議員特權。

一、特權乃以國會順利運作為考量

　　本章論述清楚指出，國會所以享有特權，目的有二：一是避免國會運作受到不當的干擾；另一則是在「粗糙的分權體制」下，保障國會的獨立性。故而，國會特權並非伴隨議員身分而來，其主張必須通過這兩項標準的檢驗。

　　本案所涉及的屬刑事犯罪，國會議員不能享有任何「免受逮捕」與因此衍生的「免受搜索」特權，其理至明。檢察官率隊搜索立委辦公室時，正值立院休會期間，此一搜索行動也不會影響立院的正常運作。故若以立委享有特權拒絕檢方搜索，便不啻主張國會建築物可以作為犯罪的掩蔽，有違法律之前人人平等的民主原則。

　　檢警行動若涉及留置議員，使議員無法參加開會，便可能有干擾國會運作的可能性。此外，搜索行動若取走與議事相關的文件，也可能構成對國會運作的干擾。但這並非意謂會期內，檢警對議員犯罪不能有任何作為。

　　關鍵是檢警採取行動前必須先告知議長取得議長的同意，而對於涉及刑事案件的罪行，議長很少會拒絕檢警的行動。議長同意檢警的行動後，通常會在院會上提出口頭說明，或以書面公告事件的經過。如果議員的留置不致影響議會的運作，如只是短暫的羈押，議長甚至可以免除向議會報告。總而言之，同不同意檢警行動，或是否向議會報告，均取決於司法程

序是否影響議會的正常運作。[17]

　　立院搜索事件中，檢警並未事先知會院長，程序上應屬瑕疵。但因當時議會處於休會狀態，沒有事先知會尚不致構成對議事的妨礙。然而，檢警查扣的物件若包含議會運作的資料，則搜索行動便可能造成議事正常運作的妨礙，如何拿捏則取決於兩權間的相互尊重。

二、對權力分立的尊重

　　國會特權存在的第二項目的，乃是保障國會的獨立以落實分權制衡的設計。但若有議員涉及刑事犯罪，司法正義與國會特權的分寸應如何拿捏，便顯得有些敏感。英美經驗說明，此一分際的劃分難以透過法條做一勞永逸的規範，只能靠傳統與彼此的相互尊重維繫，如國會對審判中的司法案件不列入國會辯論議題便為一例。司法權對立法權的尊重，則基本上表現於行動前對議長的知會。

　　法務部的聲明表示，依刑事訴訟法第149條，檢方搜索「政府機關」僅需「通知該機關長官或可為其代表之人在場」即可。但這項規定乃指對行政機關的搜索，對於代表民意的國會，司法機關必須表現更充分的尊重。

　　為了避免外力干預國會主權的行使，國會所在地傳統上被視為議長專屬的管轄範圍。在美國，國會範圍乃由議會自聘的安保人員進行管制與維安；英國則由國會警衛長（Serjeants-at-Arms）全權指揮警察維護秩序。此一獨立管轄權，根據英國的國會研究報告，「不僅具有象徵意義，也具有實際的重要性」（symbolic as well as practical importance）。[18]故而，國會外人員進入國會執行任務，就算是為了貫徹司法正義，最起碼也必須事先知會議長。

---

[17] Memorandum by the Clerk of the House, "Arrest of Members and Searching of Office in the Parliamentary Precincts,"英國國會備忘錄，https://www.parliament.uk/documents/upload/privilege-police-090914.pdf，檢閱日期：2019年6月25日，頁2。

[18] Joint Committee on Parliamentary Privilege, para 260.

三、搜索內容物的認定

　　檢警知會議長將進行搜索後，議長辦公室會要求檢視搜索狀，並要求明列搜索項目，若確定無干擾議事進行之虞，便指派議會人員或國會警衛長陪同參與搜索。立法院的搜索行動中，法務部指稱有大樓區主任陪同，事實上並不足夠。因為：（一）該主任並非由議長指派陪同，權威性不足；（二）該主任並不熟諳議事程序，缺乏判斷扣取物件是否侵害特權保護的專業能力。

　　檢警查扣文件時，陪同的議會人員通常不會介入，以免遭到干預司法的質疑。英國都會警察在2008年搜索國會議員達米安‧葛林辦公室時，陪同的議會人員便依此原則，全程未表示任何意見。但搜索結束後議會便以議長之名，發函警察總部要求迅速返還物件中可能屬於特權保護的資料，這樣的作法一方面避免干預司法，另方面也讓檢警有充分時間過濾與案件無關的國會文件。

四、國會範圍的認定

　　在廖福本的搜索案中，檢警兵分兩路，同時對國會辦公室與住宿處展開行動。前者還有大樓區主任陪同，後者則沒有立院人員陪同。法務部在聲明中表示：「大安路立法委員會館為委員住宿之處所，非屬刑事訴訟法第149條之政府機關，故其搜索毋須通知該會館主任或其代表人。」在國會專屬管理的原則下，國會管轄區域卻由國會以外機關認定，顯然違背國會特權的原則。

　　英國國會議員所使用的場所分散多處，何者屬於國會特權涵蓋範圍並專屬國會管理，從來也沒有明確的法律規範。曾任國會領袖的一位議員曾說，「國會區域範圍缺乏明確的法律定義，並未曾產生任何困擾，我們看不到任何理由要去改變這個現狀。」[19]議員所以不認為應該由法律明定國會專屬管轄區域，因為在國會特權的原則下，國會享有「專屬認定權」（exclusive cognizance），依傳統規範獨立決定其所需管轄的範圍。從台灣搜索立法院的例子來看，住宿區是否為國會管轄範圍，居然是法務部說了算，如此的國會又怎能落實特權保護？

---

[19] 轉引自Memorandum by the Clerk of the House, p. 4。

國家圖書館出版品預行編目資料

國會政治解析／楊泰順著. -- 初版. -- 臺北
市：五南，2019.03
　　面；　公分
　　ISBN 978-957-763-286-9（平裝）

1.國會

572.65　　　　　　　　108001533

1PAZ

國會政治解析

作　　者 ─ 楊泰順

發 行 人 ─ 楊榮川

總 經 理 ─ 楊士清

總 編 輯 ─ 楊秀麗

副總編輯 ─ 劉靜芬

責任編輯 ─ 林佳瑩、呂伊真、陳采婕

封面設計 ─ 王麗娟

出 版 者 ─ 五南圖書出版股份有限公司

地　　址：106台北市大安區和平東路二段339號4樓

電　　話：(02)2705-5066　　傳　　真：(02)2706-6100

網　　址：http://www.wunan.com.tw

電子郵件：wunan@wunan.com.tw

劃撥帳號：01068953

戶　　名：五南圖書出版股份有限公司

法律顧問　林勝安律師事務所　林勝安律師

出版日期　2019年3月初版一刷
　　　　　2019年9月初版二刷

定　　價　新臺幣350元

※版權所有‧欲利用本書內容，必須徵求本公司同意※